北京文化书系
古都文化丛书

长城——文化纽带

中共北京市委宣传部
北京市社会科学院　组织编写
董耀会　著

北京出版集团
北京出版社

图书在版编目(CIP)数据

长城：文化纽带 / 中共北京市委宣传部，北京市社会科学院组织编写 ；董耀会著. — 北京 ：北京出版社，2023.3

（北京文化书系. 古都文化丛书）

ISBN 978-7-200-15497-9

Ⅰ. ①长… Ⅱ. ①中… ②北… ③董… Ⅲ. ①长城—介绍 Ⅳ. ①K928.77

中国版本图书馆CIP数据核字（2020）第051575号

北京文化书系 古都文化丛书

长城

——文化纽带

CHANGCHENG

中共北京市委宣传部
北京市社会科学院 组织编写

董耀会 著

*

北京出版集团
北京出版社 出版

（北京北三环中路6号）

邮政编码：100120

网 址：www.bph.com.cn

北京出版集团总发行

新华书店经销

北京华联印刷有限公司印刷

*

787毫米×1092毫米 16开本 19.25印张 266千字

2023年3月第1版 2023年3月第1次印刷

ISBN 978-7-200-15497-9

定价：230.00元

如有印装质量问题，由本社负责调换

质量监督电话：010-58572393；发行部电话：010-58572371

“古都文化丛书”编委会

“北京文化书系”
序言

文化是一个国家、一个民族的灵魂。中华民族生生不息绵延发展、饱受挫折又不断浴火重生，都离不开中华文化的有力支撑。北京有着三千多年建城史、八百多年建都史，历史悠久、底蕴深厚，是中华文明源远流长的伟大见证。数千年风雨的洗礼，北京城市依旧辉煌；数千年历史的沉淀，北京文化历久弥新。研究北京文化、挖掘北京文化、传承北京文化、弘扬北京文化，让全市人民对博大精深的中华文化有高度的文化自信，从中华文化宝库中萃取精华、汲取能量，保持对文化理想、文化价值的高度信心，保持对文化生命力、创造力的高度信心，是历史交给我们的光荣职责，是新时代赋予我们的崇高使命。

党的十八大以来，以习近平同志为核心的党中央十分关心北京文化建设。习近平总书记作出重要指示，明确把全国文化中心建设作为首都城市战略定位之一，强调要抓实抓好文化中心建设，精心保护好历史文化金名片，提升文化软实力和国际影响力，凸显北京历史文化的整体价值，强化“首都风范、古都风韵、时代风貌”的城市特色。习近平总书记的重要论述和重要指示精神，深刻阐明了文化在首都的重要地位和作用，为建设全国文化中心、弘扬中华文化指明了方向。

2017年9月，党中央、国务院正式批复了《北京城市总体规划（2016年—2035年）》。新版北京城市总体规划明确了全国文化中心建设的时间表、路线图。这就是：到2035年成为彰显文化自信与多元包容魅力的世界文化名城；到2050年成为弘扬中华文明和引领时代潮流的世界文脉标志。这既需要修缮保护好故宫、长城、颐和园等享誉中外的名胜古迹，也需要传承利用好四合院、胡同、京腔京韵等具有老北京地域特色的文化遗产，还需要深入挖掘文物、遗迹、设施、景点、语言等背后蕴含的文化价值。

组织编撰“北京文化书系”，是贯彻落实中央关于全国文化中心建设决策部署的重要体现，是对北京文化进行深层次整理和内涵式挖掘的必然要求，恰逢其时、意义重大。在形式上，“北京文化书系”表现为“一个书系、四套丛书”，分别从古都、红色、京味和创新四个不同的角度全方位诠释北京文化这个内核。丛书共计47部。其中，“古都文化丛书”由20部书组成，着重系统梳理北京悠久灿烂的古都文脉，阐释古都文化的深刻内涵，整理皇城坛庙、历史街区等众多物质文化遗产，传承丰富的非物质文化遗产，彰显北京历史文化名城的独特韵味。“红色文化丛书”由12部书组成，主要以标志性的地理、人物、建筑、事件等为载体，提炼红色文化内涵，梳理北京波澜壮阔的革命历史，讲述京华大地的革命故事，阐释本地红色文化的历史内涵和政治意义，发扬无产阶级革命精神。“京味文化丛书”由10部书组成，内容涉及语言、戏剧、礼俗、工艺、节庆、服饰、饮食等百姓生活各个方面，以百姓生活为载体，从百姓日常生活习俗和衣食住行中提炼老北京文化的独特内涵，整理老北京文化的历史记忆，着重系统梳理具有地域特色的风土习俗文化。“创新文化丛书”由5部书组成，内容涉及科技、文化、教育、城市规划建设等领域，着重记述新中国成立以来特别是改革开放以来北京日新月异的社会变化，描写北京新时期科技创新和文化创新成就，展现北京人民勇于创新、开拓进取的时代风貌。

为加强对“北京文化书系”编撰工作的统筹协调，成立了以“北京文化书系”编委会为领导、四个子丛书编委会具体负责的运行架构。“北京文化书系”编委会由中共北京市委常委、宣传部部长莫高义同志和市人大常委会党组副书记、副主任杜飞进同志担任主任，市委宣传部分管日常工作的副部长赵卫东同志担任副主任，由相关文化领域权威专家担任顾问，相关单位主要领导担任编委会委员。原中共中央党史研究室副主任李忠杰、北京市社会科学院研究员阎崇年、北京师范大学教授刘铁梁、北京市社会科学院原副院长赵弘分别担任“红色文化”“古都文化”“京味文化”“创新文化”丛书编委会主编。

在组织编撰出版过程中，我们始终坚持最高要求、最严标准，突出精品意识，把“非精品不出版”的理念贯穿在作者邀请、书稿创作、编辑出版各个方面各个环节，确保编撰成涵盖全面、内容权威的书系，体现首善标准、首都水准和首都贡献。

我们希望，“北京文化书系”能够为读者展示北京文化的根和魂，温润读者心灵，展现城市魅力，也希望能吸引更多北京文化的研究者、参与者、支持者，为共同推动全国文化中心建设贡献力量。

“北京文化书系”编委会

2021年12月

“古都文化丛书”
序言

北京不仅是中国著名的历史文化古都，而且是世界闻名的历史文化古都。当今北京是中华人民共和国首都，是中国的政治中心、文化中心、国际交往中心、科技创新中心。北京历史文化具有原生性、悠久性、连续性、多元性、融合性、中心性、国际性和日新性等特点。党的十八大以来，习近平总书记十分关心首都的文化建设，指出北京丰富的历史文化遗产是一张金名片，传承保护好这份宝贵的历史文化遗产是首都的职责。

作为中华文明的重要文化中心，北京的历史文化地位和重要文化价值，是由中华民族数千年文化史演变而逐步形成的必然结果。约70万年前，已知最早先民“北京人”升腾起一缕远古北京文明之光。北京在旧石器时代早期、中期、晚期，新石器时代早期、中期、晚期，经考古发掘，都有其代表性的文化遗存。自有文字记载以来，距今3000多年以前，商末周初的蓟、燕，特别是西周初的燕侯，其城池遗址、铭文青铜器、巨型墓葬等，经考古发掘，资料丰富。在两汉，通州路（潞）城遗址，文字记载，考古遗迹，相互印证。从三国到隋唐，北京是北方的军事重镇与文化重心。在辽、金时期，北京成为北中国的政治中心、文化中心。元朝大都、明朝北京、清朝京师，北京是全中国的政治中心、文化中心。民国初期，首都在北京，后都城虽然迁到南京，但北京作为全国文化中心，既是历史事实，也是人们共识。北京历史之悠久、文化之丰厚、布局之有序、建筑之壮丽、文物之辉煌、影响之远播，已经得到证明，并获得国际认同。

从历史与现实的跨度看，北京文化发展面临着非常难得的机遇。上古“三皇五帝”、汉“文景之治”、唐“贞观之治”、明“永宣之治”、清“康乾之治”等，中国从来没有实现人人吃饱饭的愿望，现在全面建成小康社会，历史性告别绝对贫困，这是亘古未有的大事。中华民族迎来了从站起来、富起来到强起来的伟大飞跃，迎来了实现伟大复兴的光明前景。

“建首善自京师始”，面向未来的首都文化发展，北京应做出无愧于时代、无愧于全国文化中心地位的贡献。一方面整体推进文化发展，另一方面要出文化精品，出传世之作，出标识时代的成果。近年来，北京市委宣传部、市社科院组织首都历史文化领域的专家学者，以前人研究为基础，反映当代学术研究水平，特别是新中国成立70多年来的成果，撰著“北京文化书系·古都文化丛书”，深入贯彻落实习近平总书记关于文化建设的重要论述，坚决扛起建设全国文化中心的职责使命，扎实做好首都文化建设这篇大文章。

这套丛书的学术与文化价值在于：

其一，在金、元、明、清、民国（民初）时，北京古都历史文化，留下大量个人著述，清朱彝尊《日下旧闻》为其成果之尤。但是，目录学表明，从辽金经元明清到民国，盱古观今，没有留下一部关于古都文化的系列丛书。历代北京人，都希望有一套“古都文化丛书”，既反映当代研究成果，也是以文化惠及读者，更充实中华文化宝库。

其二，“古都文化丛书”由各个领域深具文化造诣的专家学者主笔。著者分别是：（1）《古都——首善之地》（王岗研究员），（2）《中轴线——古都脊梁》（王岗研究员），（3）《文脉——传承有序》（王建伟研究员），（4）《坛庙——敬天爱人》（龙霄飞研究馆员），（5）《建筑——和谐之美》（周乾研究馆员），（6）《会馆——桑梓之情》（袁家方教授），（7）《园林——自然天成》（贾珺教授、黄晓副教授），（8）《胡同——守望相助》（王越高级工程师），（9）《四合院——修身齐家》（李卫伟副研究员），（10）《古村落——乡愁所寄》（吴文涛副研究员），（11）《地名——时代印记》（孙冬虎研究员），（12）《宗教——和谐共生》（郑永华研究员），（13）《民族——多元一体》（王卫华教授），（14）《教育——兼济天下》（梁燕副研究员），（15）《商业——崇德守信》（倪玉平教授），（16）《手工业——工匠精神》（章永俊研究员），（17）《对外交流——中国气派》（何岩巍助理研究员），（18）《长城——文化纽带》（董耀会教授），（19）《大运河——都城命脉》（蔡蕃研究员），（20）《西山永定河——血脉根基》（吴文涛副研究员）等。署名著者分属于市社科院、清华大学、中央民族大学、首都经济贸易大学、北京教育科学研究院、北京古代建筑研究所、故宫博物院、首都博物馆、中国长城学会、北京地理学会等高校和学术单位。

其三，学术研究是个过程，总不完美，却在前进。"古都文化丛书"是北京文化史上第一套研究性的、学术性的、较大型的文化丛书。这本身是一项学术创新，也是一项文化成果。由于时间较紧，资料繁杂，难免疏误，期待再版时订正。

本丛书由市社科院原院长王学勤研究员担任执行主编，负责全面工作；市社科院历史研究所所长刘仲华研究员全面提调、统协联络；北京出版集团给予大力支持；至于我，忝列本丛书主编，才疏学浅，年迈体弱，内心不安，实感惭愧。本书是在市委宣传部、市社科院的组织协调下，大家集思广益、合力共著的文化之果。书中疏失不当之处，我都在在有责。敬请大家批评，也请更多谅解。

是为"古都文化丛书"序言。

阎崇年

目　录

前　言

2019年7月24日，中央全面深化改革委员会会议审议通过了《长城、大运河、长征国家文化公园建设方案》。目前，此项工作已经在有长城的15个省区市开始实施。这是国家推进实施的重大文化工程，需要深入发掘长城的历史文化内涵，需要将长城这一事物的历史作用及其价值清晰地做出表达和阐释。这样做的目的是弘扬中华民族坚忍自强的民族精神和爱国主义精神。

万里长城从东到西，横跨中国的东北、华北、西北。长城修建和使用长达2000多年，对保护农耕地区及调整农耕与游牧社会经济秩序起到了重要作用。古代长城修建在农牧交错地区，规范和调

图1　北京八达岭。长城是无声的音乐，绚丽的绘画，巍峨的雕塑。长城将历史活生生地再现在人们面前，让我们能感受到祖先那早已远逝的灯光和战火

整长城内外的农耕与游牧秩序，协调农耕和游牧两种生产、生活方式所带来的矛盾和冲突。只有春秋战国时期诸侯国之间相互防御的长城及后代防御内乱的较少长城与农牧冲突无关。构建秩序是文明发展、积累的基础，而无序的冲突和战争则是对社会发展的最大破坏。

古代帝王大多重视长城的修筑和利用，因为这可以巩固国家统治，满足当时社会经济发展的需要。历代王朝修建的长城，多处于王朝当时的边疆地区，被君王当作维持王朝统治的生命线。修建长城的地方，多是军事要塞。长城是中华民族的象征，虽是今人赋予长城的现代意义，却也在一定程度上反映出长城的历史文化价值。

中国有两大特点，一是人口众多，二是中华民族多元一体。这两点在长城地区有着深刻的反映，深远的联系。中华民族是多元一体的民族共同体，既是共同体的概念，也是国家民族的概念。多元，指的是在中国统一的多民族国家形成过程中，各民族所具有并保持的个性和特色，包括各民族在地域、语言、经济、文化、心理等方面所具有的多样性和表现形式上的特殊性。一体，指的是各民族在共同发展的过程中相互融合、相互同化，形成了统一的民族共同体。

如果没有长城，中国难以成为统一的多民族国家；如果没有长城，生活在长城地区的族群可能无法融合、形成多元一体的中华民族。从这个意义上说，长城地区在中国历史发展的全过程中具有特殊的历史地位。

长城的历史文化价值，体现在其为中华文化的重要组成，体现在其对人类文明的重大贡献。人类社会生活和人类文明发展的过程中，始终面临的三大基本问题，其分别为：生死存亡、构建文明秩序、文明传承和发展。长城存在的价值，与人类社会生活和人类文明发展的三大基本问题息息相关。

生死存亡是人类文明始终面临的第一大基本问题，不能解决生死存亡，一切都无从谈起。利益有大小之分，有轻重之别。不论是长远利益、全局利益还是潜在利益，努力争取自己利益的最大化是所有利益主体的诉求。但是与生死存亡相比，任何利益都处于次要位置。长城从产生之初，到冷兵器时期使用功能的结束，其要解决的首要问题就是生存问题。

顺应规律，构建文明秩序是人类文明始终面临的第二个基本问题。人类有合作发展、寻求双赢或多赢的愿望，也有为了追求利益的最大化而互相残杀的恶劣天性。在适宜人类生活的环境中，人类相互联系、相互制约并建立起各种法规制度，构建起有目的地进行文明发展的社会秩序。人类社会形成之后，任何政权都需要一个起码的秩序。历代统治政权通过修建长城，对农牧秩序进行控制和维系，实现长城区域的社会稳定。

文明的传承和发展是人类文明始终面临的第三大基本问题。人类是有思想、有文化的物种，思想文化的发展是一个漫长的过程。中华民族有着五千年文明发展史，对于每一位中国人来讲这种民族自豪感不言而喻。文明发展史的规律和经验证明，形成文明需要一定质量的继承。中国文明的起源和文明社会的形成，是一个连续性的政治程序过程。长城的存在，保障了中华文明史的发扬光大。

在古代社会，长城为构建起相对和谐的社会秩序提供了保障，修建长城对于保护以农耕政权为代表的中原文明的传承具有重要的意义。如果没有长城的保障，中华文明存续的时间和文明传承的质量，都会受到很大负面影响。

世界文化遗产，只有中国的长城在2000多年的历史中，与人类社会生活和人类文明发展过程中的三大基本问题，有着如此密切、如此重要的联系。这一点也是长城在人类历史上意义重大的体现。长城是军事防御工程，其存在客观上调整了农耕和游牧冲突，减少了双方发生战争的次数，在那个时代相对好地解决了不同文明冲突下的矛盾。

中华人民共和国成立后，长城重要节点、段落相继被国务院及省、市、县多级政府公布为重点文物保护单位，依法实施保护。2006

图2　山西左云镇宁楼。长城的残垣断壁既叙说着岁月的无情，也表示着长城的不屈

年《长城保护条例》颁布后，内蒙古自治区等多省长城被整体列为国家重点文物保护单位。

长城因其独特的历史、艺术和科学价值，于1987年被整体列入《世界遗产名录》。截至2012年6月，经国家认定的中国历代长城遗迹，分布在包括北京在内的全国15个省份，总长已有21196.18千米，包括长城墙体、壕堑、单体建筑、关堡和相关设施等长城遗产43721处。①

北京市历代长城现存建筑及遗址的总长度为520.77千米。其中，现有遗址遗存409处，包括长城墙体、单体建筑、关堡和相关设施等4个类型，分布在平谷、密云、怀柔、昌平、延庆、门头沟6个区，涉及42个乡镇的785个行政村。

① 《长城保护宣传暨长城资源调查和认定成果发布活动举办》，国家文物局网，2012年6月7日。

第一章

长城的生命和审美

长城有生命，其生命来源于长城的修建者。长城有体温，其体温来源于中华历史的脉动。长城的雄伟和壮美，是一种阳刚之美。长城审美，就是感受长城的磅礴气势，感受长城气吞山河的震撼力。

了解长城的生命，需要先了解“长城”一词是怎么产生的。以前有一些书中介绍“长城”一词的使用，始于汉代司马迁所撰《史记》。实际上，这种认识是不正确的。我们先不讲古代历史文献，仅出土文物有“长城”一词，早在战国早期的文物上就已经出现了。

“长城”名词最早出现在战国时期的青铜器和竹简之上。青铜器的铭文，一般被称为金文，有铸铭与刻铭两种。战国以前多铸铭，战国时期有较多的刻铭。驫羌钟之上带有“长城”一词的铭文属于刻铭。

1928年某次大雨后，洛阳城东金村出现大量的地陷现象，人们很快发现这些塌陷的地方都是古墓的墓室。挖开墓室后，大批精美的陪葬文物暴露出来，出土了大宗战国早期的青铜器。古墓被盗掘，这批文物大部分流散到海外。其中有一组14件青铜器编钟，被称为驫羌钟。这组编钟花纹细密，工艺精湛。人们之所以将这组编钟称为驫羌钟，是因为编钟上刻有一段长达61字的铭文，记录了韩国一位名为驫羌的将军攻打齐国并攻进长城的历史。钟体铭文全文为：

唯廿又再祀，驫羌作戎，厥辟韩宗徹，率征秦迮齐，入长城，先会于平阴。武侄寺力，言敚楚京。赏于韩宗，令于晋公，昭于天子，用明则之于铭，武文咸烈，永世勿忘。

青铜器上的文字，是中国古代历史的重要文献。青铜器铭文中属于纪事形式的长铭文，𩓰羌钟上的铭文多达61个字。但是，此铭文与长城的关系，长期以来并没有引起太大的关注。这段铭文是中国历史上首次在出土文物上发现了“长城”名词。

𩓰羌钟铭文记述的历史事件，为周威烈王二十二年（前403），一个名叫𩓰羌的韩国将领，在一次伐齐的战争中，首先攻入齐国的长城。在这场战争中，𩓰羌作战勇猛，因而受到韩君、晋公和周天子的奖赏，特此铸器作为纪念。从𩓰羌铭文可以看出，周威烈王二十二年（前403），齐长城已经建好并已经发挥作用。

最近几年，又发现了比𩓰羌钟更早的竹简上有“长城”一词。清华大学于2008年7月收藏了一批战国竹简，包括少数残断简共约有2500枚。碳14测定，这些竹简为战国中晚期文物。清华大学最新研究成果清华简《系年》披露，其中有关齐长城的记载，为确定齐长城的修建时间提供了很重要的新史料。

清华大学出土文献研究与保护中心编纂的《清华大学藏战国竹简（二）》中记载，《系年》篇第20章记载了齐长城的修建经过：

晋景公立十又五年（前441），申公屈巫自晋适吴，焉始通吴晋之路，二邦为好，以至晋悼公。悼公立十又一年，公会诸侯，以与吴王寿梦相见于虢。晋简公立五年，与吴王阖卢伐楚。阖卢即世，夫差王即位。晋简公会诸侯，以与夫差王相见于黄池。越公勾践克吴，越人因袭吴之与晋为好。[①]

简文中所记载的“齐人焉始为长城于济”应该是齐长城较早的修建时间，而“自南山属之北海”为齐长城起于今济南平阴、长清一带，沿当时济水修建至渤海岸。简中记载的事是晋景公十五年（前441），𪒠羌钟记载的事是周威烈王二十二年（前403），可知清华简上的“长城”一词，比𪒠羌钟早了38年。

我们知道了战国时期青铜器和竹简之上就已经有了“长城”一词，可是长城明明是一道延绵的长墙，古人为什么不叫“长墙”而是称其为长城呢？道理很简单，长城除了长长的城墙之外，还包括一系列的军事防御设施，比如关隘、关城、城堡、烽燧等，而长墙就不能涵盖这些了。

① 清华大学出土文献研究与保护中心编：《清华大学藏战国竹简（二）》，上海：中西书局，2011年，第186页。

第一节　长城相关概念的复杂性

研究长城的产生、发展，探索长城的价值和其防御作用衰退的全过程是长城学的任务。长城有其自身的产生、发展过程及其规律。认识长城的本质、结构，认识长城与社会各方面的关系，对长城研究来说很重要。做好这些研究和认识工作的前提和基础，首先是要明确一些与长城相关的概念。

长城研究涉及的相关领域很多，整合各学科的研究成果是一项重要的任务。整合的过程，就是综合与分析的过程。综合是把长城及其相关的各部分联系成一个整体，把长城看成一个统一体。分析是把长城按照其自身的规律，分解成简单的各组成部分。

长城研究的整合范围比较广泛，首先要将历代所修长城的各方面及历代长城所涉及的同一个问题，作为系统的组成部分进行研究。其次，要特别注意单条长城与长城整体的关系，长城与其他社会领域的关系。

在做这样的研究工作时，几乎处处都会涉及一些与长城相关的概念。包括：长城的定义与称谓、长城区域的界定、农耕与游牧、中原王朝边疆等。认识了这些与长城相关的概念，可以帮助我们认知长城。

一、长城的内涵和外延

长城究竟指什么？其内涵和外延是什么？长城与一般军事防御工程有何区别和联系？随着长城研究的普及和深入，许多研究者提出了自己的理解，这些定义虽然有差异，但较为一致地认为长城是中国古代军事防御工程。

其实，军事防御工程不仅仅只有长城，而长城与其他军事防御工程有着两个本质区别：一是长城建筑体量的长，这一点其他军事防御工程无法比拟；二是长城防御体系与其他军事防御工程相比具有较大的纵深。

长城防御体系的主体是连绵的墙体，由关隘、城堡、烽燧等与墙体按特定结构方式组合而成的一个有机防御体系。近现代学者中，侯仁之对长城的定义最接近长城的两大本质。他说：“长城是针对相对固定的作战对象，按照统一的战略，以人工筑城方式加强与改造既定战场，而形成的一种绵亘万里，点阵结合，纵深梯次的巨型坚固设防体系。”①

结合前人的成果，我们不妨将其界定为：长城是中国古代由连续性墙体及配套的关隘、城堡、烽燧等构成体系的军事防御工程。

作为军事防御工程，长城本身具有整体性、结构性和层次性的特点，其系统内部各子系统之间具有相互维系而构成有机的整体。长城整体的防御功能不等于各子系统在孤立状态下功能的总和。长城虽然是用一条有形的防御线将中原与草原社会分割开来，但数千座连通长城内外的关隘，又将农耕和游牧地区紧密地联系起来。

国家政权借修建起的长城，来达成加强对农耕地区进行有效保卫、减少常驻军队和缩减军队经费的目的。通过长城来提高这一地区的防御能力，有效地解决了养兵太多养不起，养兵太少又起不到其应有的保卫作用这一问题。尽管修筑长城和派军驻守长城防线需要的经费不少，但与不修长城仅派军队相比，以达到相同的防御效果论，修长城所需付出的代价相对小很多。

在大修长城的同时，朝廷又在长城区域实行了军屯。从事军屯的军户平时不脱离生产，按照规定集中接受军事训练。通过军屯措施，国家可以用较少的经费来维持一个相对较大的常备军队，进一步缩减了国防开支。在宜耕宜牧区域修筑长城，是统治政权以最小代价维护最大利益而采取的措施。

战国秦、赵、燕长城具有很大的价值，其防御所体现的是一种主

---

① 侯仁之：《在长城国际学术研讨会上的总结发言》，《长城国际学术研讨会论文集》，长春：吉林人民出版社，1995年，第334页。

动性。秦、赵、燕在占据了军事优势的情况下修筑长城，加上一定数量的驻军，防止北方游牧骑兵闪电式的袭击，是一种扬长避短的主动行为。在当时，采用高墙来阻遏骑兵是极好的方式。除此之外，没有更好的办法解决长城地区的冲突。没有长城，即使有大量的步兵和骑兵，仍然防御不了游牧势力的抢掠。①

此外，还要客观地认识到，长城在一个朝代不同时期发挥的作用也不一样。换句话说，长城在一个王朝政权衰微时期的作用，与一个政权刚崛起处于兴旺时期的作用不同。任何政权，不管强大还是弱小，都会考虑战略防御问题。当然，强大的政权还有对敌人发动战略进攻的选择，而弱小政权因为缺少实力，只能以防御为主。

在一个政权刚崛起的阶段和其强大的阶段，构建起来的长城防御体系，实际上是其对敌发动进攻的最好支持。这样的防御体系，起到的是一个基地的作用。通过进攻，可以有效缓解来自敌方的军事压力。面对敌人的进攻，长城防御体系又是确保防御有效的重要条件。这个时期修建的长城，是基于长城地区整体防御安排的考虑。

一个政权到了统治能力和经济能力都已经衰败的时期，国家根本无法继续实施战略进攻，只能凭借长城这样的防御体系来阻挡敌方强大进攻。这种时候，长城防御体系的防御能力也会大打折扣。长城无论多坚固，也仅是延缓已经走向衰亡的政权衰亡的速度，顺延其继续衰弱下去的时间而已。仅凭长城，不可能从根本上解决濒临崩溃的政权自身的问题，更不可能制造奇迹使其起死回生。

二、历代长城的凡尘之名

已发现的出土文物证明，“长城”一词在战国早期已经存在。自长城产生起，各个朝代对长城的称谓并不是都叫长城。对长城这样的线性防御体系，不叫长城的时候会叫什么呢？这一点不同的朝代多有

① 陈可畏：《论战国时期秦、赵、燕北部长城》，《长城国际学术研讨会论文集》，长春：吉林人民出版社，1995年，第103页。

不同。

说的是长城，又不叫长城的名称中有些是多朝代通用，有些仅在某一朝代使用；有些在所有地域都有使用，有些仅在某一地域使用。对此，一些学者曾进行过一些总结。[①]常见的长城称谓主要有以下几个：

“长城”作为通用称谓，始于春秋战国并使用至今。如《管子》记载：“长城之阳，鲁也。长城之阴，齐也。”[②]《史记正义》引《齐记》曰：“齐宣王乘山岭之上筑长城，东至海，西至济州千余里，以备楚。”[③]

春秋时期，只有楚国称其修建的长城防御体系为“方城”。《汉书·地理志》记载：“叶，楚叶公邑。有长城，号方城。”[④]楚成王十六年（前656），楚国屈完将军劝说进攻楚国的齐桓公退兵时说：“君若以德绥诸侯，谁敢不服？君若以力，楚国方城以为城，汉水以为池，虽众，无所用之。”[⑤]

很多朝代都使用过“堑”“城堑”“墙堑”表示长城。《史记》记载“堑洛。城重泉”[⑥]，指的是秦简公六年（前409），秦国沿洛水修建的长城。蒙恬曾说“起临洮属之辽东，城堑万余里”[⑦]，说的就是秦始皇万里长城。《明史》记载：“寇扼于墙堑，散漫不得出。”[⑧]

---

① 张维华：《中国长城建置考（上编）》，北京：中华书局，1979年，第138页。张维华总结汉朝长城的称谓时说：“汉之边塞，有时称曰长城，有时称之曰障，有时称之曰障塞，亦有时简称之曰塞。大抵塞为通称，长城为绵亘相接之边垣，障为一地之防御工事，或指城堡而言。”

② 黎翔凤：《管子校注》卷24《轻重丁第八十三》，梁运华整理：《新编诸子集成》，北京：中华书局，2004年，第1500页。

③《史记》卷40《楚世家》，北京：中华书局，2008年缩印本，第1732页。

④《汉书》卷28上《地理志上》，北京：中华书局，2008年缩印本，第1564页。

⑤ 杨伯峻编著：《春秋左传注》僖公四年，北京：中华书局，1990年，第292—293页。

⑥《史记》卷5《秦本纪》，北京：中华书局，2008年缩印本，第200页。

⑦《史记》卷88《蒙恬列传》，北京：中华书局，2008年缩印本，第2570页。

⑧《明史》卷178《余子俊传》，北京：中华书局，2008年缩印本，第4738页。

"塞""塞垣""塞围"也常用来表示长城。《史记》记载"汉遂取河南地，筑朔方，复缮故秦时蒙恬所为塞，因河为固"①，说的是汉朝修缮利用秦始皇长城。《后汉书》说："秦筑长城，汉起塞垣。"②《魏书》记载："七年六月丙戌，发司、幽、定、冀四州十万人筑畿上塞围。"③

也有将"长城"与"塞""亭障""障塞"等词合称来指代长城。《晋书》记载："遂开拓旧境，却地千里，复秦长城塞。"④《史记》记载："行观蒙恬所为秦筑长城亭障，堑山湮谷，通直道。"⑤《通典》记载，密云郡"东北到长城障塞一百十里"⑥。

"界壕"是金长城专用名词，如"入泰州婆卢火所浚界壕"⑦。因为此称谓问题，曾经有学者提出金界壕不是长城。经过长城资源调查，2012年国家文物局已经将金界壕认定为长城。

明朝时多将长城称为"边墙""边垣"。《明史》记载："请修筑宣、大边墙千余里。"⑧"蓟镇边垣，延袤两千里。"⑨明朝历史文献记载长城，基本上看不到"长城"二字，几乎都是称作"边墙"。至今，长城脚下的老乡还是习惯地将长城称作"边墙"。

以上这些称谓，在古代文献中常用来指代长城。但在各地民间还有一些其他的称谓，宁夏民间将长城烽火台称为"长城蛋蛋"⑩。长

① 《史记》卷110《匈奴列传》，北京：中华书局，2008年缩印本，第2906页。
② 《后汉书》卷90《乌桓鲜卑列传》，北京：中华书局，2008年缩印本，第2992页。
③ 《魏书》卷4下《世祖本纪下》，北京：中华书局，2008年缩印本，第101页。
④ 《晋书》卷42《唐彬传》，北京：中华书局，2008年缩印本，第1219页。
⑤ 《史记》卷88《蒙恬列传》，北京：中华书局，2008年缩印本，第2570页。
⑥ ［唐］杜佑：《通典》卷178，北京：中华书局，1984年，第949页。
⑦ 《金史》卷24《地理志上》，北京：中华书局，2008年缩印本，第549页。
⑧ 《明史》卷91《兵志三》，北京：中华书局，2008年缩印本，第2241页。
⑨ 《明史》卷212《戚继光传》，北京：中华书局，2008年缩印本，第5614—5615页。
⑩ 许成：《宁夏古长城》，银川：宁夏人民出版社，1988年，第11页。

城沿线村民常将明以前长城，称为“土龙”“黑土龙”“黑地龙”[①]等。少数民族语言也有对长城的专门称谓，如“乌尔科”在蒙古语中指城墙、长城[②]。

三、长城区域的辽阔与神秘

长城区域是农耕和游牧的交错地带。这个地区绝大多数的地方，都属于宜耕宜牧的地方。由于农耕和游牧是两种完全不同的生产方式，两者很难同一时期在同一地域内和谐共存，彼此很容易受利益驱使产生比较大的冲突。在同一个区域里，为解决冲突问题，往往需要武装力量的介入。

在这样的背景之下，长城便应运而生。长城区域是一个特别广阔的区域，任何朝代都没有足够强大的军事力量，仅仅凭借军队的驻守来保证广大区域的正常生产生活秩序。此外，长城区域给国家带来的利益，也并没有达到国家愿意花费巨额军费来支持这样庞大的军队，征用大量青壮劳动力来从事这种军事活动的程度。

长城的第一个特点是长，另一个重要特点是分布地域范围广。经过历代的建设和增筑，长城遍布中国北方的大部分地区。国家文物局于2012年6月5日正式公布，已经认定的中国历代长城遗迹总长为21196.18千米。[③]这是中国首次公布经过系统测量、统计的历代长城的总长度。

此次统计的长城分布在北京、天津、河北、山西、内蒙古、辽宁、吉林、黑龙江、山东、河南、陕西、甘肃、青海等15个省区市。其中，明长城东起辽宁虎山，西至甘肃嘉峪关，从东向西行经辽宁、

① 冯永谦：《燕秦汉长城与金长城有区别吗？——从考古发现的历代长城进行比较研究》，孙文政、王永成主编：《金长城研究论集（下册）》，长春：吉林文史出版社，2009年，第311页。

② 景爱：《长城》，北京：学苑出版社，2008年，第25页。

③ 《长城保护宣传暨长城资源调查和认定成果发布活动举办》，国家文物局网，2012年6月7日。

河北、天津、北京、山西、内蒙古、陕西、宁夏、甘肃、青海共10个省区市的156个县，总长为8851.8千米。[①]此外，现在邻国境内也保存了部分中国古代长城的遗址和遗迹。

在古代历史典籍中称长城区域为“北边”“北疆”等[②]，这是围绕长城的修建和使用，逐渐形成的一个具有特色的地带。从历代长城发展的总体情况看，长城建筑体从东到西呈带状分布。这决定了以长城为中心形成的长城区域同样呈带状。现代学者常将这一地带称为长城区域、长城沿线、长城地区或长城地带。

欧文·拉铁摩尔（Owen Lattimore）将长城区域称为“长城边疆地带”。通过研究长城及其周边区域，他认为长城边疆地带是“被历史的起伏推广而成的一个广阔的边缘地带”[③]。这一地带的形成是自然、社会等诸多因素综合作用的结果。拉铁摩尔对长城区域的考察，特别注意长城内外及周边区域的人地关系，特别注意这一区域内社会经济发展的内部因素与外部条件的相互作用。

林沄将长城区域称为“中国北方长城地带”。“所谓‘中国北方长城地带’，并非指历代所筑长城经由的全体地域，而是指古来中原农业居民与北方游牧人互相接触的地带。”[④]从中我们可以看出，作为地理概念的长城地带，包含了不同文化族群交流的特点。

尽管不同学科在研究长城区域的情况时使用的名词不完全一致，所涉及的区域范围也略有差异，但学者普遍认为长城区域与中国历史的发展有着密切关系。正如拉铁摩尔所说：“长城一带既是中国辽阔

① 《明长城总长8851.8千米——明长城资源田野调查及长度量测工作取得重大成果》，国家文物局网，2009年4月18日。

② 用“北边”来记载的相对较多，《史记》中便有10余篇近20处，如《史记》卷88《蒙恬列传》记载：“吾适北边，自直道归，行观蒙恬所为秦筑长城亭障。”用“北疆”来记载的相对较少，如《汉书》卷100下《叙传下》记载：“绾自同闬，镇我北疆。”

③ ［美］欧文·拉铁摩尔：《中国的亚洲内陆边疆》，唐晓峰译，南京：江苏人民出版社，2010年，第163页。

④ 林沄：《夏至战国中国北方长城地带游牧文化带的形成过程》，《燕京学报》2003年第14期，北京：北京大学出版社，2003年，第95页。

边疆的缩影，也是反映中国历史的视窗。”①

以拉铁摩尔、林沄为代表的中西方学者，密切关注长城区域人、地、事之间的互动关系，并留意到长城区域多数地段与农牧交错地带基本重叠这一特点。农牧交错地带即农业和牧业的过渡区，这一地带内游牧与农耕两种不同生产、生活方式的界线并不明确。长城的修建使得农牧分界线更加清晰，农民在长城内种地而牧民则在长城外放牧。

中国北方农牧交错地带范围很广，其“分界线是从东北斜贯西南，即是从东北的大兴安岭东麓—辽河中上游—阴山山脉—鄂尔多斯高原东缘（除河套平原）—祁连山脉（除河西走廊）—青藏高原的东缘”②。东西横跨辽宁、内蒙古、河北、山西、陕西、宁夏、甘肃、新疆等多个省区市。历代修建的长城，除春秋战国时期诸侯国相互防御的部分长城之外，基本上都位于这个区域。

长城区域与农牧交错带基本重合，是历史与自然双重因素共同作用和互相影响的结果。在农牧交错带，人们可以选择农业或牧业作为其经济类型。一般来说农牧交错带以北的人们越来越趋向选择牧业，而农牧交错带以南则农耕种植占了绝对优势，这是人类适应自然的结果。随着这两种经济类型的区分，也产生了不同的文化、族群，并进而演化出不同政治经济体。这些政治经济体，根据自身发展的特点和需要选择生活范围。

以农业立国的国家，往往选择维护既有的成果，而不是将帝国无限扩大到无回报或者少回报的土地上去。这决定了农耕政权会往北争取土地，但不会无限向北拓展。“农牧交错带两侧不同的政治经济集团之间不可避免地存在着相互竞争、相互冲突的状态，为生存空间而

① 章永俊：《欧文·拉铁摩尔的中国边疆史研究》，《史学史研究》2006年第2期，第68页。

② 中国科学院地理研究所经济地理研究室：《中国农业地理总论》，北京：科学出版社，1980年，第286页。

竞争、争斗甚至合作。”①

在中国古代，沿着农牧交错带修建长城，以军事防御的形式分隔了两种不同类型的政治经济势力。受自然环境变化的影响，东北、华北和西北绝大部分长城区域在不同历史时段，农牧交错带、农牧分界点并不一样。这种变化在一定程度上影响农耕政权的管理区域，进而影响到长城的修筑位置。秦长城位于战国燕长城以北，向北推移了纬度约10分，汉长城更在秦长城之外。金长城与秦长城相比，部分金长城的地理位置修建得更靠北，而明长城则向南退移很远。

除自然变化的影响外，各时段长城区域的具体位置与长城两侧政治势力的强弱也有较大的关系。农耕政权强大时，修建的长城相对更靠北；游牧势力强大时，修建的长城一般会南移。随着长城两侧政治势力的消长，各时段长城区域的控制权也有所变化。

四、古代王朝边疆的烽烟

长城是一幅绚丽多彩的万里画卷，对中国古代王朝而言这个地区被称作边疆。《左传·昭公十四年》记载：“好于边疆，息民五年，而后用师，礼也。”标志一国靠近与别国间的政治分界线，宽度不等的一个地带。长城修筑的地域范围广阔，主要是古代中原王朝拥有广袤的北部边疆地区。历代王朝所修建的长城，大多处于此地区。只有维护边疆地区的稳定，才能维护政权稳定。

不管是统一时期还是分裂时期，古代中国都有疆域广阔且不同区域存在显著差异的特点。从国家治理的角度，将王朝政权控制的边缘地区界定为边疆，并采取与内地不同的方式加以治理。边疆既是拱卫国家核心区域的安全屏障和战略纵深，也是国家实力强大之后进一步向外拓展地理空间的依托。

不同的朝代、不同的历史时期，中原王朝的边疆并非固定不变。

① 魏琦：《北方农牧交错带生态脆弱性评价与生态治理研究——以内蒙古林西县为例》，中国农业科学院博士学位论文，2010年，第3页。

不同历史时期的边疆地区，依当时客观现实基础所确立。中原王朝对长城地区防御的构建、调整和社会治理都受到既定边疆政策影响。边疆治理是所有王朝政权治理方略的重要内容之一，在经济、政治、文化中都占有重要位置。

随着农耕政权经济的发展、实力的增强，在一定时期也会产生对外向游牧地区扩展的需求。扩张的直接结果，致使中原边疆地区发生较大的变化。中原王朝对长城外民族产生政治上的吸引力、军事上的威慑力的同时，也会产生经济上的影响力和文化上的感召力，推动游牧民族对中原王朝的内降、归附和臣服。中原王朝出现败落、衰微或分裂的时候，游牧政权不仅会改变与中原王朝的羁縻关系，甚至采取军事进攻手段来抢夺中原王朝控制的区域。这些状况，都会对边疆地区的变化产生影响。

长城是中国古代中原王朝的边疆，与现代政治学的边疆并不是一个概念。现代的边疆是国家靠近边界的领土疆域，这一点与古代不一样。现代意义的“边疆”及其纵深，是由主权国家在其领土边界范围之内，根据政治、经济、军事的需要，按特定的自然地理或行政区划确定的区域。确立国家边疆的前提和依据是现代国际法，作为国家行使主权空间的标志是边界。基于国家主权意义的边疆，是近代民族国家出现以后才逐渐确立的概念。正如英国安东尼·吉登斯（Anthony Giddens）所指出的那样，“国界只是在民族—国家产生过程中才开始出现的”①。

有些学者将长城视为古代中国的边界，这一认识值得商榷。古代国家与近代以来的主权国家相比，无论是古代欧洲的城邦国家、罗马帝国，还是中世纪的法兰克帝国、拜占庭帝国，都和中国古代王朝一样，在边疆地区并没有明确固定的国家边界，也没有在军事上的逾越便被视为侵犯领土主权的明确界线。因此，在边疆地区所修建的长

① ［英］安东尼·吉登斯：《民族—国家与暴力》，胡宗泽、赵力涛译，北京：生活·读书·新知三联书店，1998年，第60页。

城，从来都不是中原王朝的边界。

传统帝国体系将国家区分开来的自然环境因素（如沙漠、海洋、山脉、沼泽）及人为地建造的隔离设施（如中国各王朝所修建的长城、罗马帝国的城墙和拜占庭帝国的边墙）并不具有近代国家的边界性质。[①]安东尼·吉登斯认为："把这些建筑与现代意义上的国界等同起来看待是不正确的，即便在传统国家的边界确实是由这类建筑（无论如何，这类建筑都极其稀少）予以明确地区分开来的那些地区，它们也不能被称为'国界'。在非现代国家中，围以城墙的边界依然是边陲地区，它们远超出了中央权力机构的日常管辖范围。国家越大，则情况越是如此。无论是罗马还是中国，就'民族主权'这一术语的当代含义来说，其城墙均无法对应于'民族主权'的界线。相反，这些城墙是'内层'防御体系的向外延伸物。"[②]他对该问题的认识可以说是中肯的，长城防御工程包括长城内外的很大纵深。

具体考察历代长城的作用时，我们需要对当时王朝的边疆进行分析。但是，将长城作为整体来研究时，我们需要明确中国历史的边疆。长城修筑的地域范围广与中国历史疆域广阔有很大的关系，但中原王朝的边疆并不是中国历史的疆域，这二者不能混淆。有关中国历史疆域问题的讨论，谭其骧和白寿彝的观点具有代表性。谭其骧曾明确指出：18世纪50年代清朝完成统一之后，19世纪40年代帝国主义入侵以前的中国版图，是几千年来历史发展所形成的中国的范围，历史时期所有在此范围活动的民族，都是中国史上的民族，他们所建立的政权，都是历史上中国的一部分。[③]

白寿彝也曾提出，现代学者研究中国史应该以中华人民共和国的

① ［英］安东尼·吉登斯：《民族—国家与暴力》，胡宗泽、赵力涛译，北京：生活·读书·新知三联书店，1998年，第60—62页。

② ［英］安东尼·吉登斯：《民族—国家与暴力》，胡宗泽、赵力涛译，北京：生活·读书·新知三联书店，1998年，第60—62页。

③ 谭其骧：《历史上的中国和中国历代疆域》，《中国边疆史地研究》1991年第1期，第34页。

国土范围为处理历史上中国疆域的标准。他认为：“中华人民共和国的疆域是中华人民共和国境内各民族共同进行历史活动的舞台，也就是我们撰写中国通史所用以贯穿今古的历史活动的地理范围。”[①]《中国长城志》在写作的过程中，也秉承这一观点，重点考察中国现有疆域范围内长城的修建和使用及由此产生的政治、军事、经济、民族、文化等各方面的问题。但在论述古代民族史中与长城的相关问题时，往往要跨越今天的疆域范围，才能得出较为准确的认识。

古代长城地区的动荡与稳定，会由边疆影响到更远的地区。有学者认为，中国历史上朝代的兴亡不仅与游牧社会的盛衰有关，还影响了西方社会的发展。F. J.梯加特《罗马与中国——历史事件的关系研究》以东西方历史比较为核心，经过精心的类比和分析，发现公元前58年到107年这段时间里，“每一次欧洲的蛮族起义都发生在罗马帝国东部边界或是中国的‘西域’战争之后”，“欧洲的40次暴乱中，有27次与汉朝的西域政策有关，或者至少与这个政策所引起的局势变化有关”[②]。

总之，长城位于古代王朝的边疆，分别从长城内外的视角来看，长城恰恰是古代中国的一个中心地区。当然，我们现在认识长城的历史及其价值时，需要立足于中华人民共和国的疆域；在考察各阶段的长城时，需要观照古代王朝不断变化着的边疆。

---

① 白寿彝：《中国通史》第1卷，上海：上海人民出版社，1989年，第79页。

② ［美］费雷德里克·J.梯加特：《罗马与中国——历史事件的关系研究》，丘进译，郑州：大象出版社，2009年，第7—8页。

第二节　长城的岁月与自然环境

长城的美包括长城的建筑艺术美、长城的历史文化美，也包括长城的自然环境美。长城内外的历史发展过程，始终受空间地域广阔、经济类型复杂、气候条件区域差异较大等自然环境因素的影响。

图3　行走在山海关古城。长城真实地记录并向我们述说着历史，也将人类自身在那个时代无法逾越的障碍和局限告诉了我们

环境是长城历史研究中的重要因素，地理环境与长城的历史发展有着密切的关系，这一点在对认识长城与长城地区环境的关系方面不能忽略。长城内外不同民族的生产、生活和历史文化特色的形成取决于许多因素，地理环境也是因素之一。

《辽史》中曾分析长城南北的自然环境及其对生活方式的影响："长城以南，多雨多暑，其人耕稼以食，桑麻以衣，宫室以居，城廓以治。大漠之间，多寒多风，畜牧畋渔以食，皮毛以衣，转徙随时，车马为家。此天时地利所以限南北也。"[①]受地理、气候等自然环境不

① 《辽史》卷32《营卫志中》，北京：中华书局，2008年缩印本，第373页。

同影响，各地的经济类型和社会文化均有不同程度的差异。

环境与人类社会之间的关系很密切，生产力水平越低，地理环境对社会发展的制约作用就会越大。研究长城区域的环境变化，首先要强调人类生存发展的外部因素。环境为人类的生产、生存、发展提供了物质基础。人类是自然的产物，人类的一切活动都是在特定的自然环境中进行，人类的任何历史阶段都离不开特定的地理环境。而人类的活动又往往影响环境的变化，这一点长城也不例外。

各时段的长城为什么修建在这样的地理环境，而不是那样的地理环境？长城修建起来之后，又对环境的变化产生了怎样的影响？都是长城研究要关注的问题。中国古代2000多年来一直在北方修建长城，这与中国独特的地理环境有很大的关系。因为这道人工构建的防御线，补充北部自然环境天然屏障性的不足，以防御来自游牧势力的扰掠。

一、长城是地理环境的天成之作

雄奇壮观的万里长城，每一段都是人文与环境的天成之作。中国位于亚欧大陆的东部，幅员辽阔，地理环境具有相对的独立性。中国东边和东南为海洋所环绕，西部有世界屋脊帕米尔高原，西南有青藏高原和喜马拉雅山，在当时的条件下是难以逾越的屏障。只有北部广阔的草原，可以联系游牧民族。

这种相对独立并几乎与外部世界隔绝的自然环境，使中国古代文明与世界其他地区的文化形成各自并行发展的状态。在这样的地理环境下，只有从东北到西北的北方没有可以阻挡进攻的天然屏障，这是长城产生的地理基础。修建长城是在对中国相对独立的地理环境下，北部防御不足而进行的补充。

在中国特殊的地理位置中，有一块温度与湿度均适宜农耕的区域，即中原地区，是古代华夏民族的发源地。古人认为，这片土地是天下的中心地区。文化比较先进的华夏族自称中国，以别于四夷。在相对独立的地理环境下，农耕经济在其发展过程中，长时间受长城保护，得到持续发展。

在世界发展史上，古代中国的农业区的面积和粮食产量，长期处于领先地位。相对独立的环境之内，可以满足人口众多的农耕经济，实现自给自足发展的需要。作为东亚大陆重要的农耕族群能够发展强大起来，首先得益于黄河与长江流域有利于农业经济发展的地理环境。

农耕经济高度发达，对中国传统文化的形成都有重大影响。农耕经济的春种秋收及中间阶段的浇水施肥除草是在同一地域进行的一个完整、连续的过程，每年开春就要做好全年的安排。久而久之，便形成了按部就班、从大处着眼、从具体处着手的思维模式。其中也包括整体安全的考虑，没有安全的保障，一切就无从谈起。

对于古代中国而言，在当时的条件下没有其他的政权可以跨越地理限制，对中国构成威胁。公元前6世纪，横跨亚非两大洲的波斯帝国占领了埃及、两河流域、伊朗高原，但到了帕米尔高原，没能跨越锡尔河。公元前4世纪，马其顿皇帝亚历山大的远征军，占领了伊朗、印度之后也没能跨越帕米尔高原进一步威胁中国。7世纪驰骋欧亚非三大洲的阿拉伯帝国，也止步于帕米尔高原，没有对中国构成威胁。西方各大帝国从西向东发展时，受自身实力和当时技术条件等方面的影响，均没能跨越中国西北到西南的各种自然环境构成的天然地理障碍，对当时的中国构成威胁。

长城以内的农耕民族得以发展成为“薪火相传，生生不息”，具有强大生命力的多民族共同体。相对独立的地理环境决定了中国古代农业社会在经济、政治和文化上的相对稳定。农耕经济及其文明和文化，对长城外各民族有着很强的吸引力，并形成了周边不同时期的不同民族向中原地区内聚现象。正是这种内聚力，使中华文明得以不断地得到发展。

中华文明与地中海文明相比较，中国的西北、西南的高原和高山、戈壁和荒漠，东面和南面的海岸线，所形成的人类早期难以逾越的障碍，也相应地阻碍了中国与世界的联系。唐朝以前中国与西方的联系主要依靠陆路，1.8万千米的海岸线大多成为隔绝古代中国与外部世界的交往阻隔。虽然古代中国与世界从来没有完全断绝联系，但总体来说，古代中国拥有相对独立的地理环境，这种联系并不普遍。在这种环境下，只有华北平原、黄土高原之北连通大漠南北，没有难以逾越的天然屏障。所以，最可能对农耕地区造成威胁的是北方游牧势力。因此，古代中原王朝往往只好借助较为利于防守的自然环境，修建长城来加强对游牧势力的防御。

黄土高原的北缘是长城防御的重点地区。黄土高原由西北向东南倾斜，海拔多为1000—2000米，大部分为厚层黄土覆盖。黄土高原上的太行山脉、六盘山均是长城经过的主要山脉，这两条山脉将黄土高原分成三部分：山西高原、陕甘黄土高原、陇西高原。其中，陇西高原成为战国秦和秦始皇修长城防御北方的重点区域，山西高原和陕甘黄土高原则成为明朝的重要长城防御区。

华北平原北部区域也是长城设防的重点地区，中国很多朝代的长城都修建在这里。华北平原自古就是重要的传统农耕地区，明代将都城移到北京后，华北平原的战略地位显著提高。明长城九镇中的蓟镇、宣府镇、大同镇、山西镇都修建在华北平原。

二、中国北方山系与长城防御

北纬41—42度的中国北方，由东向西分布着大兴安岭、燕山山脉、阴山山脉、太行山脉、贺兰山、六盘山、祁连山脉、天山山脉等大型山脉。长城基本上修建在这些山脉的山脊，或这些山脉南北邻近地区的冲要位置。

长城内外的环境和经济类型都受大兴安岭—阴山—贺兰山等一系列山脉的影响。这些山脉的西侧、西北、北侧为典型的游牧区，东侧、东南、南侧为典型的农耕区，沿山脉走向形成典型的农、林、牧交错地带。[①]

① 田广金、史培军：《中国北方长城地带环境考古学的初步研究》，《内蒙古文物考古》1997年第2期，第46页。

长城的东部大小兴安岭地区，先秦至秦汉时期是农耕与游牧的交错地带。战国燕长城和秦汉长城，都修建在大小兴安岭以南、燕山以北。金长城的很大一部分，位于大小兴安岭地区。此外，汉朝的鲜卑部落、唐宋时期的室韦蒙古部族，基本上都是产生于这里并发展壮大后才走出此地区。

燕山山脉的战略位置非常重要，既是华北平原东北方向的主要屏障，也是由东北地区进入华北平原的必经之路，自古以来就是修建长城的重要区域。游牧势力占据这一区域，就有了向中原发起进攻的立脚点；农耕政权控制了这一区域，就有了向北发展的基地。战国燕北长城，秦汉长城修建于燕山北部地区。北京境内的北齐长城和明代长城的蓟镇，修建于燕山南部地区。过了八达岭之后向西的长城，则修建于太行山区。

阴山山脉位于内蒙古自治区的中部，是保护河套平原的天然屏障，也是长城区域的中部地区。山脉东西走向，包括狼山、乌拉山、大青山等。河套平原是黄河冲积平原，包括前套平原和后套平原，今天依然是内蒙古高原的米粮仓。这一地区自古就是农耕政权与游牧势力交替据有、相互争夺的地区，也是农牧民族相互融合、相互认同程度较高的地区。秦统一中原后，派蒙恬率30万大军将匈奴逐出河套并在此修建长城。

祁连山南部的河西走廊及以西的西域地区，自古就是东西方交流的重要通道。汉代经营西域、开通丝绸之路后，由绿洲连接起来的河西走廊对于中原王朝来说更为重要。绿洲有较好的水源，适宜农业生产，是以农耕经济为基础的中原王朝开拓边疆、发展自己的重点地区。汉代占据了几个绿洲建立边郡，长城得以也由河西走廊继续向西修建。

三、脆弱的长城区域干旱和半干旱环境

长城区域属于干旱和半干旱地域，其环境非常的脆弱。长城修建在东经70—135度、北纬41—42度。喜马拉雅造山运动后，形成了东

亚季风环流体系，东部季风区向湿润发展，蒙新高原区向干旱发展，青藏高原区向高寒干旱发展。长城沿线一系列的高山：长白山、大兴安岭、阴山、太行山等，都属于东北—西南走向的山脉，这些山脉阻挡住夏季暖湿东南季风向内陆流动，使这些山脉的西北部降水大幅度减少。因此，长城沿线地区属于干旱半干旱地区。

这一地区处于农牧交界地带，生态环境比较脆弱，对气候灾害的反应比较强烈。此区域向北逐渐过渡到荒漠地区，其生态环境更为脆弱。中国干旱半干旱地区，大体是以200～400毫米年等降水量线来划分的。干旱地区的降水量在200毫米以下，半干旱地区降水量在200毫米以上400毫米以下。

降水量与地形地貌都有很强的关系，中国地貌的轮廓西高东低，基本上呈阶梯状。中国大陆由三个阶梯构成，第一个阶梯是青藏高原，平均海拔在4500米，由一系列的雪峰、山脉组成。第二个阶梯由一系列的高山、高原、盆地组成，海拔多为1000～2000米。修建长城最多的内蒙古高原、黄土高原属于第二个阶梯，秦、汉长城以及明长城的榆林镇、宁夏镇、固原镇、甘肃镇等多在这个地带。第三个阶梯为大兴安岭—燕山—太行山一线，海拔多在500～1000米。修建有长城的东北平原、华北平原属于第三阶梯。明长城辽东镇、蓟镇、宣府镇、大同镇、山西镇等都修建在这个地带。

长城区域在第二阶梯，也包括第三阶梯的很大一部分。长城大体修建在高原、山地地貌到平原地貌的过渡地带。这一地域又恰恰是“以棕壤、黄壤、黄棕壤为主的农田土向高原草甸土、风沙土为主的荒漠土壤转变的过渡地区”[①]。

长城地区的自然地带属于半湿润向半干旱过渡的邻界带。秦汉长城以北多是干旱、半干旱区。干旱地区在难以实现浇灌的状态下，基本无法进行农业生产。半干旱地区的降水量虽少，农业生产还是可以

① 郭德政、杨姝影：《中国北方长城的生态学考察》，《环境保护》2005年第1期，第48页。

维持，较大面积的草地植被可以在自然状态下恢复。所以，长城沿线不仅是农、牧两种经济类型交错分布的地区，也是在地理学中常常关注的生态敏感带。

长城沿线干旱和半干旱区有温带大陆性干旱、半干旱气候，包括内蒙古、甘肃、宁夏等省区，也有温带半干旱季风气候，包括阴山以南、贺兰山以东的部分地区。干旱和半干旱地区的气候特征是光照充足、降水稀少、气象灾害较多。干旱、大风、沙暴、干热风等气象灾害不适于农耕经济发展。这些气象阻碍农业的发展，其原因是水的缺失和风蚀、沙漠化使土壤低薄。由于这一带风大沙多，农作物生长没有很好的土壤环境。

当然，长城的位置与农牧交错带并不是简单的耦合，而是人类活动与气候干湿变化共同作用的结果。长城的修筑位置与农牧业生产方式的频繁更替有着密切的关系。[①]干旱、半干旱地区多是盐碱地，气候越干燥，盐碱地的分布越广。长城沿线的这些自然因素，使王朝政权在开拓边疆时，很难在这个地区有比较大规模的、长期稳定的农耕经济发展。所以，自然因素也对中原王朝在长城地区的控制力产生一定的影响。

长城沿线的游牧民族，绝大部分时间生活在干旱和半干旱地区。虽然在这些地方也有一些绿洲存在，但大部分地区是荒漠过渡地带，甚至是荒漠地区。在如此恶劣的生态环境下，绿洲就成为农牧双方政权争夺的首要目标。

游牧政权控制了这些绿洲，就会以这些绿洲为基地，随时对中原王朝的农耕地区出兵。中原王朝政权控制了这些绿洲，就能大幅度地减少来自北方草原地区的威胁，并把这些绿洲发展成为中原王朝向北开拓和发展的基地。这些以绿洲为中心的较大一片地区，是农牧双方获取经济收入的战略基地。只要力量允许，双方都不愿意放弃对这些

① 郭德政、杨姝影：《中国北方长城的生态学考察》，《环境保护》2005年第1期，第48页。

地区的控制权。

四、长城区域气候变化对农牧经济的影响

中国气候的总体特征是南暖、北寒、东湿、西燥。但历史地看，同一地域在不同历史时期也有较大差异。气候变化对长城区域的影响很大，人类活动反过来也对这一区域的环境有着很大的影响。郭德政和杨姝影认为，北方长城地区环境的恶化，与农耕经济向北发展有关。每次沙漠化的活跃期，也是农耕民族越过长城向北扩张、进行农业开垦的时期。当沙漠化程度加剧到农业生产无法正常进行的情况下，农耕民族不得不向南回撤的时候，游牧民族重新占据这一地带，沙漠化又开始趋于稳定甚至出现恢复。[①]

气候变化因素是长城区域农业和牧业逐渐分开的一个原因。促使人类发展种植农业的推动力，可能就来自自然危机。如气候恶化而日益变得干旱，导致人们“为着获得食物和水，这些吃草者不得不积聚到日益缩减的水泉和绿洲的周围”[②]，“被迫向小流河岸和渐趋干涸的泉源集中，就必须更加紧张地寻求生存之道。动物和人就要成群结队，一道到那逐渐变成沙漠地带中的孤立的绿洲去”[③]。在气候变化的背景下，甘肃西北部、内蒙古及辽宁地区由原始农业向半农半牧经济方式转变。考古工作者通过对位于内蒙古自治区鄂尔多斯市东部伊金霍洛旗青铜时代早期的朱开沟遗址的发掘，以考古资料证明朱开沟人从事的生产方式是放养型的畜牧，而并非游牧。

夏商时期，正值全球的全新世气候最适宜期[④]。黄河中下游和长

---

① 郭德政、杨姝影：《中国北方长城的生态学考察》，《环境保护》2005年第1期，第53页。

② 转引自日知：《关于新石器时代革命》，《世界古代史论丛（第1集）》，北京：生活·读书·新知三联书店，1982年，第237页。

③ 转引自日知：《关于新石器时代革命》，《世界古代史论丛（第1集）》，北京：生活·读书·新知三联书店，1982年，第238页。

④ 陈朝云：《用养结合：先秦时期人类需求与生态资源的平衡统一》，《河南师范大学学报（哲学社会科学版）》2002年第6期，第61页。

江中下游地区在这一时期温暖湿润，生态资源条件很好。这是黄河及长江中下游地区能够发展成为中国农业和中华文明发祥地的自然原因。考古发掘证明黄河中下游和长江中下游地区，在距今3100年至8500年的全新世大暖期，气候温暖湿润。从距今3100年即殷商末年开始，黄河流域转变为相对的干旱低温期，以西北季风气候为主。频繁的沙尘暴带动降尘活动，在黄河中下游地区形成厚40—80厘米的黄土层。

气候变化更是造成农业区域移动的原因之一。公元前1500年前，气候开始转向寒冷和干旱。很多生活在今内蒙古长城地区的古人群，开始向南和向东迁徙。直到公元前4世纪即战国时，中国大地上才完成农耕与游牧经济类型的分离。在农牧分离的过程中，1000多年来农牧两种经济类型的过渡地带，向南移动2～5个纬度。

史念海认为，春秋时期农牧两种经济类型的过渡地带，走向从今陕西泾阳、白水、韩城诸县市，达于黄河之滨，由龙门山下东越黄河，经山西屈县南，循吕梁山东麓东北行，至于今山西阳曲县北，东南绕今盂县南，东至太行山，再循太行山东麓，过燕国都城蓟之北，东南达于渤海之滨。①

竺可桢等的研究结果认为，2000多年前的先秦时期至明末，中国气候经历10次较大的变化。气候变化造成的旱涝灾害，以旱灾为主。②郑斯中等人对地方志中近2000年来36750次关于旱涝记载的分析表明：中国华北平原及其以南地区自公元初以来，水灾相对减少，旱灾相对增加。在1—10世纪，干旱期和湿润期分别为350年和650年；11—20世纪则分别为580年和320年。③这还是对中国东南部地区而言，对北方长城沿线来说，涝灾少到可以忽略的程度，而旱灾则是

① 史念海:《黄土高原历史地理研究》，郑州：黄河水利出版社，2001年，第536页。

② 竺可桢:《中国近五千年来气候变迁的初步研究》,《中国科学》1973年第2期，第168—189页。

③ 郑斯中、张福春、龚高法:《我国东南地区近两千年气候湿润状况的变化》,《气候变迁和超长期预报论文集》，北京：科学出版社，1977年，第29—32页。

经常发生的灾害。

先秦至西汉是气候温暖期，一直持续到公元初年。平均气温比今天要高8—10摄氏度，农作植物的种植北界比今日也要更靠北。战国时期，秦、赵、燕三个北方诸侯国及秦始皇向北发展并修建长城都是在这时。匈奴政权也在此时发展强大起来，汉初不得不连年向草原输送大量的物资，匈奴全面控制了西域。汉武帝北逐匈奴，修建长城也是在这个时期。只有在气候温暖期，秦汉才能向长城地区大量地移民，发展农业开垦。

自公元之初起，气候开始转寒。从2世纪到3世纪后期，寒冷达到顶点。这种寒冷气候一直持续下来，直到6世纪下半叶才开始转暖。[①]东汉以来，随着全球性气温的降低，农牧交错地区大幅度南移。游牧民族南下成为无法遏制的历史趋势，形成了民族政权之间的激烈斗争及民族融合的高潮。从东汉末算起到隋朝的再次统一，历经了360年的时间。

进入7世纪，气候明显变暖。到唐朝时期，已经处于中国历史上的一个温暖期。在其统治的300年中，特别寒冷下暴雪的年数比较少。根据文献记载，冬天北方无雪或雪很少的年份竟达十几次之多，这在中国历史上属于很少见的现象。气候变暖使得传统的农牧分界线在唐朝大幅度北移，北方的边防部队有了足够的给养保障，军事防御更稳固。相对温暖的气候是造就大唐盛世的环境因素。唐代后期，天气开始由温暖转为寒冷，严重的霜雪冻坏了庄稼和草地，使农牧分界线大幅南移，游牧势力也随之向南推进，形成对农耕地区的威胁。

从10世纪开始，天气又一次变冷，并在12世纪达到顶峰。13世纪初期和中期曾有一个温暖时期，但持续的时间很短暂。14世纪的气温低于今日，也低于13世纪。[②]宋辽金时期是历史上的寒冷时期

---

① 李伯重：《气候变化与中国历史上人口的几次大起大落》，《人口研究》1999年第1期，第16页。

② 李伯重：《气候变化与中国历史上人口的几次大起大落》，《人口研究》1999年第1期，第16页。

之一，冷得连鄱阳湖、洞庭湖和太湖都结了冰，冰上甚至可以走车马。这种现象历史上很少见，这时长城地区已经完全不为农耕政权所控制。

从15世纪初到19世纪末，中国出现过两个温暖时期和三个寒冷时期。两个温暖时期分别是1550—1600年和1720—1830年；三个寒冷时期分别是1470—1520年、1620—1720年和1840—1890年。16世纪和18世纪可算温暖时期，而17世纪和19世纪则为寒冷时期，17世纪为最冷。[①]

从明万历二十八年至崇祯十六年（1600—1643），是中国历史上的第五个小冰河期，也是中国历史上持续寒冷时间较长久的时期。这一时期，气温降到千年以来的低点。到清康熙五十九年（1720），天气才开始变暖。这一时期，中国普遍出现了大旱灾。郑斯中等人发现，在北纬35—40度，“历史上的干旱时期大致与寒冷时期重合”[②]。

中国国家气候中心首席古气候学家张德二认为，气候因素与人类文明进程有着重要的关联。明朝气候条件不好，灾害频繁发生，这是导致社会不安定，最终导致明朝灭亡的因素之一。研究农耕民族与游牧民族的活动，不能忽视气候因素的作用。当然，气候因素并不是文明兴衰的决定因素。清朝康熙年间的气候条件也不好，但在大一统的局面和统治者的较好领导下，依然出现了历史上的繁华盛世。[③]在研究长城及长城区域的各类问题时，不能过于忽视气候因素，也不能过分强调气候因素。

在生产力低下的古代，长城地区的农耕经济本已处在相对恶劣的自然环境里，若遇上大的灾害就更加困难。被迫退居到漠北的游牧民

---

① 李伯重：《气候变化与中国历史上人口的几次大起大落》，《人口研究》1999年第1期，第16页。

② 郑斯中、张福春、龚高法：《我国东南地区近两千年气候湿润状况的变化》，《气候变迁和超长期预报论文集》，北京：科学出版社，1977年，第32页。

③ 李丹：《“气候干旱导致唐朝灭亡”一说没有道理》，《中国气象报》2007年1月11日第3版。

族，在草量不充足的情况下生存条件急剧恶化。他们无法对抗残酷的环境，就会向自然条件相对好的农耕地区发起较大规模的进攻，抢夺较好的土地资源来维持生存。

考古工作者根据考察和科学实验结合得出的认识，明长城向南移动，在很大程度上是气候变化导致农牧交错带南移的结果。“根据对野外古土壤剖面孢粉、地球化学特征、沉积相分析，明长城基本与当时的农区和牧区的分界线相当，大致相当当时年降水量250—300毫米的雨量线，与荒漠草原与草原分界线相一致。”①在地理学家看来，年平均降水量250—300毫米是“雨养农业”与“灌溉农业”的分界线②。地理学家所说的“雨养农业”就是可以靠天吃饭的农耕业。

在长城区域的大部分地区，可以发展“雨养农业”。这个地区既是农耕民族扩大耕地面积的主要目标，也是游牧民族扩大可用牧地、发展畜牧业经济的适宜场地。③生活在此地的人群，从传统的游牧经济向定居式的畜牧业经济转变，继而向农耕经济过渡，也可以较大幅度地提高生产效率。

农业和牧业都是对气候变化极为敏感的产业，有研究成果显示，北半球年平均气温每增减1摄氏度，农作物的生长期就会增减3—4周。年平均降水量每变化100毫米，粮食的亩产量就会相应变化10%。④此外，“年平均温度的高低和年平均降雨量的多少，对冷害、水旱灾和农业病虫害的发生频率及烈度也具有决定性的影响”⑤。温度

---

① 田广金、史培军：《中国北方长城地带环境考古学的初步研究》，《内蒙古文物考古》1997年第2期，第46页。

② 冯嘉苹、程连生、徐振甫：《万里长城的地理界线意义》，《人文地理》1995年第1期，第52页。

③ 马桂英：《万里长城对人与自然关系的折射》，《兰州学刊》2007年第12期，第178页。

④ 张家诚：《气候变化对中国农业生产的影响初探》，《地理学报》1982年第2期，第10页。

⑤ 李伯重：《气候变化与中国历史上人口的几次大起大落》，《人口研究》1999年第1期，第17页。

和降水量都会影响到农业产量，越是在高纬度地区，气候变化对农业产量的影响越明显。长城地区农作物生长期较短，该地区也属于农业产量受气候变化的影响相对较大的地区。

古代北方的农业主要是靠天吃饭，如果那一年的总产量有10%以上的减少，就会引起人口的大量死亡进而引发社会动荡。若连年持续减产，发展到难以维持一般民众的生存需要时，就会引起较大的社会混乱，中国历史饥荒年代农民造反的事例有很多。①

对长城区域农牧经济产生影响的还有降水量的多少。一些文章讲，长城正好修建在年平均降水量400毫米的等雨线上，这一说法只适用于长城的部分区域。明长城横跨东北、华北、西北，东端的丹东平均降水量为800—1200毫米，最西端的嘉峪关年平均降水量仅85.3毫米。除年降水量外，年蒸发量也是一个气候条件指标。明长城东端，年平均蒸发量在1110—1250毫米，西端年平均蒸发量则高达2149毫米。

气候变冷变干使一些原本可以耕种的地区，不再适宜进行农耕，原来较为茂盛的草原也变得草类植物稀疏甚至干枯。农耕区的大规模缩减，必然影响这一地区农民的生产生活的稳定；草原质量的严重退化，也必然会影响游牧民的生产生活。②所以，生活在长城内外经济类型不同的民族受气候的影响很大，这也是古代长城区域的农牧交错地带，农耕和游牧双方长期处于冲突状态的原因之一。

五、过度开发和战争对长城区域环境的影响

在自然状态下，长城地区的生态系统尚处于一种平衡状态。但在人类活动、气候变化和自然灾害等因素的共同作用之下，就可能会打破生态系统的平衡状态，使其朝着恶性方向发展，造成一个地区生态

① 李伯重：《气候变化与中国历史上人口的几次大起大落》，《人口研究》1999年第1期，第18页。

② 倪根金：《试论气候变迁对我国古代北方农业经济的影响》，《农业考古》1988年第1期，第293—394页。

的全面退化。人类活动对长城区域环境影响较大的方面，主要是过度的经济开发和战争。

中原王朝对长城区域的开发起于战国，发展于秦汉时期。秦汉以来对长城地区的大规模屯垦，使当地生态发生了较大的变化。《汉书》记载："北边塞至辽东，外有阴山，东西千余里，草木茂盛，多禽兽，本冒顿单于依阻其中，治作弓矢，来出为寇，是其苑囿也。"① 秦汉强盛之时在长城地区实行军屯与民屯，移民规模有时一次就达数十万众。

长城地区出现了"人民炽盛，牛马布野"②的景象，对统治者来说是很重要的成就。当时的自然生态状况较好，河水和山泉流量较大，新开垦的农田"皆引河及川谷以溉田"③。到王莽时期长城地区，一度处于"北边虚空，野有暴骨"④的状态。这种变化既有气候变冷的原因，也有开垦农田过度的影响。

长城区域是农牧交错地区，农牧经济随着双方力量的消长而处于不断的变化之中。人在这个区域的生存和发展活动，在被环境影响的同时，也不可避免地对自然环境本身产生或大或小的作用。这是一个连续不断、相互作用的关系。

随着向长城地区的大量移民，土地利用随着人口增多而扩展，造成下垫面植被覆盖状况的变化。⑤长城地区属于干旱、半干旱区，环境本来就很脆弱。在环境脆弱地区，历史上因人类活动造成沙漠化或荒漠化的情况并不少见。原来为草原、稀树草原植被和土壤覆盖的固定、半固定沙丘、沙地的流沙复活。人类在沙漠边缘地带的农耕活动，也是引起沙漠扩张推进的因素。

---

① 《汉书》卷94下《匈奴传下》，北京：中华书局，2008年缩印本，第3803页。

② 《汉书》卷94下《匈奴传下》，北京：中华书局，2008年缩印本，第3826页。

③ 《史记》卷29《河渠书》，北京：中华书局，2008年缩印本，第1414页。

④ 《汉书》卷94下《匈奴传下》，北京：中华书局，2008年缩印本，第3826页。

⑤ 满志敏：《全球环境变化视角下环境史研究的几个问题》，《思想战线》2012年第2期，第63页。

长城沿线过度的农业耕作与开发，很容易使土地环境遭受破坏，甚至因此出现土地的荒漠化。不但农业生产对长城沿线的环境具有很大的破坏性，过度的放牧也会使草场发生严重的退化。超出环境承载力的经济活动，会导致土地利用功能的衰退，进而使得沙漠化加剧。

游牧经济是人类以牧养动物为生的经济形态。这种经济，投入简单的生产工具和少量的劳动力就可以获得较好的经济效益。一般来说，畜牧业在农牧交错的长城地带对环境资源利用和保护方面都好于农业。随着人口过速发展和畜养的牲畜数量过大时，也会造成对草原环境的破坏。

游牧生产的净产量很大，发展起来速度也很快。只要草原没有太大的灾害，就能喂养出肥壮的马、牛、羊、驼等牲畜。与之相比，农业生产就要复杂得多。一个农民使用简单的生产工具种几亩地，即使在风调雨顺的年景里，收入也难有很大的跨越性发展。农民要增加收入，就势必要扩大种植规模，势必要成比例地增加劳动力的投入。因此说，个体的农耕经济生产者没有牧民那种规模经济弹性发展的可能。

农耕和游牧两种不同的生产方式，对环境的影响也不一样。当然，双方在这个地区发生的战争，都对环境起到了一定的破坏作用。长城地区基本上处于农耕政权和游牧政权的交替控制之下，这种交替控制往往是通过战争手段来实现的。战争不但影响了人们正常的生活与劳作，甚至还影响了生态环境的平衡。

毛泽东认为："战争——从私有财产和有阶级以来就开始了的、用以解决阶级和阶级、民族和民族、国家和国家、政治集团和政治集团之间，在一定发展阶段上的矛盾的一种最高的斗争形式。"①作为一种古老的历史现象，战争是人类社会不同利益集团之间矛盾激化之后所导致的。

① 毛泽东：《中国革命的战争的战略问题》，《毛泽东选集》第1卷，北京：人民出版社，1991年，第171页。

自古以来，战争不仅对人类社会产生重大影响，对环境也产生了直接或间接的破坏作用。在长城地区，戍守长城的一方通过砍树烧荒等活动，破坏敌方的生存环境，以此来提高自己的防御。破坏环境在这个时候，成为其赢得战争的一种手段。

秋天放火烧荒，一烧就是一二百里的草地。烧荒的目的是“绝其孽牧”，不让战备物资为敌方所用。《皇明九边考》中记载，明初“筑东胜等城，屯兵戍守。正统间，失东胜城，退守黄河、套中膏腴之地，令民屯种，以省边粮。厥后易守河之役为巡河，易巡河之役为哨探。然犹打水烧荒而兵势不绝，故势家犹得耕牧，而各自为守。后此役渐废，至成化七年，虏遂入套抢掠，然犹不敢住牧”[①]。

关于古代长城地区战争对环境影响问题的专门研究现在还不多，对战争给予自然环境的直接或间接影响后果，还缺乏定量的科学认识。战争对环境的影响按照程度的大小，可以分为环境退化、环境毁坏两种情况。被破坏的大量地表植被，只要控制在生态恢复可承受的限度内，在较短时间里就可以人为或自动恢复的环境破坏，可以理解为环境退化。很难恢复或没有环境再造可能的环境破坏，就是环境毁坏。

古代战争对环境的影响，基本上达不到环境毁坏的程度。战争消耗的是人力和财政资源，直接对生态环境破坏较为有限。即便是对生态环境有一定的破坏，也属于易恢复性破坏，一般来说不会对生态环境系统构成深层的、大规模的、系统性的负面影响。长城地区被战争破坏的环境，经过较长一段时间的自然恢复，可以调整到战前的状态。

---

① 魏焕：《皇明九边考》卷七《榆林镇·经略考》，台北：华文书局，1969年据明嘉靖刻本影印，第307页。

第三节　全局性视野看长城的修建原则

长城建筑美学，从审美的角度论述了建筑所具有的实用性、地区性。长城的修建涉及选址、布局和施工等一系列问题。长城的各种建筑物只有与其军事防御体系相适应，才能起到较为理想的防御作用。就布局而言，长城防御体系不是一堵孤立的墙体，而是有全面规划和安排。越到后期，长城的防御体系越完善，长城的整体防御能力也就不断增强。

从今河北、内蒙古等地的战国长城遗迹来看，战国长城沿线的军事防御配置都已初步建立。秦汉时期，长城各种设施进一步完善，除烽燧和亭障以外，在长城内外还增加了屯戍城等，防御体系向纵深发展，开始形成了比较完整的防御体系。

长城经过的交通要冲处均设立关隘，严密防守这些要道是长城防御的首要任务。在关城、城墙、城堡的外侧，还设有一些障碍物以提高防御能力。北齐时，在长城内侧设戍，在险要之处置州镇并驻扎军队，形成前沿线状布防。

金代长城布局分为单线和网状两种。大部分在今内蒙古的草原上，城墙外侧普遍挖有护城河状的堑壕，交通要冲之处还双壕、双墙并列，形成外壕、副墙、内壕、主墙几重防线。“墙外缘一律密布马面，内缘附筑接壕小堡。”①

壕墙结合的金界壕，其防御作用有以下几点：第一，增加敌军接近城墙的难度。敌人要接近城墙，就要先进入城壕，人马分离使敌方的高速进击遭遇迟滞。第二，进入壕沟的进攻者行动受到极大限制，进退均被阻碍。第三，挖壕翻起的土方被堆成如墙的高坝，形成更大的高差，进一步增加逾越的难度。

---

① 孙秀仁：《关于金长城（界壕边堡）的研究与相关问题》，《北方文物》2007年第2期，第34页。

图 4　黑龙江齐齐哈尔金长城遗址。不论在什么时间，什么场合，说起长城都是我最感到骄傲的时刻。长城已经是我的一种生活方式，长城是我存在与存在独立性的证明。我甚至觉得长城事业，已经成了我活着的标志

明长城则在长城内外沿线设镇城、卫城、所城、关城、边堡、墩台等，这些不同形制、用途各异的防御配置，与线性长城墙体互相配合，连成一个有机的整体，形成具有纵深的严密完整和连续的长城筑垒防御体系。尤其是在要塞地区，这一设防更加周密。如太原镇的偏关与延绥地区仅一河之隔，游牧势力占据富庶的河套地区后，多由偏关方向进入中原腹地，然而偏关以北地势并不险峻，易攻难守，只能采取加大防御纵深的办法来弥补这种缺陷。又如九镇之中的大同镇地处咽喉，形势险要。也先败明军于土木堡等军事行动，都是先攻打山西。而攻打山西，必从大同入手，大同失利，明都必定出现危险。所以，明朝把大同看作关系京师安危的所在。大同重镇稳固，京师就安全。因此大同镇长城的修建，采取了点线结合，以点控线，以线制面，多道重层，加大纵深的多种方式。

在修建长城的过程中，施工的时间周期长，工地的施工线长，施工管理成了一项复杂的工作。为了便于管理，历代修建长城都是采取分段包干、各负其责的办法组织施工。汉朝在修筑河西四郡（武威、张掖、酒泉、敦煌）长城时，由四郡的郡守负责各自境内长城修建工

程的统一管理，再将任务分给各段防守的军队。

明朝也是这样，明长城沿线设9个军事辖区来管辖，称为“九镇”或“九边”。也由各镇将领，分别负责辖区内长城的修建。每一镇再将任务，分给路或更小的军事单位。长城的修筑和维护，都是由负责本段区域防御的军事单位负责。

山海关到居庸关的长城沿线上千座敌台，多为明隆庆至万历年间时相继修筑。在八达岭长城上，发现了一块记载明朝万历十年（1582）修筑八达岭长城关城的石碑。[①]这块石碑上记载了当时这一段长城修筑的情况，包括动用的人力、修筑的项目以及长度等。这种记事碑在现在河北、北京的长城上还有很多。

修筑长城往往因地制宜，就地取材。由于长城沿线有高山峻岭，也有沙漠戈壁和黄土高原。为了节约人力物力，修筑长城一直是就地取材。在山区多采用石块为原料，在平地多用土方夯筑，部分地方夯土外有包砖。这些建筑材料也是就近开设石场、窑场，采石和烧制而成。在清水河县板申沟村、福兴沟村的长城脚下，曾发现采石场遗址。板申楼的红色基石，就是来源于板申沟村后的红石头沟石场。建筑长城所使用的城砖也都是在长城脚下烧制的，在河北、北京都有很多明代烧制长城砖的砖窑遗址遗迹。

一、易守难攻的空间原则

我们都知道的一句老话“一夫当关，万夫莫开”，说的就是关隘都是设在易守难攻的空间。所有的战争都是在一定的空间内进行，充分利用有利地形，是取得作战胜利的保证。人工构筑的防御工事，是对自然地形的调整和补充。

长城作为军事防御工程，是人工构筑的军事防御体和自然险阻的有机结合。古人用修建高大、坚固而连绵不断的墙体的方法来强化自

① 赵建军主编：《八达岭特区志：1981—2011》，北京：社会科学文献出版社，2011年，第31—32页。

然险阻，以实现有效防御的目的。所以，那些险要的地方是设关的首选之地。

构筑长城，首先要确定的是其大体走向。关于长城选址是怎么进行的，历史文献并没有记载。但综合来说不外乎考虑两点：第一，从战略上要有利于朝廷战略方针的实现。第二，从战术上要有利于有效地保存自己，最大限度地消灭敌人。

任何战争都受地理条件的影响，长城修建者要根据地形条件，依据易守难攻的原则确定防御重点，然后再确定连接这些防御重点的墙、壕的具体位置。长城是将天险和人工构筑的防御工程有机地结合起来的军事防御体，守军依托长城形成进可攻、退可守的军事防线。

能否充分利用有利地形，是能否赢得战争胜利的重要条件，这是长城修建者不可疏忽的大问题。历朝历代修筑长城普遍采用的指导原则，是“因地形，用制险塞”[①]。这是《史记》中总结长城修建原则的一句话，后世基本上一直在沿用。这条春秋战国修筑长城时摸索出来的经验，蒙恬修长城时被确定下来。

“因地形，用险制塞”就是指修长城时要选择有利地形，因地制宜地进行设计和施工。长城的走向、建筑的体量、选用的材料等，都要根据所经之处战略重要性和地形的不同特点，按实际情况灵活确定。用险制塞还有一种情况，就是利用大江大河及深谷作为天然屏障，与人工构筑的长城配合使用，互为补充。修建长城时充分利用河险，既可提高防御方的作战能力，又可节省物力、人力。

从现存长城遗址的有关调查中可以看到，巧妙选择有利地形修筑城墙的例子各地都有很多。比如八达岭东南的东三岔和西三岔的长城，就没有修建八达岭那样的坚固城墙。在山体非常险峻，敌人根本无法直接上去的那些陡峻的地方，无须人工修筑墙体。古人巧妙地利用了山险，甚至采取将山崖铲削成无法攀爬的陡峭山崖的办法，来增强长城的防御能力。

---

① 《史记》卷88《蒙恬列传》，北京：中华书局，2008年缩印本，第2565页。

《明实录》中这方面的记载有很多，如：“宣府游兵又在临期相度事势调用。其东、西二路墩台迤南俱有山险，先已役民五万铲削如城，以便防守。后因天旱，以巡按御史苏盛之言而止。然可责近效，又能经久，无如此举。”[①]又如：“巡抚延绥右副都御史余子俊奏：延庆边疆山崖高峻，乞役山西、陕西丁夫五万，量给口粮，依山铲凿，令壁立如城，高可二丈五尺。山坳川口连筑高垣，相度地形，建立墩堠，添兵防守。”[②]有的地段长城，从外侧看很陡险，里侧则较为平缓。修建者这样选择利用地形，既可以满足外侧御敌的需要，又可以方便内侧长城驻军的移动和上下长城。

宁夏有不同时期修筑的长城遗迹，可见墙体近2000里，辅助设施有2000多个。“修筑方式多样，因地制宜，采用黄土夯筑、砂石混筑、石块垒砌、劈山就险、自然山险、深沟高垒等多种形式，还有品字形窖、壕堑、苟拉壕等颇具区域特色的构筑方式。”[③]在历代长城修建中，可以看到很多这样的做法。

长城以占据地利、巩固防御为目的，充分利用地利，把山崖、峭壁、沟壑、峡谷、河流、森林等收为己用，通过修筑墙体等方式串联，形成一道人造与天然互相补充的军事设施。这个原则早在长城产生之初就已经确立下来。

《括地志》在记述楚长城时说：“故长城在邓州内乡县东七十五里，南入穰县，北连翼望山，无土之处，垒石为固。楚襄王控霸南土，争强中国，多筑列城于北方，以适华夏，号为方城。”[④]楚长城是最早修筑的长城之一，这条长城便已经采取了“无土之处，垒石为

---

① 《明宪宗实录》卷120成化九年九月壬子，台北：“中央研究院”历史语言研究所，1962年影印本，第2323页。

② 《明宪宗实录》卷93成化七年七月乙亥，台北：“中央研究院”历史语言研究所，1962年影印本，第1781—1782页。

③ 马建军、周佩妮：《宁夏境内现存古长城的构筑方式探述》，《中国长城博物馆》2012年第2期，第2页。

④ 《史记》卷41《越王勾践世家》，北京：中华书局，2008年缩印本，第1750页。见《正义》注引《括地志》，此条在中华书局1980年《括地志辑校》中未见。

固”的方式，充分利用地利。

由于巧用地利，在长城修建的过程中创造了许多奇迹。山海关长城建筑，修建在8千米长、山海之间最狭窄的地方，一侧修建到海里，另一侧延展到上山，把山、海与城三者建成浑然一体的防御体系。在九门口水关，九座既可通水又可走人马的城门，建在河道之上。既造就了坚固的防御工事，又不破坏山水相依的自然环境。长城西行进入大漠，在穿越黄河时利用河险。在穿越其他较小河流时，堤、堰、坝等均被利用作为防御体。

二、最小成本的工程原则

长城建筑凝结中国先民的智慧不仅表现在选址上，还充分体现在施工上。因地制宜，就地取材成为长城建筑的重要特点之一，也是当时长城修筑者确定的施工原则之一。毫无疑问，就地取材是以最小成本修建长城的原则。

在具体的施工细节上，先人又充分利用了当地的资源，遵循了就地取材的原则。长城墙体建筑多为三种方式，即石砌、土夯、砖包。石砌是从山上采集甚至从山体上开凿出一定规格的石头来砌筑。用这些石头垒砌长城，形成的墙体称为石砌墙。土夯是用木板做夹板，把经过筛选而能够黏合在一起的土壤填塞其中，然后把土夯实而形成的长城墙体叫土夯墙。砖包是指墙的两面用砖砌成，中间填塞夯土或碎石而形成的长城墙体称为砖包墙。

选用哪种方式来建造墙体，根据修筑长城所在地的原料条件和防御要求来决定。选用当地的原料既是为了节约人力、物力，客观上也提高了修建的速度。砖是明代长城重要建筑材料，烧砖的遗迹在长城脚下也多处可见。河北秦皇岛市抚宁县板场峪长城脚下发现了数十座明代砖窑，都是当时修建长城留下来的遗址。[①]在山海关一带的明长城多为青砖包砌的城墙，因为这一代属于战略要冲的防御重点地段，

---

① 孙漪娜：《河北秦皇岛发现长城砖窑遗址200余座》，新华网，2008年8月6日。

需要建造坚固耐用的城墙。

砖砌长城，多在北京以东。这是燕山山脉的冲积扇，有着充足的黄土可以烧制青砖。八达岭附近的长城建在山上，采石比较方便，所以是石砌城墙的形式。八达岭长城等地的长城脚下发现的采石场遗址，与长城的修筑密切相关。

辽东一带有木柞等形式的长城，与这一带木质建材较多密切相关。在大同镇、宣府一带多为夯土或石城墙，因长城向西延伸，进入戈壁、草原、沙漠地带，陕西一带燃料不足，山石缺乏，既难以烧砖，又无处采石，古人在此创造出红柳夹杂沙土的土夯墙。这种墙体虽然相对简单，但在平原上耸立起数米高的土墙，对骑兵也构成了难以逾越的障碍，起到了防御或延缓敌人进攻的作用。

为确保工程的顺利进行，长城的修建者们在质量、工期、成本等具体要求下，每个阶段、每个工序、每项施工任务都保持了较好的秩序，实现了较好的配合。当时各层级的指挥者怎样进行施工前的准备工作，因缺乏文献记载，尚难确知。但以常理推论，很可能是首先绘制施工图纸、确定技术规范和具体操作规定，让施工者了解设计要求及具体做法，弄清有关技术及上层指挥者对工程质量的要求，才能保证施工的正常进行。

明朝以前的长城修建基本上都没有形成严格的定式，只有到明朝才有了较为严格的定式。明朝九边各镇长城的建筑也有很大的区别，根据在河北、北京地区已发现的明朝关于修建长城的石刻碑文记载，蓟镇长城大致按三个等级建造。一等长城多修在要塞部位，一般以方条石为基座，墙身内外两侧用砖或条石砌筑，墙心填以灰土夯筑或毛石砌体。上部的垛口和女墙一律用砖砌出；墙顶也用砖铺墁，以供人马行走。二等长城墙身外侧用砖或条石砌筑，内部用毛石砌体，内侧表面做虎皮石墙面，并用白灰勾缝，垛口及女墙全部用砖砌筑，墙顶也用砖铺墁。三等长城一般用毛石砌筑，内外两侧表面均做虎皮石墙面，墙的厚度、断面尺寸及墙顶上部的做法均根据防御需要和地形条件而定。不同等级的长城，有着共同的特点，就是就地取材和因地制宜。

就地取材，便于长城修筑的施工，并降低成本。修筑长城的施工条件极为艰苦，施工者想了许多办法。比如，由山下向上搬运建筑材料有三种方法：一是人力搬运。用人背肩扛等方法把大量的城砖、石灰、石块搬运上山岭。有时也采用人排列成队，依次传递城砖的方法。二是简单的机具运输。如小推车、滚木、撬棍或在山上安置绞盘，把巨大石块绞上山脊去。三是利用动物运输。利用善于爬山的驴和骡子等，将长城砖等建筑材料驮运上山。有些地方还有从高一些的山体采石，运往低处供给长城修建的现象，这种现象在怀柔区西水峪、昌平区龙泉峪均有发现。

总之，长城修建工程在建筑材料的选用方面充分做到了“就地取材、因材施用”，既避免了长距离的运输，节约了人力、物力，还充分利用资源，降低了施工成本。不论汉朝的还是明朝的长城，都在城墙外侧多挖有护城堑壕。这种情况在内蒙古、陕西、甘肃、青海等地多处可见。挖护城壕堑，除提高防御能力之外，所挖之土可以直接用于修筑城墙，进一步节省大量的修建长城人工，降低施工成本。

三、防御有效的布局原则

长城的修筑用于防御，一定要保证长城防御的有效性。在修建长城的设计中对纵深防御的合理布局，是一项确保长城防御的重要原则。“长城从放大了的城堡到最终成为烽堠相望、绵亘谨严、敌台林立、纵深梯次的巨大防御体系，积淀了两千多年十数个朝代的先贤才智，脱颖出许多深邃的军事思想。”[①]为满足防御作战的需要，长城在设计建筑格局时要充分考虑其军事防御体系。

长城产生之初就不仅仅是一堵墙，经过长期的经验积累和调整，到明朝时长城纵深防御体系日益成熟，整体防御能力不断增强。从军

---

① 孔令铜：《长城的历史作用及其辩证评说》，《长城国际学术研讨会论文集》，长春：吉林人民出版社，1995年，第46页。

事上考虑，在防御敌军突破方面，纵深的作用极大。当长城一处遭到进攻时，其他地方的部队从两侧包抄，可以阻止敌军长驱直入。这一点北京地区的长城很有代表性，“北京长城总的走向分布主要由东西、北西两个体系组成，在怀柔区旧水坑西南分水岭上汇合，连接成为一个整体。北京地区长城以单层状为主，只在隘口附近才出现环状、多层状”①。

纵深防御的作用是在来敌突破长城防线后，阻止敌人长驱直入，很快深入到长城防御方的腹地。明长城有内外长城，长城内外设有功能不一的大小城堡。镇城、卫城、所城、关城、边堡等不同形制、不同用途的防御建筑，与长城主墙联结成一个有机的整体，构成严密、完整的长城防御体系。

八达岭长城外有岔道城，内有上关、居庸关，再往里又有南口城。进攻的敌军每经过一次破关的战斗都会有很大的损耗。而这些战斗时间局促，又没有多少兵力展开的余地和回旋空间，攻城的难度会越来越大。明朝将防御纵深扩大后，敌人即使在一次进攻后得手，也难以突破后面的几道防御，被迫陷入耗时较长的战斗中。而随着时间的延长，优势将向长城防御者一方转化。

长城主要是防御游牧骑兵。骑兵机动性虽强，但快速深入到一定距离后，受马力、人力等多方面因素的影响，突击速度会递次衰减。这时，防御方若利用位于险要处的城堡和较好的信息传递系统，迅速调配足够的兵力，就可以给已经相对疲惫的敌方以致命打击。敌军向中原长驱直入的时候，防御方还可以包抄截断敌方的后退路线，实现对敌方的打击。北方游牧骑兵对长城防御构成了严峻的挑战，长城防御军队需要找到解除这种军事压力的方法。通过有效的防御来满足安全的需要，就是长城纵深防御产生的背景。为保证一道防线被攻破之后，还有多重防线对进攻方进行抵御，在建造长城、设计布防时，充

① 孙玲：《北京市长城保护调查报告》，《中国青山关长城学术研讨会论文集》，北京：中国经济出版社，2004年，第109页。

分考虑了纵深防御的问题。

每一道长城防线都是相对独立的体系，可以独立作战。只要几条防线中有一道防线不失，就能有效阻挡进攻的敌人。此外，后边的防线可以向前支持，加强阻挡敌人的力量；已经被攻破的防线，可以尽快地形成新的防御力量，对进攻的敌人实行包抄、倒打、关门、截断退路等战术手段。

在具体实施的过程中，敌人在进攻第一道防线的时候，其他的防线可以迅速做好应战准备。也就是说，在敌人进攻第一道防线时，第二道、第三道防线就做出第一道防线有可能被攻克的预期，做好迎敌的战斗准备。进攻长城的一方攻入长城纵深防御体系实际上是陷入了立体作战的狭小空间，面临很大的安全威胁。强行进攻，要突破几道防线，是一件很困难的事情。而纵深阵地的设置，有时是为了攻方的迂回、包抄，也有守方通过战术层面的层层阻击，耗敌、弱敌，毕其功于最后一役的后发制敌的预期。

长城防御纵深的建设有一个不断发展的过程，到明代最为成熟。在蓟、昌两镇长城的十二路防区内，各路部队互为纵深有很明确的应援职责。戚继光在《筹定赴援兵马》中明确规定："如遇警报，在燕石三路，则三屯营标兵首先赴援，次之遵化，次之密云，次之昌平；如在马太三路，则遵化营标兵首先赴援，次之三屯营，次之密云，次之昌平；如古北黄花镇有警，亦各以是为差。"[①]

秦汉时，随着中原对游牧地区控制程度的不断加深，各种防御设施得到进一步完善。除烽、燧、亭、障外，长城内外还增筑了大量用于屯戍的城堡，以满足纵深防御的需要。在长城所经过的交通要冲都建有关隘，派重兵严密防守。长城城墙、城堡的外侧还设置了一些障碍物，如战墙、壕堑等。

总之，长城修筑时，设计者需充分考虑长城的纵深防御需要，并

---

① 高扬文、陶琦主编：《戚少保年谱耆编》卷8，《戚继光研究丛书》，北京：中华书局，2003年，第242页。

且根据纵深防御的特点来设置布局，全面考虑并使长城符合整体作战的需要。

四、方便管理的分段施工原则

万里长城的修建是一个超大型工程，怎么做才方便施工方便管理？这就是分段由不同的单位承包施工。分段承包施工，将长城修建工程交付给不同的施工队伍进行施工。方便上级负责人对工程进行协调管理，包括进度的跟踪、修建经费的拨付等。

1975年在嘉峪关关城到石关峡段长城的城墙顶部夯土墙，发现了一块“长城工牌”。这段长城现在叫暗壁，和关城南段的明墙在明代统称为肃州西长城，工牌的位置距肃州西长城北端1千多米。此牌现收藏于嘉峪关长城博物馆。“长城工牌”记载了长城的施工，是由长城各个防区内采用分区、分片、分段包干的办法。

工牌为青石质小石碑，碑高19厘米，宽11.5厘米，厚2厘米。两面共58字，文字为阴刻楷书。工牌正面竖刻两行22字，正中刻“第一工起”四个大字，右边刻“嘉靖十九年七月初一日起初十日止第一工”一行小字。工牌背面文字分上下两部分，共36字。上部刻四个大字“蔡止梅起”。下部竖刻六行32个小字，内容为“一工李清队起，二工梅喜队，三工王元队，四工侯勋队，五工位宗队，六工张昙队止”。[①]张晓东、冯庆依据《肃镇华夷志》的记载，判断工牌刻字“蔡止梅起”中的“蔡”指蔡纪，“梅”指梅景。主持修建肃州西长城的是嘉靖十八年肃州兵备道副使李涵，时任陕西左参政。修建长城的是三支军队，分别为凉州卫指挥蔡纪、山丹卫指挥纪纲、肃州卫指挥梅景。三人分别督修各自的工段。很可能是蔡纪负责第一工段，梅景负责第二工段，纪纲负责第三工段。

类似的碑刻在河北、北京地区的长城之上都有发现。河北青龙县大马坪长城上还立有一块修筑长城的石碑：“定州营右部头司把总晏

① 张晓东、冯庆：《长城工牌考释》，《丝绸之路》2009年第22期。

天福万历四十四年秋防分修二等砖边城八丈五尺。督工旗牌马大祥、泥水匠头靳歪头、石匠头张八。”

河北遵化洪山口村的“天津春防碑记”，为万历四十四年（1616）五月吉旦立石。碑文从上到下将长城防御指挥系统有关的各级官员都记录下来之后，还记载了有关长城修建的内容：“天津右营原蒙派修松棚路松龙丑十二号台西空创修二等砖空心敌台二座，底阔各周围上十四丈、收顶一十三丈、高连垛口三丈五尺，上盖坐二破三房三间；又修洪松三峰岭五十六号台东空创修三等砖空心敌台二座，底阔各周围一十二丈、收顶十一丈二尺、高连垛口三丈五尺，上盖楼房二间；又修松洪十三号，拆修坍塌一等敌台一座，周围二十四丈，收顶一十五丈五尺，高连垛口四丈五尺，上盖厅房三间，旧□修筑，以上如式修筑道完。”

记录长城墙体、空心敌台等建筑数量之后，还详细记录了总管工程中军、分管工程千总指挥千户、管工旗牌、管工队总、石匠头、泥水匠头等负责人的姓名。碑文为：“总管工程中军武举官一员：宋拱臣，分管工程千总指挥千户五员：侯懋勤、夏却乡、张拱比、漆雨诚、陈天成，管工旗牌五名：王鹰登、胡天祥、曲登科、林登学、韩春，管工队总十名：赵焕儿、林春桂、王中、于国卿、戈仲文、李□□、郝抢儿、孙继太、李国印、矫羊，石匠头五名：李令儿、唐异儿、闫守节、赵宦、汪三哥，泥水匠头五名：刘才、康也儿、胡守益、周江、刘拎儿。”

第二章

长城地位确立于争霸和兼并战争

长城在春秋战国时期已经成为防御体系，这一时期长城的产生和发展，在长城发展史上具有重要地位。已知的中国古代文献，对春秋战国时期长城缺乏全面系统的记载，研究春秋战国长城应该依靠考古。截至目前，尚未发现春秋时期长城遗址的考古成果。

春秋战国之际，各诸侯国之间的争霸和兼并此起彼伏。实力强大的诸侯国都在考虑如何借此混乱之机扩张其自身的势力范围，寻求自身利益的最大化。这些强大的诸侯国也认识到，只有做强自己才能称霸，才能占领别国的土地甚至兼并其他诸侯国。

为了发展自己而罔顾周礼的约束，已经成为当时社会的常态。社会经济发展的关键是国内的变革。当然，这些国家要进行各种各样的变革，还是要考虑本国的保守势力，毕竟各国传统保守势力的制约作用也很大。秦国实行变法的阻力，比其他的几个诸侯国要小，商鞅依旧为推动变法付出了生命的代价。所以，诸侯国君主在进行扩张和变法的时候，总是希望来自保守势力的阻力越小越好。

变法实际上是在强制进行各种利益的再分配，势必会遭到既得利益集团的反对。把原来属于贵族的土地和劳动力，直接改为由君主的直接管理并受益，这遭到那些既得利益者的坚决反对很正常。反之，通过对外扩张、攻城略地来获得利益，然后把这些原属于其他国家的土地占为己有，与国内任何贵族发生冲突的可能性就会降低很多。

诸侯国不再将这些新征服的土地分封给子孙、兄弟和重臣，而是纳入君主的直接控制之下，作为国家的县或郡，由君主选派自己信任的官员进行管理。一般来说，人口密集且面积不大的地方，被征服后就设为县，地广人稀的边疆地区在被征服后就设为郡。

通过征伐不断增加的这些土地和人口，君主与国内贵族之间的实力差距越拉越大，逐渐地，诸侯国改变了原来的权力平衡。当君主在国内掌握了控制权后，再通过各项变法措施来剥夺贵族们的权利和利益时，贵族们因已经缺乏与君主对抗的实力，往往只能妥协。“从春秋战国时代开始，君主的权力随着领土的扩张而变得越来越绝对化。新征服的土地，也渐渐不分封给子孙、兄弟和重臣，而是纳入君主的直接控制之下，要么作为县，要么作为郡，派手下的官僚管理。”[①]

长期的争霸和兼并战争，给社会带来了巨大灾难，同时也给社会发展带来了机遇。众多小国经过兼并发展成为几个大国，实现了区域性的统一。几个更加强大的诸侯国，凭借政治、军事、文化优势，不断地对周边各国进行征伐。

通过这个观点来审视燕、赵、秦各国对游牧地区的扩张，并修建长城保护已经获得的利益就好理解了。诸侯国不断在新征服的土地上设立郡县，也是该国君主在巩固国内权力的过程中强化其权力的需要。中原诸侯国对周边各国及游牧地区的攻伐，在君主专制形成的过程中起到了很重要的作用。

---

① 薛涌：《狄宇宙的华夷新辨》，《书城》2009年第5期，第33页。

第一节 长城的产生不是手段更不是装饰

春秋时筑城技术、修筑防御体系的技术，已经开始走向成熟。根据《左传》等文献讲到的城来看，黄河中下游及淮河上中游地区齐国、鲁国、晋国等十几个大小国家就有300多个不同规模的城市。人们在筑城的过程中不断总结经验教训，使得筑城技术不断提升。

春秋时期的城池建筑主要采取的是版筑形式，由黄土夯筑城墙，在墙外挖掘堑壕，并在有水的地方形成水的环流。

黄土夯筑的方法，在这个时期有了平夯技术。直到明清时期，平夯技术仍是夯土筑城的主要方法。所谓平夯，就是城墙的两面用夹板夹住，一层一层地铺黄土、一层一层地夯筑。另一种夯筑形式是分块夯筑，也就是一段一段把城墙夯起来。分段夯筑的墙体时间长了后，在段与段的连接处容易形成裂缝，影响城墙整体的坚固性。

春秋时对加强城门的防御能力也十分重视。任何防御体系，城门往往是最薄弱的环节。春秋时的城门，除墙体已经有了加高、加宽，还使用了比其他墙体更为复杂的构筑形式。比如，这时候的城门扇已经广泛使用了金属铆钉。

有又高、又宽、又坚固的城池做防御屏障，在春秋时能起到很好的防御作用。因为对进攻方来说，攻打城池是很困难的。所以，在《孙子兵法》中，把攻城列为实在没有办法的情况下才会采取的军事行动。①

随着城防体系的发展，攻守城的器械也发展更为迅猛。攻城用的大弩、登城用的云梯和重型冲击城门用的冲车等，在春秋时都已经产生了。这些在《墨子》和《孙子兵法》等文献中记载了不少。但由于这些器械都是木制的，所以现在还没有发现保存下来的出土文物。而相应的，在守城兵器中，此时也出现了专门对付云梯等登城器械的

① 陈曦译注：《孙子兵法》之《谋攻》，北京：中华书局，2011年，第41页。

钩具。

春秋时期不具备攻城必克的有效手段，攻城战不到万不得已不会采用，因为很多攻城战投入作战成本很高，却收不到应有的效果。如《左传》记载宣公十四年（前595），楚庄王虽然以绝对优势的兵力攻打宋国，围城9个月，最后仍然无法攻进城池。《吕氏春秋·慎势》记载，楚康王攻宁，围城5个月最终以撤退告终。攻城器械的发明并没有从根本上降低进攻坚固城池的难度，春秋时的战争还是以野战为主，通过车战的阵形和步兵的排布来实现最大限度地取得自身利益，保存己方实力。

到战国时，步兵成为作战的主力部队。为了满足新形势下的作战需要，战国时大小城市的城墙及护城河等防御工程，修建得更加坚固。随着经济和人口的发展，战国时诸侯国都城的面积，也较以前有所扩大。如燕昭王建于前311年的燕下都（今河北易县），由两个方形城池联结而成。城墙东西长8千米，南北宽约4千米，面积达30余平方千米。①战国时，不仅城市的数量多，规模也比春秋时大得多。

由于城市在政治、经济、军事上都处于十分重要的地位，战国七雄的兼并战争中，争城夺地便成为战争的重要目标。据不完全统计，战国时较大的作战行动共有230次，2/3以上与攻守城池有关。②

城市攻守作战增多，促使攻城战术、技术提高。攻城战术、技术提高，反过来又促使城池筑城体系更趋完善。战国时发明的攻城云梯、水战钩拒等攻城设备便是战争战术促进的。据载，公输般（鲁班）曾与墨翟用衣带和小木片等为工具，进行过一次城市攻守战的演习。对抗较量的结果，“公输般九设攻城之机变，子墨子九距之。公输般之攻械尽，子墨子守圉有余”③。这一事例说明，当时攻城战术、攻城设备的提高，也相应地促进了守城战术、守城设备的发展。

---

① 启良：《中国文明史》，广州：花城出版社，2001年，第398页。

② 《中国军事史》编写组：《中国军事史》附卷《中国历史战争年表》之《作战次数统计表》，北京：解放军出版社，1986年，第1—85页。

③ 方勇译注：《墨子·公输》，北京：中华书局，2011年，第264页。

《墨子》一书中《备城门》等十一篇，是中国古代较早的城市防守论著，是战国时期战争防守的实况记录。这十一篇专论守城，详尽地记述了战国时城防工事的布局与构筑、守城器械的制造与使用、守城人员的编组与部署，观察配系与后勤配置以及战时城区管制、指挥信号、识别旗帜、侦察警戒等情况。另外，这十一篇中还记述了针对各种攻城战术所采取的守城措施、方法。这些论述反映了战国时城市攻防战术的发展水平。

图 5　榆林红石峡。感受长城有时候是感受生命。无数的生命砌入了长城之中，他们传递给我们的信息，是人性的深切和神圣

战国时的城市设防，基本上是以城墙为主体，以永备工事为骨干构建的环形防御体系。其总体情况：城市周围有夯土城墙一道或两道。城墙内侧修有环城马路，城墙外侧设有三四道人工障碍。距城5千米左右，有一道警戒线，距城15千米以内地区，实行坚壁清野的政策。一切人员及一切可能为敌人所利用的物资，全部转移到城内。有时还需要在战时把不能携带的物资焚毁。

此外，城外各要地往往建筑小据点，特别重要的地方甚至要构筑由三个支撑点组成的大据点，用一定的兵力防守，来犯之敌因此不能直接进攻城市，为城市守军备战争取了充足的时间。另外，在通往国都的大道上，每隔一定距离建立一个据点（即邮亭），内设烽燧，与国都保持联系。为保证这些据点通信的顺畅，在其周围也设有城墙一道和外壕两道，使其有一定防御力量。

守城的任务由住在城里的男女老幼共同承担，按照性别、年龄及身体条件分编为三军："壮男为一军，壮女为一军，男女老弱者为一军。"各军承担不同性质和不同劳动强度的任务，壮男之军担任补充第一线兵员的任务，"盛食厉兵，阵以待敌"，随时准备投入战斗。《商子·兵守》记载，壮女之军"作土以为险阻及耕格阱，发梁撤屋"，也就是承担构筑工事，设置陷阱，扫清射界、视界的任务。老弱之军为前方作战提供后勤保障支持。①

一、争霸和兼并战争都要流血

春秋战国时产生长城防御体系，不是偶然现象。长城是战争发展到一定阶段的产物，也与春秋经济发展到一定程度有关。首先是在长期争霸和兼并战争背景下，有了修建长城防御体系的需要，其次是有了支持修建长城的经济能力。

争霸表面上看是大国获得政治控制权，是大国获得中小诸侯国拥戴的霸主地位。实际上，霸主地位具有重大的利益。到春秋末期和战国时期，诸侯强国为获得土地和人口利益，决定投入巨大的国力和军事力量进行战争。强大起来的诸侯国通过发动战争来获得更多的土地、更多的人口，进而通过土地和人口的扩大来拓展本诸侯国的利益空间，增强国家的综合实力。

春秋时期的战争，分为三种类型。第一种是强大的诸侯国之间的争霸战争，第二种是力量强大的诸侯国蚕食和兼并小国的战争，第三种是华夏诸侯与周边戎、狄、胡等族之间的战争。春秋时期首先修建长城的楚国灭国最多。有历史记录的170多个诸侯国，被楚国灭掉的

① 高亨注译：《商君书注译》，北京：中华书局，1974年，第101页。

就有40多个。

强大的诸侯国为争夺霸主地位而进行的战争规模较大、冲突的时间较长。春秋时各诸侯国不再真正服从周天子的命令，而周天子为了保证自己的存在不得不依附强大的诸侯国。于是，各大诸侯国都想凭借实力，通过战争等手段来获取自己在诸侯中的霸主地位。有了霸主地位，不仅有了较为安全的保证，还可以在支配别国的过程中获取更大的利益。

强大的诸侯国逐渐蚕食和兼并相邻、相对弱小诸侯国的战争不断发生。除了争霸的诸侯国外，发动战争的诸侯国中，有一些虽无力寻求更大范围的霸主地位，但作为区域强国、大国，它们也对周边其他的弱小国家发动兼并战争，如春秋鲁国兼并了邿国等小国。兼并使区域局部统一，客观上为大国争霸奠定了基础，也为秦国实现更大范围的统一奠定了基础。

华夏诸侯与周边戎、狄各族之间发生的战争，往往与不同的经济方式冲突有关，但在春秋时期，此类战争的规模应该弱于诸侯争霸和诸侯国之间的兼并战争。战国时期，诸侯国与相邻的游牧民族的战争数量和规模才大起来。实际上这两种战争在很多的时候，处于交叉和联系的状态。孔子就说过："管仲相桓公，霸诸侯，一匡天下，民到于今受其赐。微管仲，吾其被发左衽矣。"[①]管仲提出尊王攘夷，齐国帮助北方的燕、赵等击退了北方的少数民族军队。所以孔子感叹：没有管仲和齐国，可能有很多的地方都会被少数民族控制，穿衣束发都要随之改变。

春秋战国时期的战争，从规模上来说日益扩大，从战争的惨烈程度来说也日益激烈，从发生战争的次数来说是越来越频繁。春秋从早期到晚期，实际上是一个军事对峙越来越复杂和越来越严重的时期。为了满足战争发展的需要，各诸侯国竞相组建、扩建自己的常备部队，积极修建防御工事。由于这时的战争以车战为主，在坚固的城

① 杨伯峻：《论语译注》卷14《宪问》，北京：中华书局，1980年，第151页。

墙和又深又宽的城壕面前，战车很难发挥出应有的战斗力，守军只要有足够的粮食，保护好水源，就可以用很少的兵力在长时间里抵御敌军的进攻。这样的战例很多，鲁宣公十四年（前595）“秋九月，楚子围宋”①。《吕氏春秋》记载，楚康王曾攻打宋国，围城5个月没有取得胜利。②在坚固城池面前，守城者只要有足够顽强的意志和相对匹配的实力，便能在防守中取得成功。而攻城者要取胜，得付出沉重的代价。

战争不同于经济行为的地方，主要是风险的体现形式很直接。战争的风险，在很短时间之内就可以看见。在生产力水平相对低下，商业所占比重相对较小的春秋战国时期，这一点表现得更为明显。一场重要的战争失败，伴随着巨大利益的丧失，其中也包括部分国土和人口的丧失。战国时期，一场重要战争的失败，甚至决定了一个诸侯国是否还能继续存在。所以，这样的风险就不仅是经济风险。是否愿意担当风险，是否能担当得起风险，战争的决策者需要慎重。

春秋时修建防御工程时，比早前出现了一个变化，就是各国诸侯在增修、新筑都城的同时，还在战备要地建筑军事要塞，并在战事紧张时派军队戍守。战争的直接目的已经由单纯掠夺财富、攫取贡赋变为兼并土地、鲸吞资源。关塞成了各诸侯国在战争中激烈争夺的目标。“坏城郭，戒门闾……备边竟，完要塞，谨关梁，塞蹊径”③，自然成为军事防御极为重要的内容。鲁文公十三年（前614），晋侯派军“守桃林之塞”④，以遏秦军；鲁昭公二十六年（前516），晋国“使女宽守阙塞”⑤等，《左传》中留存了不少诸侯国重视在关塞设防的

---

① 杨伯峻编著：《春秋左传注》宣公十四年、十五年，北京：中华书局，1990年，第753—762页。

② 许维遹：《吕氏春秋集释》卷17《慎势》，梁运华整理，北京：中华书局，2007年，第465页。

③ 杨天宇：《礼记译注》之《月令》，上海：上海古籍出版社，2004年，第209页。

④ 杨伯峻编著：《春秋左传注》文公十三年，北京：中华书局，1990年，第594页。

⑤ 杨伯峻编著：《春秋左传注》昭公二十六年，北京：中华书局，1990年，第1474页。

史料。

战国时期，一直处于国无宁日、岁无宁日、“邦无定交，士无定主”[①]的混战局面。各国为保持自己的生存，扩大国土的势力，君主们一方面加强中央集权，加强军备；另一方面，在外交上频频争取别国的合纵、连横。

墨子认为一个国家要使自己立于不败之地，就要“厚以高，壕池深以广，楼撕修，守备缮利”[②]。秦惠文王时，墨学在秦国很兴盛。秦国频频向北方的义渠戎用兵，夺得义渠25城。到秦昭王时，更是彻底消灭了义渠戎，设置陇西、北地、上郡，并修筑长城来防备匈奴。秦防御北方边疆的战争实践，对墨子的弟子整理编纂《墨子》有很大的帮助。而秦国的北方防御行动，应该受到一些墨子思想的影响。

秦孝公励精图治，积极变法使国力得到很大的发展，因此有了六国合纵抗秦和秦国连横对抗各国的策略。秦惠文王时，秦国的力量有了更大的发展，与魏作战的过程中秦国不断取得胜利，迫使魏国将河西的土地献给秦国。此时，魏国修筑的用于防秦的长城已经失去了应有的作用。秦惠文王中期，秦国的势力深入到魏国的河东和河南地。

秦国连横取得的成绩比较突出，但六国合纵也曾给秦国造成不小的压力。合纵部队联合抗秦，也取得过击败秦军的战绩。如秦庄襄王元年（前249），魏国以信陵君为将，率领五国联军大败秦军，一直追到函谷关。魏军的胜利没有动摇秦国强大的实力，也没有使秦国放弃扩张的计划，反而是五国诸侯很快就互相冲突，联盟瓦解，再也不能对秦国构成合力的威胁。

二、农耕经济向北发展

战国时期的土地制度变革，推动了农耕经济的大发展。发展的结

① ［清］顾炎武：《日知录集释》卷13《周末风俗》，［清］黄汝成集释，栾保群、吕宗力校点，上海：上海古籍出版社，2006年，第749页。

② 吴毓江撰：《墨子校注》卷14《备城门》，孙启治点校，北京：中华书局，1993年，第780页。

果，使得与游牧地区相交的农耕政权，有需求也有能力寻求向北发展，大范围地挤压游牧势力的生存空间。这样一来，原本为游牧势力占据的宜耕宜牧地区，成为新的农耕地区。

战国之前，田地是不能买卖的。到了战国时，由于土地所有权没有了身份的限制，土地买卖之风开始盛行。这种新的经济现象，对农耕经济类型的发展具有重大的历史意义。进入战国之后的这种土地制度变革，实际上从春秋就已经开始了。特别是春秋末期，以井田制为表现形式的宗族土地所有制已经逐渐露出了走向瓦解的迹象。其间最突出的问题，是种地的劳动者开始大量逃亡。

从统治者的需要和利益来说，“夫地大而不垦者，与无地同；民众而不用者，与无民同”①。为了有效地解决问题，各诸侯国开始实行起授田制。荀子说的“农分田而耕，贾分货而贩，百工分事而劝，士大夫分职而听”②，管子说的“分地若一，强者能守”③，都是针对国家授田而言的。

战国时授田的标准是一夫百亩。这是国家制定的用作征税标准的亩积，并非实授。每个地方因为土地的质量不同，产量和收成也会有很大的差异，因此，国家往往通过多授土地的办法，用数量来平衡质量的差异。另外，为保证授田的公正性，国家每隔三年要将耕地重新分配一次，以保证“肥饶不得独乐，硗确不得独苦”④。授田之后，设立阡陌用以确定田界，从而把土地的使用权固定下来。

战国时的大规模授田延续了一百多年，对社会经济发展起到了极大的推动作用。随着生产和人口的增长，可以用于授田的土地越来越少，逐渐成为经济发展的制约。秦国于始皇三十六年终止了授田制，

---

① 石磊译注：《商君书》之《算地》，北京：中华书局，2011年，第66页。

② 王先谦撰，沈啸寰、刘星贤整理：《荀子集解》卷7《王霸》，北京：中华书局，2012年，第217页。

③ 黎凤翔撰，梁运华整理：《管子校注》卷22《国蓄》，北京：中华书局，2004年，第1264页。

④ 徐彦疏，浦卫忠整理，杨向奎审定：《春秋公羊传注疏》卷16《宣公十五年》，北京：北京大学出版社，1999年，第360页。

允许人们自愿开垦荒地，只是要如实向官府呈报所占有土地的数量，便承认其土地私有，根据核实后的土地数量向其征收田租。

战国的文献中，有很多关于土地可以买卖的记载，土地买卖是土地私有化的重要途径。班固在《汉书·食货志》中引董仲舒给汉武帝的谏言《请限民名田书》说："至秦则不然。用商鞅之法，改帝王之制，废井田，民得买卖。"[①]也有一些文献说明战国有商人资本直接流向土地买卖的可能。[②]

农耕经济的发展，使农耕政权迅速强大起来，农耕政权得以向北扩张。战国有一个很重要的标志，就是在波澜壮阔的竞争中，不断有国家崛起并逐渐发展强大，也不断有国家衰落下去，由大国跌落到被瓜分、被蚕食的状态。各路诸侯叱咤风云，上演了一部跌宕起伏、既辉煌又悲壮的历史。毫无疑问，春秋战国是农业文明占据优势和主导地位的历史发展时期。

战国时期农业农耕文明具有很强的扩张性，其特征是外向型地向四周发展。因为随着农业的快速发展，农业耕种由过去的轮种发展成为一年一季，有的地区甚至已经出现一年两季的耕作方式。这样，诸侯国中心区域的人口越来越多，强大的诸侯国要由中心向四周拓展，使农耕经济和游牧经济的边界线向外延展。农耕地区不断向四周拓展的同时，农业文明不断发展，文化中心不断涌现。那些强大的诸侯国，成为具有标志意义的文化中心。

先进的农耕经济，吸引了四周较为原始的、以半耕半牧或以放牧为主的部落学习农耕技术，发展农耕事业。这样就使得整个农耕经济在春秋战国，呈现势头很猛的拓展阶段。只有农业农耕经济发展到农牧自然分界线才停下脚步。继续向北受气候和降雨等因素影响，已经不适合农耕经济类型的生存。此后，农耕经济逐渐稳固，固守农耕地区，在已经拓展的领域采取相对保守的态度。

---

① 《汉书》卷24《食货志》，北京：中华书局，1975年，第1137页。

② 杜勇：《春秋战国时期商人资本的发展及其历史作用》，《四川师范学院学报（哲社版）》1996年第1期，第67页。

战国时大的诸侯国，为农耕文明的传播和人类社会的进步做出了重大贡献。在农耕文明拓展的过程中，农耕地区的民族化进程也越来越快。农耕民族与草原地区的游牧民族由于经济类型完全不同、所占地域完全不同成为完全不同的两大民族。

在游牧民族受到农耕民族强大挤压之后，也逐渐地统一和强大起来，与农耕民族产生了强烈的冲突。这种冲突在农耕民族内部矛盾激化的时期，游牧民族强大的骑兵就会对农耕地区造成很大的伤害。而当农耕民族统一强大的时期，就会用军事手段去征伐游牧民族，而重新占据农业农耕拓展地区，维护农耕民族在这个区域的生存基础。

在历史交替发展的过程中，农耕民族和游牧民族的矛盾有时突出，有时弱化。矛盾很激烈的时候，就要以大规模的战争手段来解决问题。游牧民族的冲击得到缓解的时期，则是游牧经济和农耕经济寻求了一个相对平衡的时期。这种征服和被征服与双方平衡发展的交替变化，成为长城地区的常态。随着农耕政权对游牧地区的征战，长城地区有些原住游牧民或半农半牧的族群，没有被战国列强征服而融合，反而是和匈奴联盟，成为匈奴的一部分。

三、农耕政权用长城保护农耕扩张成果

战国时期农耕社会与民族强大起来之后，有力量向草原地区扩张，并有力量保护已经获得的扩张成果。游牧民族为了应对这种压力，在匈奴的强大武力征伐之下，以游牧社会的形式走向统一，并一度发展到十分强大。农耕和游牧政治经济的发展是两个相对独立的过程，彼此之间又有影响和联系。

战国时期的秦、赵、燕三国向北扩张之后，将农耕政权的控制边界发展到农牧交界的最北端，继续向北自然条件的限制，决定了已经很难再实施农业耕种了。秦、赵、燕三国及后来的秦汉帝国，都是在这条农耕向北发展的边界修建长城，保护了农耕扩张成果。

从蒙古高原到中亚、西亚，都曾经是游牧民族的活动区域。农耕经济发展到游牧民族的活动区域时，自然会受到游牧民族的反抗。这

一点，不仅是燕、赵两国所面对东胡、匈奴这种典型的草原游牧民族，也包括分布在黄土高原或黄河上游许多地区的游牧民族。

为了应对来自游牧民族的反抗，疆域与游牧民族接壤的诸侯国，纷纷采取措施保护既得利益。秦、赵、燕国修筑北长城，便是这些措施中的一种。战国时这些诸侯国修建防御游牧民族的长城，为了保护其既得的农耕扩张成果。

农耕民族对北方游牧地区的扩张，也促进了游牧民族政权的发展，提高了其进行统治和管理的能力。骑马民族的武力不断壮大，发展成全民皆兵的程度，进而彻底转型为对农耕民族的强大军事压力。

农耕经济虽然是地域多样性的经济类型，可以在不同地形地貌和气候环境下生产，但投入产出比的差异却是很大。在农牧交错地带，人们根据不同土壤、地貌、季节，因地制宜、因时制宜、因物制宜地种植不同的作物，形成多样性的农业生产形态。但总体上来说，受长城区域客观环境条件的限制，农田生物多样性和农田生态系统很不稳定。

中国俗语“一方水土养一方人”及“五里不同风，十里不同俗”等现象，在长城地区极有代表性。长城区域的民风、民俗既有农耕文化的地域性特征，又有北方的游牧文化、东北的狩猎文化特征。这些都是农业和牧业生产方式背景下，产生并流传下来的与之相应的生产生活习俗。这也说明，战国北方长城虽保护了农耕扩张成果，但并没有对农牧交错地区的经济和社会生态产生根本性的改变。

四、骑兵的出现推动长城的发展

春秋时期作战，马匹主要用于驾车而不是骑乘。所以早期的长城非常简单，只要能够挡住战车的通过就行。从事战争是马拉的战车，因而战车的多寡是衡量一个国家军事实力的标准，如“百乘之家”“千乘之国”“万乘之王”等，都是形容某一个诸侯国军事实力的。

战国时期骑兵作战的出现，彻底改变了战争的形态。骑兵以其高度的机动性、猛烈的攻击性，在战争史上起着极为重要的作用。骑兵作为主战兵种参战之后，一方面加速了战争的进程，扩大了战场的范围，另一方面也改变了之前使用的战略、战术。长城的大规模出现，特别是在北方防御游牧民族的战争中集中出现，也是因为防御性的城墙可以有效地遏制骑兵的速度。

游牧民族骑马作战较早，其骑兵队伍更是以精良的骑射技术驰骋疆场。游牧民族的流动性，决定了他们没有固守城池的需要，没有设立阵地的概念。所以，攻打城池对他们来说是较为困难的作战方式。长城正是针对这一作战特点而构建起来的较为有效的防御体系。

游牧军队在形势有利的时候就大举进攻，攻破一点长驱直入；形势不利的时候就立刻撤退，四处散开避而不战。长期的草原游牧生活，使牧民们的野外生存能力、自然适应能力较强。每当农耕政权北上征伐时，牧民们多采用躲到草原深处的办法来保护自己，使农耕政权根本找不到作战对象。战争发生在长城之外的草原地区时，游牧军队可以保持较长时间的战斗力。

中原骑兵的出现，最早见于记载的是战国初年赵武灵王的“胡服骑射”。战国初年，兵力较强的赵国在同居住草原、山地的游牧林胡、楼烦等作战中经常失败。其原因只有一个，这些游牧民族擅长骑射，机动性非常强。赵国的战车和步兵，面对来无影去无踪的骑兵，只能被动地挨打。为了争取战争的主动权，赵武灵王决心改变传统的作战方式，穿适应骑马作战的胡服，组建骑兵，练习骑射。

赵武灵王十九年（前307），“变俗胡服，习骑射”①。赵国的骑兵是在有骑射传统的林胡、楼烦故地组建，直接招募会骑射的人进入军队，并在公元前305年“破原阳以为骑邑”②，将这些牧区变为骑兵训练与驻屯的场所。胡服骑射的效果，很快就在战争中体现出来。赵国的骑兵在几年中，“西略胡地，至榆中，林胡王献马”；“攘地北至

---

① 《史记》卷110《匈奴列传》，北京：中华书局，2008年缩印本，第2885页。

② 佚名撰：《史记疏证》卷33，《续修四库全书》，上海：上海古籍出版社，2008年，第320页。

燕、代，西至云中、九原”；“灭中山”[①]等。有了骑兵的赵国，在战场上所向披靡，几乎称霸了北方。

改变服饰的行动受到了很大阻力。赵武灵王顶住保守势力的非议，于十九年（前307）开始实行胡服骑射。赵武灵王下达命令，带头穿胡服上朝，“命吏大夫奴迁于九原，将军、大夫、适子、代史皆貂服”[②]，并对反对胡服骑射的一些王公大臣给予了很严厉的处罚。在推行胡服的同时，赵武灵王就开始“招骑射”[③]，具体做法是模仿北方“三胡”骑兵的装备，学习骑兵的训练方法，大规模组建骑兵部队。

赵武灵王改革的成功，引起了各诸侯国的关注，也都效法赵国先后组建了骑兵。《史记》记载：燕“带甲数十万，车六百乘，骑六千匹”[④]；赵“带甲数十万，车千乘，骑万匹”[⑤]；魏武士、苍头、奋击、厮徒共计七十万，“车六百乘，骑五千匹”[⑥]；楚“带甲百万，车千乘，骑万匹”[⑦]。由此可见，骑兵已经和战车一起成为衡量一个国家军事实力的标准。

各诸侯国拥有的骑兵数量不等，最多的是周边有游牧民族的秦、赵、燕三国。这个时期的作战骑兵和步兵已经越来越重要，但战车仍然发挥着重要作用。骑兵在各兵种中的比例都不太高，较高的赵、燕两国骑兵也不到全部兵力的十分之一，最低的楚、魏两国只有百分之一左右。初建的骑兵虽然还较为弱小，却具有强大的生命力。

赵武灵王胡服骑射从另外一个方面说明，游牧民族已经很强大。胡服骑射虽然是农耕民族为了抗衡草原骑兵而采取措施，但这一举措也说明战国时游牧民族已经发展到较为成熟的历史阶段。胡服骑射使

---

① 《史记》卷43《赵世家》，北京：中华书局，2008年缩印本，第1811页。

② 方诗铭、王修龄：《古本竹书纪年辑证》，上海：上海古籍出版社，2005年，第288页。

③ 《史记》卷43《赵世家》，北京：中华书局，2008年缩印本，第1811页。

④ 《史记》卷69《苏秦列传》，北京：中华书局，2008年缩印本，第2243页。

⑤ 《史记》卷69《苏秦列传》，北京：中华书局，2008年缩印本，第2247页。

⑥ 《史记》卷69《苏秦列传》，北京：中华书局，2008年缩印本，第2255页。

⑦ 《史记》卷69《苏秦列传》，北京：中华书局，2008年缩印本，第2259页。

赵武灵王在军事领域的变革取得了成功，但是赵武灵王并没有同步进行与军事改革配套的政治、经济改革。综合国力特别是经济实力并没有因为变革而得到持续的发展，赵国很快就失去了因军事改革而获得的优势。

长城作为一道坚固的防御体，其存在本身对于游牧骑兵来说就是一种巨大的威慑。游牧骑兵擅长马上行动，让他们下马攻城，就使其失去了军事上的优势。有长城雄伟墙体的存在，可以部分地制止一些小规模的骚扰和掠夺，制止小规模部队对长城沿线农耕地区的抢掠。在这个意义上，长城在修建之初就已经实现了自己的战略目的。

第二节 诸侯国互防长城的历史

战国时期，相比于春秋争霸战争，齐、楚、燕、韩、赵、魏、秦七雄之间的兼并战争的规模要大得多。战争的破坏性和残酷性，也都达到了更具毁灭性的程度。进攻性的战争越来越频繁，加强防御的需要就越来越强烈。各诸侯国从只是战时派驻军队驻守关塞，转为平时在重要关塞也驻有守卫部队，如韩国就设有平时“守徼亭障塞”[①]的人员。

图6 山西大同高山堡。历史发展到今天，我们感受长城伟大时，长城修建者的智慧与血汗早已镌刻在长城这座人类文明的丰碑之上

① 《史记》卷70《张仪列传》，北京：中华书局，2008年缩印本，第2293页。

作战地图的出现，也从侧面透露了战国时期对关塞驻兵防守的重视。关塞平时的守御和战时的关闭，为防御敌方的进攻提供了保障。一旦战争爆发，各诸侯国就“夷关折符”，力拒敌人于国门之外。

《管子》中论述察看地图的重要性时曾提及：“凡兵主者，必先审知地图。轘辕之险，滥车之水，名山、通谷、经川、陵陆、丘阜之所在，苴草、林木、蒲苇之所茂，道里之远近，城郭之大小，名邑、废邑、困殖之地，必尽知之。”[①]

军事活动离不开军事信息的传递，为了及时掌握远处的敌情，在邻近要塞的制高点修建观察敌情的瞭望台，由此再逐渐发展成可以连续传递军情的烽火台，这是军事防御的重要进步。烽火台同驻兵的城堡构成一体的防御线，从而形成了一个大规模的防御体系，就是在这样的背景下产生了长城。

从春秋战国的早期长城一直到清朝，烽火台始终是长城防御体系的重要组成。长城为较大的防御地区提供安全保障，每一段长城都是一个相对完整的防御工事，既有传递军情的烽火台，又有戍守人员居住的城障。

修建长城既有战略需要和经济能力的问题，也还有施工及攻防等技术条件的要求。春秋时期，各诸侯国修筑的国都和在战略要地修筑的一些城邑，围墙越来越高、越来越厚。而且，墙外都有一些沟堑来加强防御，提高防御力和防御纵深。在城门，有悬桥来加强防御。

这样的城防体系，防御力量已经很强。供守城部队使用的器械，随着战争规模和战争数量的越来越大，也逐渐发展得更加成熟。筑城技术、防御体系的设置的发展，这些为长城的产生提供了较好的技术条件。

---

① 黎翔凤：《管子校注》卷10《地图第二十七》，梁运华整理：《新编诸子集成》，北京：中华书局，2004年，第529页。

一、楚长城、齐长城谁最早

最早修筑长城的是春秋时楚国和齐国，至于这两个诸侯国谁修建得最早，不同的文献有不同的记载，至今尚待发现考古成果才能认定。历史文献记载，楚国和齐国长城的修建和使用的时间，都是从春秋开始一直到战国末期。楚国和齐国修建长城，与双方的关系有关。

齐桓公尊王攘夷称霸时，率领诸侯对抗楚国。齐桓公死后，两国没有再发生大的冲突。晋国崛起成为霸主后，晋国成为齐、楚共同对抗的强国。晋国率领诸侯攻打齐国时，楚国为了帮齐国解围，还曾出兵攻打鲁国、郑国。到战国后期，齐国是连横的争取对象，同时齐国和楚国又都是合纵的争取对象。

（一）楚长城的修建

楚春秋战国时期位于长江流域的诸侯国，春秋五霸之一。楚崛起于周文、武之世，周桓王十六年（前704）熊通僭越称王，这便是楚武王。开启楚长城修建之始的楚成王时，楚走向更加强盛。成语“问鼎中原”讲的就是楚庄王大败晋国而开始称霸时期的故事。楚王负刍五年（前223），秦军攻破楚都寿春灭楚国。

楚长城在历史文献中称为“楚方城”。楚长城多位于今河南境内，总长500多千米。楚国在春秋时就已经有长城，并且发挥了很大的作用。楚修长城与使用长城的记载见于《左传》。书中记载了僖公四年（前656）齐桓公率诸侯国伐楚，兵至陉山。楚国派将军屈完前往齐桓公大军中。屈完对齐桓公说：“君若以德绥诸侯，谁敢不服？君若以力，楚国方城以为城，汉水以为池。虽众，无所用之。”[①]学界一般认为楚方城就是长城，有关这一点，《汉书·地理志》中有清楚的记载。

楚文化研究中“楚方城”不仅是讲楚国修建的防御体系，还是一个历史地理概念。在各种典籍记载中，“楚方城”具体所指有四种不

① 杨伯峻编著：《春秋左传注》僖公四年，北京：中华书局，1990年，第292—293页。

同的含义。由于研究者对这四种不同情形下“楚方城”所特指内容的不一致认识不清，常常产生歧义。

“楚方城”的四种含义，分别为：一指楚国关隘名，即方城塞。《国语》记齐军“南征伐楚，济汝，逾方城，望汶山”[①]。韦昭注：“方城，楚北之阨塞也。”[②]《吕氏春秋》中更是明确地将方城与句注、居庸等关塞相提并论：“何谓九塞？曰：大汾，冥阸，荆阮，方城，殽，井陉，令疵，句注，居庸。”[③]二是城邑，即方城邑。《水经注》中记载：“苦菜、于东之间有小城，名方城。”[④]三为山名，即方城山。《荀子》分析楚国的山川形式说：“汝、颍以为险，江、汉以为池，限之以邓林，缘之以方城。”杨倞注中说：“方城，楚北界山名也。”[⑤]“醴水又东与叶西陂水会，县南有方城山。”[⑥]四是楚长城的代称。《汉书·地理志》载：“叶，楚叶公邑。有长城，号方城。”[⑦]

《中国长城沿革考》设专章论述了楚方城[⑧]。近百年来，学术界对楚长城在楚国军事、建筑、历史地理，乃至中国长城史上地位的认识越来越清楚。随着学术界对楚长城的广泛关注与全面研究，被称为“楚方城”的楚长城，已经被长城研究领域的学者广泛接受。

楚在春秋时虽然经济、文化均已经发展到一个较高的水平，但相

---

① 徐元诰：《国语集解》之《齐语第六》，王树民、沈长云点校，北京：中华书局，2002年，第233页。

② 徐元诰：《国语集解》之《齐语第六》，王树民、沈长云点校，北京：中华书局，2002年，第233页。

③ 许维遹：《吕氏春秋集释》卷13《有始》，梁运华整理，北京：中华书局，2007年，第278—279页。

④ [北魏]郦道元：《水经注校证》卷31《潕水》，陈桥驿校证，北京：中华书局，2007年，第733页。

⑤ 王先谦撰：《荀子集解(下)》卷10《议兵》，沈啸寰、王星贤整理，北京：中华书局，2012年，第283页。

⑥ [北魏]郦道元：《水经注校证》卷21《汝水》，陈桥驿校证，北京：中华书局，2007年，第504页。

⑦ 《汉书》卷28上《地理志上》，北京：中华书局，2008年缩印本，第1564页。

⑧ 王国良：《中国长城沿革考》，上海：商务印书馆，1933年，第12—16页。

对中原诸国来说，楚被视为蛮夷，《公羊传》僖公四年（前656）说：“夷狄也，而亟病中国。南夷与北夷交，中国不绝若线。”[①]其中，“南夷”指的就是楚国。而楚国也自称蛮夷，《史记》中有楚自称为蛮夷的记载：“楚伐随。随曰：‘我无罪。’楚曰：‘我蛮夷也。今诸侯皆为叛相侵，或相杀。我有敝甲，欲以观中国之政，请王室尊吾号。’随人为之周，请尊楚，王室不听，还报楚。三十七年，楚熊通怒曰：‘吾先鬻熊，文王之师也，蚤终。成王举我先公，乃以子男田令居楚，蛮夷皆率服，而王不加位，我自尊耳。’乃自立为武王，与随人盟而去。”[②]司马迁并不因此否定楚国的春秋霸主地位：“秦、楚、吴、越，夷狄也，为强伯。”[③]后世学者也多认为：“秦、楚、燕三国，皆边疆民族，春秋时之蛮夷。”[④]

齐桓公称霸30多年，一方面阻止了北方戎狄势力对燕等诸侯国的掠扰，一方面抑制了南方楚的北进。为此，齐桓公多次召集诸国会盟，以便在北控戎狄、南抑楚国的行动中形成统一战线，并不断开创、巩固自己的霸业。齐国称霸时，楚国没有办法向北寻求较大的发展，选择修筑长城来防御齐国等中原诸侯国，同时向东发展自己的国力。

楚修建长城的目的是保卫南阳盆地。占据南阳盆地的战略是武王时制定，文王时期开始实施。南阳盆地处于秦岭西麓，伏牛山、方城山、桐柏山、大洪山和鄂西北山地之间，由汉水支流丹江、淅川、唐河、白河等河流冲积而成。盆地居关中、汉中、中原与湖北平原之间，是连接这四个大平原的通道。从四面都可以进入南阳盆地，从南阳盆地也可以向四面出击。

对楚来说，以南阳盆地为中心，向西沿汉水上溯，可以进入汉中

① 王维堤、唐书文：《春秋公羊传译注》，上海：上海古籍出版社，2004年，第192页。

② 《史记》卷40《楚世家》，北京：中华书局，2008年缩印本，第1695页。

③ 《史记》卷27《天官书》，北京：中华书局，2008年缩印本，第1344页。

④ 齐思和：《战国制度考》，《中国史探研》，北京：中华书局，1981年，第115页。

地区；向西北通过武关可进入关中地区；由襄阳下汉水可进入两湖地区；由淅川河谷上溯可进入伊洛河谷；由其东面山地可出盆地，进入中原腹地。

楚据有南阳盆地，要面对来自各方的军事压力。因此，楚在此利用险要，构筑了重要的军事防御工程。春秋战国时期，南阳盆地的方城山及长城、汉水都成为楚抵御北方诸侯的战略要地。因为南阳盆地具有东西伸展、南北交汇的特点，无论是在南北之争中还是在东西对抗中，南阳都处在战争的前沿位置。战国后期，秦国占据了武关、夺取了南阳盆地之后，南阳更成为秦攻楚的一个前沿阵地。

春秋时楚国占据南阳盆地，修建长城与齐、晋等国形成了长达数百年的南北对峙。在东西之争时，南阳盆地又是关中与东部地区的必争之地，由南阳盆地入攻武关是一条较为容易的进攻路线。楚占据南阳盆地之后，就是沿着这条路攻入关中地区。无论是进入攻关中，还是自关中向东发展，南阳盆地都是进可攻、退可守的战略要地。

楚强盛时“地方五千里，带甲百万，车千乘，骑万匹，粟支十年”①。当时“天下莫强于秦楚”，楚和秦都有可能成为天下一统的完成者。②秦军东进攻打南阳盆地时，胜负很难预测。公元前312年，楚军进攻秦时曾长驱直入，一直打到蓝田。秦靠韩、魏两国的相助才获得了胜利。此后，楚长城所保卫的南阳盆地成了秦、楚、韩、魏四国争夺的战略目标。经过数十年的反复争夺，秦国取胜控制了南阳盆地，并进而打响了统一全国的战争。在秦灭楚的战争中，楚长城基本上没有发挥出楚国所期待的防御作用。

国家长城资源调查认定：楚长城分布在河南省南阳市的方城县、桐柏县，平顶山市的鲁山县、叶县、舞钢市，驻马店市泌阳县，北起

① ［西汉］刘向集录：《战国策》卷14《楚策一》，何建章注释，北京：中华书局，1990年，第508页。

② ［西汉］刘向集录：《战国策》卷6《秦策四》，何建章注释，北京：中华书局，1990年，第240页。

河南省鲁山县，经叶县、方城县、舞钢市、泌阳县，南至桐柏县。[①]

此外，湖北省境内也分布有烽火台及驻防设施，湖北省文物局做了详细考察工作，已于2013年12月出版了《湖北省长城资源调查工作报告》。

（二）齐长城的修建

齐是春秋五霸之首，位于今天山东。姜太公为齐国始封之国君，到齐桓公时疆域已经发展到了濒临大海。齐国分为姜齐和田齐两个时代，姜齐传至齐康公时大夫田和将其放逐到海滨。齐康公十八年（前387）田和被周王册封为齐侯，田氏正式取代姜姓吕氏。齐王建四十四年（前221）齐王投降，成为秦国统一六国灭掉的最后一国。

关于齐长城修建的历史记载，首见于《管子》："长城之阳，鲁也。长城之阴，齐也。"[②]有的学者根据齐桓公在位时间和管仲的生平，推断《管子》书中所提长城为齐桓公所筑，当建于公元前685年至公元前645年的齐桓公时期。这种推断忽视了一个问题，这便是《管子》的成书时间。《管子》是后世道家假托管子之名而著，所以书中虽提及长城，但不足以证明管仲时期齐国已经有了长城。

齐桓公死后，齐内乱而楚势力得以向北发展，但历史文献中至今尚未发现这一时期齐筑长城防楚的记载。《竹书纪年》记载了晋烈公十二年（前404）晋国韩景子等攻打齐，进入长城的事。《水经注·汶水》注中引《竹书纪年》载："晋烈公十二年，王命韩景子、赵烈子、翟员伐齐，入长城。"[③]这一年在齐是康公元年，齐长城至迟在公元前5世纪就已经有了。

---

① 河南省长城资源调查队：《河南省长城资源调查综述》，《长城资源调查工作文集》，北京：文物出版社，2013年，第94页。《关于河南省长城认定的批复》，国家文物局网，2012年6月5日。

② 黎翔凤：《管子校注》卷24《轻重丁第八十三》，梁运华整理：《新编诸子集成》，北京：中华书局，2004年，第1500页。

③ ［北魏］郦道元：《水经注校证》卷26《汶水》，陈桥驿校证，北京：中华书局，2007年，第629页。

这一点也得到出土青铜器骉羌钟铭文的证明。铭文内容为："唯廿又再祀，骉羌作伐，厥辟韩宗彻。率征秦迮齐，入长城，先会于平阴。武侄寺力，言敚楚京。赏于韩宗，令于晋公，昭于天子，用明则之于铭。武文咸烈，永世勿忘。"[①]这是已知金石铭文上首次出现"长城"一词。

骉羌钟铭文记述周威烈王二十二年（前402），一个名叫骉羌的韩国将领，在一次伐齐的战争中，首先攻入齐国的长城。在这场战争中，骉羌作战勇猛，因而受到韩君、晋公和周天子的奖赏，特此铸器作为纪念。

齐国到底何时筑起长城，学界一直众说纷纭。根据研究者的分析推断，齐国修筑长城的时间，很可能是在公元前555年。在此之前的几年，齐国一直在侵讨鲁国，先后取龙（今山东泰安东南）、围成（今山东宁阳北）、围桃（今山东汶上东北），并直逼鲁国都城曲阜。[②]

齐灵公二十七年（前555），齐又兴兵征伐鲁国北部地区，鲁求救于晋。晋平公会11国之师于鲁国济水之滨伐齐。大军压境，齐侯不得不"堑防门而守之，广里"[③]。齐防御工程始筑于此时，是具有一定道理的推论。匆匆而建的防御体，抵挡不住诸侯大军，诸侯之师直抵临淄，焚四郭，攻两门，齐军不敢出战。此役之败，使齐深深认识到了防御的重要性。[④]

据清华简《系年》中披露的信息，其中有关齐长城的记载，为认识齐长城的修建时间提供了很重要的新史料。清华简《系年》篇第20章记载了齐长城的修建过程："晋景公立十又五年（前441），申公屈巫自晋适吴，焉始通吴晋之路，二邦为好，以至晋悼公。悼公立十又一年，公会诸侯，以与吴王寿梦相见于虢。晋简公立五年，与吴王

① 故宫博物院编：《唐兰先生金文论集》之《骉羌钟考释》，北京：紫禁城出版社，1959年，第1—5页。

② 刘德春：《齐长城综述》，《管子学刊》1994年第3期，第94页。

③ 杨伯峻编著：《春秋左传注》襄公十八年，北京：中华书局，1990年，第1037页。

④ 刘德春：《齐长城综述》，《管子学刊》1994年第3期，第95页。

阖卢伐楚。阖卢即世，夫差王即位。晋简公会诸侯，以与夫差王相见于黄池。越公勾践克吴，越人因袭吴之与晋为好。”[①]简文中所记载的“齐人焉始为长城于济”应该是齐长城最早的修建时间，而“自南山属之北海”为齐长城起于今济南平阴、长清一带，沿当时济水修建至渤海岸。

齐国东、北是大海，西有河、济两道天堑，只要在西南筑起巨防，再借助泰沂山脉的天险筑长城，便构成完整的防御体系。齐国在“堑防门”的基础上，逐渐完备西南防御工事，形成巨防。齐早期修筑长城的目的是防御晋、卫、鲁等诸侯国。楚灭鲁后，齐长城便增加了直接防楚的重任。

齐威王时，又一次大规模地修建长城。《史记》引《竹书纪年》云：“梁惠王二十年，齐闵王筑防以为长城。”[②]梁惠王（即魏惠王）二十年当为齐威王七年（前350）。这条引用出现了抄录的错误。若时间准确，则此次修筑当为齐威王时。若人物准确，则时间需往后推延至齐闵王时。学界较为认可的是齐威王时。

齐最后一次修筑长城是齐宣王时，宣王为齐威王之子，前319年至前301年在位。《史记》记载：“齐宣王乘山岭之上筑长城，东至海，西至济州千余里，以备楚。”[③]关于这道长城，其他的史书记载也比较多，并且也较一致。

春秋时期齐长城西段是为防御鲁，当时的鲁兵强势盛，对齐构成较大的威胁。公元前249年楚灭掉鲁后，齐为防楚又续修了东段长城。齐长城在防鲁备楚及争霸称雄的战争中，发挥了重要的军事作用。齐长城是齐国在长达数百年的战争中，立于不败之地的保障之一。

2012年，国家长城资源调查认定：齐长城东起山东省青岛市黄岛区，经胶南市、诸城市、五莲县、莒县、安丘市、沂水县、临朐

① 清华大学出土文献研究与保护中心编：《清华大学藏战国竹简（二）》，上海：中西书局，2011年，第186页。

② 《史记》卷69《苏秦列传》，北京：中华书局，2008年缩印本，第2268页。

③ 《史记》卷40《楚世家》，北京：中华书局，2008年缩印本，第1732页。

县、沂源县、淄博市博山区、淄川区，莱芜市莱城区、章丘市、济南市历城区、肥城市，西迄济南市长清区。[①]齐长城除主线外，在南侧还有三段与主线呼应的复线。[②]

二、燕南长城、赵南长城及中山长城谁最晚

赵和燕都属于国力较弱的诸侯国，中山被赵国包围着更小、更弱一些。这三个诸侯国修建长城，燕南长城和中山长城是防御赵，赵国南长城则是防御魏。齐是老牌强国，魏国首创变法，任用吴起为将，建立了完善的军队制度，也走上了富国强兵之路，对赵国的威胁更加大了。

赵南有悍魏，北有胡人，西有虎狼之秦，只有东边的燕力量比其还弱，所以经常伐燕。燕是周天子较早封的诸侯国，赵发动进攻燕的战争常受到其他诸侯国的反对。所以，始终也没有给燕造成致命的打击。到了战国中期，赵燕之间的战争更加激烈。特别是赵武灵王胡服骑射改革之后，赵的军事实力急剧增长，就更加强了征伐燕国的军事行动。

中山国位于赵国东北部，把赵分隔成南北两部分，成为赵国的心腹之患。赵敬侯十年（前377）、赵敬侯十一年（前376），两次大举进攻中山国，遭到中山国的顽强抵抗，没有取得成功。此后，中山国开始修筑长城。《史记·赵世家》记载，赵成侯六年（前369），“中山筑长城”[③]。

（一）燕南长城的修建

燕是春秋战国时期诸侯国，战国七雄之一。周武王灭商后，封其弟于燕地为燕召公。燕国是一个老牌诸侯国，在诸侯列国中实力和影

---

① 《关于山东省长城认定的批复》，国家文物局网，2012年6月5日。

② 山东省长城资源调查队：《山东省齐长城资源调查工作总结报告》，《长城资源调查工作文集》，北京：文物出版社，2013年，第92页。

③ 《史记》卷43《赵世家》，北京：中华书局，2008年缩印本，第1799页。

响，却长期处于中下地位。燕昭王时期向北、东扩张，此时的燕最为强盛。燕王喜二十七年（前228），太子丹派荆轲刺秦王功败垂成，秦军发兵燕国。一年多后秦军攻破燕都蓟城，燕王逃到辽东。燕王喜三十三年（前222），秦军进攻辽东，燕国灭亡。

燕修建南长城是用于防御齐和赵。战国时，燕王哙学尧舜禅让，把王位让给相国子之，造成燕大乱。齐宣王以平定燕内乱之名攻下燕都城，并将燕王哙杀死，太子平与子之也在大乱中死亡。受内乱影响，在燕王哙时修筑的用于防御强齐的燕南长城没有发挥出燕王期待的作用。

燕遭受重创后，赵武灵王从韩国召回燕公子职，拥立其为燕昭王，并帮助他整顿破碎的山河。燕昭王又称襄王，燕走向强大的领导者，也是燕长城的修建者。燕昭王即位之初，面临的是国家内乱、外敌入侵的危急形势。经过28年的艰苦奋斗，燕的经济实力有了很大的发展，国内也很安定。

在强大自己、广招天下贤士的同时，燕昭王继续修筑燕南长城，加强对齐国的军事防御。不久，秦、赵、魏、韩四国组成联盟，发起对齐国的征讨。燕昭王应赵国之邀，参与了这次联合行动，并成为此次征讨齐国的主力部队。这场战争中，五国联军获得大胜，燕昭王终于报了仇。

燕南长城也叫易水长城，修筑于燕昭王之前。秦相张仪游说燕昭王时说："今大王不事秦，秦下甲云中、九原，驱赵而攻燕，则易水、长城非大王之有也。"[①]说明这时易水一带已筑有长城。

燕南长城是用来保卫燕下都易水城，主要防御齐国。此时，秦逐渐强盛，东进图霸，驱赵以威胁燕境。所以燕南长城，也就成为防赵、御秦的依托。燕南长城利用古易水的堤防与新修筑的城墙相结而成，《史记》等历史文献谈到这条长城时，都是将易水与长城连在一起，称为"易水长城"。

---

① 《史记》卷70《张仪列传》，北京：中华书局，2008年缩印本，第2298页。

国家长城资源调查认定：燕南长城位于河北省保定市易县、徐水县、容城县、安新县、雄县和廊坊市大城县、文安县。[①]

（二）赵南长城的修建

赵是战国时期诸侯国，战国七雄之一。周威烈王二十三年（前403），韩、赵、魏三家分晋，赵烈侯赵籍始为侯。赵武灵王（前325—前299）始称王，秦王政二十五年（前222）为秦军所灭。

赵长城有三道，其中两道是赵肃侯所筑的南、北长城；另一道是赵武灵王所筑赵北长城。赵国北部的两道长城，均为用于防御东胡。只有赵肃侯时所筑南长城，属于中原诸侯国相互防御而筑的长城。

赵南长城用于防魏国。魏国都大梁，距赵都邯郸仅数百里，而漳水西岸的魏国重镇邺城距邯郸尚不足百里，魏国对赵国的威胁极大。赵成侯二十二年（前353），魏惠王攻占了赵都邯郸，并强占了三年之久。从赵肃侯四年（前346）到赵肃侯十八年（前332），赵肃侯7次攻打魏国。

为防御齐、魏两国的报复性进攻，赵肃侯在南部边境，即漳水和滏水之间修了一道长城，后世将其称为赵南长城。赵肃侯十七年（前333），齐、魏大军果然兴兵伐赵，赵军引黄河之水冲灌敌军，才迫使齐、魏两国退兵，赵南长城在此次会战中所起的作用不明显。

关于赵南长城，《史记》记载：“武灵王十九年（前307）召楼缓谋曰：‘我先王因世之变，以长南藩之地，属阻漳、滏之险，立长城。’”[②]说明赵武灵王前已修筑此条长城。《史记》明确记载了这道长城的修筑背景：“肃侯十七年（前333），围魏黄，不克。筑长城。”[③]赵南长城的修筑，很可能始于此年。

《史记正义》记载，刘伯庄“疑此长城在（潭）[漳]水之北，赵

① 《关于河北省长城认定的批复》，国家文物局网，2012年6月18日。
② 《史记》卷43《赵世家》，北京：中华书局，2008年缩印本，第1806页。
③ 《史记》卷43《赵世家》，北京：中华书局，2008年缩印本，第1802页。

南界"[1]。《日知录》也认为此长城（赵肃侯所修长城）在漳水之北[2]，今河北磁县及河南临涧县间均有遗址。张维华依据《史记正义》所注，推测："赵（肃侯）长城所经之地，以意度之，其西首当起武安故城南太行山下，缘漳而东南行，约至番吾之西南，逾滏而东，经武城、梁期之南，复缘漳东北行，约经裴氏故城之南，而东抵于漳。"[3]

《史记》对赵南长城的记述很简单，今天很难依据文献明确赵南长城的具体起止地点和走向。国家长城资源调查认定：赵南长城位于河北省邯郸市涉县、磁县及河南省卫辉市、辉县市、林州市、鹤壁市淇滨区。[4]

（三）中山长城的修建

战国时期的中山，为白狄所建立的诸侯国。中山东与齐相邻，北与燕相接，西南与晋、赵相连，四邻是强悍的诸侯。中山国土不大，民族却很强悍，多次打败晋、赵等强邻的进攻。魏文侯四十一年（前406），中山被魏军队攻灭。25年后，魏接连被赵、齐打败，中山国趁机驱逐魏军并复国。魏、韩、赵三家分晋时，中山国已进入强盛时期。

中山为防御强邻的袭击，防止再次灭国的危机也修筑了长城。赵成侯六年，"中山筑长城"[5]。中山国是战国时期唯一非中原诸侯国所建长城，有关中山国长城的文献记录目前所见，也仅有此一处。

齐宣王六年（前314），齐军攻燕时中山国也攻占燕国一些土地。疆域大为扩展，南至槐水，北至易水，东至扶柳，西边太行。《战国

① 《史记》卷43《赵世家》，北京：中华书局，2008年缩印本，第1802页。

② ［清］顾炎武：《日知录集释》卷31《长城》，［清］黄汝成集释，栾保群、吕宗力校点，上海：上海古籍出版社，2006年，第1801页。

③ 张维华：《中国长城建置考（上编）》，北京：中华书局，1979年，第97页。

④ 《关于河北省长城认定的批复》，国家文物局网，2012年6月18日。《关于河南省长城认定的批复》，国家文物局网，2012年6月5日。

⑤ 《史记》卷43《赵世家》，北京：中华书局，2008年缩印本，第1799页。

策》所载“昔者，中山之地方五百里”[①]，与此时的中山国面积相吻合。这时的赵国已强盛起来，对中山国构成了巨大的威胁。赵武灵王十九年（前307）曾经说过：“今中山在我腹心，北有燕，东有胡，而无强兵之救，是亡社稷，奈何？吾欲胡服。虽驱世以笑我，中山、胡地吾必有之。”

此后，赵武灵王于二十年（前306）、二十一年（前305）、二十三年（前303）、二十六年（前300）派兵大举进攻中山，占领了中山大片土地。《战国策》记载：“赵以二十万之众攻中山，五年乃归。”[②]这条史料的记载数字虽然不一定准确，但赵国以强大的兵力攻打中山国，并且打了数年是准确的。

在这场战争中，中山长城是否起到了重要作用不得而知。惠文王二年（前297）“主父败中山兵”。三年（前296）“赵主父与齐、燕共灭中山，迁其王于肤施”[③]。赵、齐、燕三个大国联合起来出兵，才灭掉了中山，说明中山国的战斗力很强。中山灭亡之后，中山长城也就被历史湮没。

1988年，在唐县唐河东岸发现了石砌中山长城遗迹，起自河北保定市顺平县神南乡大黄峪村西北，此后陆续在曲阳、顺平、涞源发现砌筑形式相近的长城遗迹。[④]国家长城资源调查认定：在顺平、唐县等地发现了土石混筑的战国中山长城。[⑤]

三、魏长城、秦长城及韩长城的防御对象

苏辙在《六国论》中的一段话，非常准确地道出了秦国和韩、魏两国的地缘关系：“夫韩、魏不能独当秦，而天下之诸侯藉之以蔽其

① ［西汉］刘向集录：《战国策》卷5《秦策三》，何建章注释，北京：中华书局，1990年，第171页。

② ［西汉］刘向集录：《战国策》卷20《赵策三》，何建章注释，北京：中华书局，1990年，第709页。

③ 《资治通鉴》卷4《周纪四》，北京：中华书局，2011年，第116页。

④ 李文龙：《保定境内战国中山长城调查记》，《文物春秋》2001年第1期，第44页。

⑤ 《关于河北省长城认定的批复》，国家文物局网，2012年6月18日。

西，故莫如厚韩亲魏以摈秦。秦人不敢逾韩、魏以窥齐、楚、燕、赵之国，而齐、楚、燕、赵之国因得以自完于其间矣。”[①]如果真像苏辙想的那样，战国其他四个诸侯国让韩、魏在没有防御东边各国的后顾之忧，并支持韩、魏全力抵挡秦国军队，起码会给秦国的统一增加很多的变数。

（一）魏长城的修建

魏是战国时期诸侯国，也是战国七雄之一。所辖土地是今山西南部、河南中北部、陕西西部，河北南部也有一部分。魏国周威烈王二十三年（前403），魏文侯被周威烈王册封为侯，魏王假三年（前225）为秦国所灭。在战国250余年历史中，魏国是最先称雄的诸侯国。

进入战国的第一个百年是魏国势力强大的时期，不需要修建长城。周贞定王二十四年（前445），魏文侯即位，先后任用翟璜、李悝、魏成子为相，实行变法，取得很大成绩，成为战国初期的强国。魏文侯任用吴起为大将，取得了秦国河西列城，进入了国富民强的发展阶段。魏国还联合韩国和赵国，多次与楚国作战，并多次击败楚军。

魏文侯三十三年（前413），魏大举进攻秦，一直打到郑（今陕西省华县）。次年，魏军又占领秦的繁庞（今陕西省韩城东南）。魏文侯三十七年（前409），魏大将吴起率兵攻取秦国的临晋（今陕西省大荔东）、元里（今陕西省澄城南）、洛阴（今陕西省大荔西）、合阳（今陕西省合阳东南）等城。魏和秦本以黄河为界，魏在河西原来仅有少梁一城，取得上述几座城池之后，河西之地就全部归魏国占据。秦对魏据有河西始终视为心腹之患，只要条件允许，便会采取行动夺回河西。

周烈王元年（前375），魏与韩为争夺郑国发生战争之后，又与赵因争夺卫国发生战争。连年与赵、韩两国的冲突，使魏的实力受到很

---

① ［北宋］苏辙：《乐城应召集》卷1《进论五首·六国论》，陈宏天、高秀芳点校：《苏辙集（第4册）》，北京：中华书局，1990年，第1248页。

大削弱。这一时期，魏由于树敌过多，处于四面受敌的境况。为缓解压力，从孝公后期开始加强长城防御体系的建设。周烈王五年（前371）魏孝公死后，魏惠王继位，继续与韩、赵两国作战。

在魏与韩、赵两国作战时，秦献公实行一些改革，使国力有所增强。此后，魏、韩又联合起来抗秦。魏惠王四年（前366），秦出兵向韩、魏联军进攻，大败韩、魏联军于洛阴。接着又于魏惠王六年（前364）深入到河东，在石门（今山西省运城西南）和魏军大战，斩首六万。

魏惠王八年（前362），魏再次同韩、赵两国发生大战。秦又趁机向魏进攻，在少梁把魏军打得大败。此战中，秦取得繁庞城，并迫使魏迁都大梁（今河南省开封）。至此，魏河西大部分领土虽仍据于己手，但已处于失利状态。尤其是少梁之战，秦国已严重地危及魏国西部疆土。

《史记》记载："孝公元年（前361），河山以东强国六，与齐威、楚宣、魏惠、燕悼、韩哀、赵成侯并。淮泗之间小国十余。楚、魏与秦接界。魏筑长城，自郑滨洛以北，有上郡。"《正义》："魏西界与秦相接，南自华州郑县，西北过渭水，滨洛水东岸，向北有上郡鄜州之地，皆筑长城以界秦境。"①由此可知，魏河西长城应始筑于前361年至前358年。

魏惠王十二年（前358）为巩固河西之地，魏派大将军龙贾还沿洛水修一道长城，这就是魏河西长城。《水经注》亦引《竹书纪年》载："梁惠成王十二年，龙贾率师筑长城于西边。自亥谷以南，郑所城矣。"②

后来为加强国都大梁的防务，又在大梁以西、黄河以南修筑了魏河南长城。《史记》载："魏惠王十七年（前353），与秦战元里，秦取

① 《史记》卷5《秦本纪》，北京：中华书局，2008年缩印本，第202页。

② ［北魏］郦道元：《水经注校证》卷7《济水》，陈桥驿校证，北京：中华书局，2007年，第196页。

我少梁。十九年（前351），诸侯围我襄陵。筑长城，塞固阳。”[①]可见前361年至前351年间，魏曾不断地经营河西防务。

魏修长城早期是为解决西边的后患，以便全力与韩、赵两国作战。这样可以避免在与韩、赵作战时，西面对秦国进行防御的力量弱化，形成两面受敌的局面。魏修建长城的后期，则是在四面被包围的情况下，为了解决来自秦国的强大威胁。

应该说，魏长城防御的战略还很有效。魏在修建长城后，虽然多次与韩国、赵国、齐国、秦国发生战争，但还是保住了自己的利益。直到马陵之战中败于齐国，魏才逐渐地从强大走向衰败。

国家长城资源调查认定：魏国长城分布于陕西省富县、黄陵县、宜君县、黄龙县、韩城市、合阳县、澄城县、大荔县、华阴市及河南省新密市。[②]

（二）秦堑洛长城的修建

秦是春秋战国时期的诸侯国，战国七雄之一。秦的先祖因养马有功被周王封为附庸，周宣王七年（前821）秦庄公击败西戎，被封为大夫。周幽王十一年（前771），幽王被西戎和申侯军队所杀，秦襄公率兵救周并于次年派兵护送周平王东迁，故被封为诸侯。秦孝公任用商鞅并推行变法，秦国得到快速发展，成为战国中后期最强盛的诸侯国。

秦是战国时期为诸侯国互防而修建长城较少的诸侯国，其原因有二：一是秦首先取得了变法的成功，将权力集中于诸侯君王之手，对其他诸侯国采取攻势；二是秦所在的渭河流域大部分地区都易守难攻，秦军向东进攻其他诸侯国时，基本没有后顾之忧。

汉高祖刘邦的重要谋士娄敬，在评价秦国特别是关中地区的战略位置时说过：“秦地被山带河，四塞以为固，卒然有急，百万之众可

① 《史记》卷44《魏世家》，北京：中华书局，2008年缩印本，第1845页。

② 《关于陕西省长城认定的批复》，国家文物局网，2012年6月5日。《关于河南省长城认定的批复》，国家文物局网，2012年6月5日。

具也。因秦之故，资甚美膏腴之地，此所谓天府者也。”[①]娄敬在这里既讲了秦地的资源优势，也讲了其军事区位的优势。

秦修建诸侯国间防御的长城，只有秦厉共公和秦简公时期，约公元前461年至公元前409年间，先后在黄河和洛水西岸修筑长城，史称“堑洛长城”。秦国还不是很强大，东部黄河、洛水之间的土地屡被魏国攻占。为抵御魏的进攻，秦修建了长城。这些工程体量不大，使用时间也不长。

秦厉共公至秦简公时期，秦国沿洛水西岸修筑长城的历史文献记载很简单。《史记》记载，秦厉共公“十六年，堑河旁。以兵二万伐大荔，取其王城”[②]。《史记》又载，简公六年，“堑洛。城重泉”[③]。在秦惠王后元年（前324），张仪“为秦将，取陕。筑上郡塞”[④]。毫无疑问，“堑河旁”“堑洛”“筑上郡塞”应该都是军事防御工程。公元前408年，秦军退守到洛水西岸后，再次沿河修筑长城以提高防御能力，并修筑重泉城。

秦于洛水所筑长城，由公元前409年算起早于魏在洛河所筑长城近50年。秦河西长城由公元前461年算起，则早于魏河西长城近100年。百年之间，由秦修筑长城以防魏，变成魏修筑长城以防秦，足以看出秦、魏盛衰的形势变化。秦、魏强弱关系转化的转折点是河西之战。这场魏秦争夺关中的大规模战争，也是战国时耗时长的几场战争之一，前后打了几十年，以秦胜利而告终。

国家长城资源调查认定的长城遗址，未包括战国秦于洛水所筑长城。说明这次长城资源调查，没有找到相关的遗址遗存。

（三）韩长城的修建

韩是战国时期地处黄河中游地区的诸侯国，亦是战国七雄之一。

---

① 《史记》卷99《刘敬列传》，北京：中华书局，2008年缩印本，第2716页。

② 《史记》卷5《秦本纪》，北京：中华书局，2008年缩印本，第199页。

③ 《史记》卷5《秦本纪》，北京：中华书局，2008年缩印本，第200页。

④ 《史记》卷70《张仪列传》，北京：中华书局，2008年缩印本，第2284页。

韩四面被魏、楚和秦所包围。这些诸侯国都比韩强大，韩不但没有地域上的发展空间，还经常遭受其他强国的欺凌，秦兼并六国时，韩第一个被灭掉，亡于公元前230年。灭国之前，韩也仅是秦和山东各国征战的缓冲地而已。

《水经注》记载："《竹书纪年》：梁惠成王十二年（前358），龙贾率师筑长城于西边。自亥谷以南，郑所城矣。《郡国志》曰：'长城自卷径阳武到密者是矣。'"[①]长城研究者早就注意到这段长城，罗哲文曾说，这段长城"历史文献上有时称韩，有时称郑，因此把它称作郑韩长城。这道长城与魏东南河外长城相连，共同防御秦国"[②]。

关于出现这段长城"有时称韩，有时称郑"的情况，《史记索隐》说得很清楚："是韩既徙都，因改号曰郑，故《战国策》谓韩惠王曰郑惠王，犹魏徙大梁称梁王然也。"[③]"自亥谷以南，郑所城矣"的长城，应该是韩所建，因为郑灭亡前一直唯魏之命是从，没有必要在与魏交界的地方修筑长城。

韩长城建于哪一年尚不清楚，估计是在韩哀侯二年（前375）至韩昭侯四年（前355）这20年之间。《资治通鉴》记载周烈王元年，也就是韩哀侯二年（前375），郑随魏伐楚时，"韩灭郑，因徙都之"[④]。韩国灭郑之后，在原来郑的土地上修建长城来应对魏，这是相对合理的推断。

国家长城资源调查认定的长城遗址，未包括战国韩长城，说明这次长城资源调查，没有找到韩长城的相关遗址遗存。

---

① ［北魏］郦道元：《水经注校证》卷7《济水》，陈桥驿校证，北京：中华书局，2007年，第196页。

② 罗哲文：《长城》，北京：北京出版社，1982年，第19页。

③《史记》卷45《韩世家》，北京：中华书局，2008年缩印本，第1868页。

④《资治通鉴》卷1《周纪一》，北京：中华书局，2011年，第36页。

第三节　战国时期北方长城的逻辑

战国是农耕和游牧分界线的形成时期，也是农耕政权防御游牧民族长城的产生时期。农牧分界线形成于战国时期，此时农耕地区普遍使用铁制农具，劳动生产率大大提高，使农耕区迅速扩展；杂居中原的少数民族与华夏族融合，进入农耕社会，黄河流域确立了以农耕为主的生产方式；北方草原地区民族仍保持以游牧为主的生产方式。①

图 7　河北山海关。我生长在渤海之滨，长城脚下的河北秦皇岛。很庆幸自己能有这样自然风光优美、历史遗产丰厚的出生地

战国秦、赵、燕长城具有很大的价值，其对游牧民族的防御体现出了较大的主动性。秦、赵、燕在占据了军事优势的情况下修筑长城，加上一定数量的驻军，有效防止游牧民族骑兵的侵扰。“没有长城，即使有大量的步兵和骑兵，仍然是防御不了的。战国时代的历史

① 邹逸麟编著：《中国历史地理概述》，上海：上海教育出版社，2005年，第232—233页。

事实证明了这一点。”[①]

长城区域是一个特别广阔的区域，任何朝代都没有足够强大的军事力量，可以仅凭借军队的驻守来保证这个广大区域正常生产和生活。此外，当长城区域的利益并没有达到国家愿意倾其所有，花费巨额军费来支持庞大的军队，征用大量劳力来从事军事活动的程度，长城应运而生。农耕政权借修建起的长城，达成加强对农耕地区进行有效保卫、减少常驻军队和缩减军队经费的目的。

通过长城提高地区的防御能力，有效地解决了养兵太多养不起，养兵太少又起不到其应有作用的问题。尽管修筑长城和派军驻守长城防线需要经费，但与不修长城仅派军队相比，以达到相同的防御效果论，修长城所需付出的代价相对小很多。

一、最高否决权与秦北长城

战国中后期，秦国西北部与义渠国为邻。秦与戎有着很深的渊源，史学界有一种观点认为秦起源于西方戎狄。王国维在《秦都邑考》中较早提出了这一观点。[②]俞伟超也从先秦时秦国的墓葬形式有别于中原的屈肢葬、铲形袋足鬲等器物、洞室墓等文化特征方面得出结论，认为秦之祖先“源自羌戎”[③]。另一种说法认为，秦起源于东方的夷族。由生活在东方的夷族，逐渐向西迁移，较早提出此观点的是傅斯年。[④]其实，不论是戎狄说，还是东来说，史学界普遍认同的是，秦的先祖出于夷狄。

春秋时，秦还没有成为一个很强大的诸侯国。秦在向东扩张自己的势力范围时，遭到了强大晋的阻挡。秦还没有力量与晋进行正面强

---

① 陈可畏：《论战国时期秦、赵、燕北部长城》，《长城国际学术研讨会论文集》，长春：吉林人民出版社，1995年，第103页。

② 王国维：《观堂集林》，石家庄：河北教育出版社，2003年，第269—270页。

③ 俞伟超：《古代“西戎”和“羌”“胡”考古学文化归属问题的探讨》，《先秦两汉考古学论集》，北京：文物出版社，1985年，第187—188页。

④ 傅斯年：《夷夏东西说》，《民族与古代中国史》，石家庄：河北教育出版社，2002年，第3—60页。

烈的军事对抗。所以，秦把自己的发展战略转向西方。战国初期，秦也还没有力量与三家分晋后的魏国抗衡，仍然没有办法向东发展。但正是这一阶段，秦向西扩张国土取得了丰硕的成果。

秦穆公三十七年（前623）对西戎作战，取得了开地千里的战绩。这是秦第一次对西戎大规模地采取军事行动，并取得了全面的胜利。到秦躁公十三年（前430），义渠戎与秦的战争朝着越来越强的方向发展。义渠戎的军队攻打秦，一直打到了渭水河畔。这一时期的秦虽然已经很强大，但面对义渠戎的进攻，当时不得不退出渭河下游地区。正是这场战争，坚定了秦对义渠戎采取更强大军事打击的决心。

秦孝公十年（前352）打败了魏国之后，国土东部的威胁减弱了不少。而此时正是义渠国发生内乱的时期，秦立即出重兵攻打义渠国，使义渠的军事力量和国家力量都遭到了很大的削弱。

秦惠文王七年（前331），义渠再次发生内乱，秦再次趁机派兵攻打义渠，迫使其臣服于秦，并在原来义渠所占领的秦国属地建立了义渠县。秦惠文王更元七年（前318），魏、赵、楚、燕、韩等国家联合起来攻打秦，义渠国王乘机攻打秦国的西部，重新夺回了一些地方。秦于秦惠文王更元十一年（前314），对义渠进行了报复性的征伐，占领了义渠国的25个城池。

秦昭襄王元年（前306），楚、齐、韩联合起来对抗已经逐渐强大的秦，秦再一次面临来自东、西两面的威胁。此时，得益于秦昭襄王的母亲宣太后和义渠国王的情爱关系，秦国西部的威胁得到了很大的缓解。义渠国逐渐恢复国力后，又有了复国计划。面对这种情况，宣太后毅然支持昭襄王，杀掉义渠王，彻底灭掉了义渠戎。

义渠戎被灭掉之后，秦将这片新据有的土地设为北地郡。《括地志》云："宁、原、庆三州，秦北地郡，战国及春秋时为义渠戎国之地，周先公刘不窋居之，古西戎也。"[①]义渠戎被灭掉了，北部的其他

① ［唐］李泰等：《括地志辑校》卷1《宁州》，贺次君辑校，北京：中华书局，1980年，第42页。

游牧民族依然是秦的威胁。秦昭襄王决定，在秦占领的义渠故地修筑长城以防御更北边的其他游牧民族。

秦定都咸阳之后，开始实施剪灭六国、统一中国的大战略。商鞅曾对秦孝王说："秦据河山之固，东向以制诸侯，此帝王之业也。"[①]在与中原其他诸侯国的征战中，秦以进攻的姿态居多，但面对来自游牧民族的威胁，秦在占据了有利地理区域后采取了防范措施。此时，由于中原赵所筑的北长城，已经将整个北河地区囊括于赵长城之内，而秦都咸阳位于北河的正南方向，秦还受到来自赵的威胁。

历史文献对秦昭王所筑长城的记载很少。《史记》载："秦昭王时，义渠戎王与宣太后乱，有二子。宣太后诈而杀义渠戎王于甘泉，遂起兵伐残义渠。于是秦有陇西、北地、上郡，筑长城以拒胡。"[②]关于秦昭王筑长城的准确时间，历史文献也没有明确记载，但《后汉书》中有秦昭王灭义渠戎的时间记载："王赧四十三年（前272），宣太后诱杀义渠王于甘泉宫，因起兵灭之，始置陇西、北地、上郡焉。"[③]

国家长城资源调查认定：秦长城分布于甘肃省华池县、环县、镇原县、静宁县、通渭县、陇西县、渭源县、临洮县，宁夏回族自治区彭阳县、固原市原州区、西吉县，陕西省神木县、榆林市榆阳区、横山县、靖边县、志丹县，南迄吴起县。此外，秦国长城在内蒙古自治区也有所发现，南起伊金霍洛旗，经准格尔旗、鄂尔多斯市东胜区，北到达拉特旗。[④]

---

① 《史记》卷68《商君列传》，北京：中华书局，2008年缩印本，第2232页。

② 《史记》卷110《匈奴列传》，北京：中华书局，2008年缩印本，第2885页。

③ 《后汉书》卷87《西羌列传》，北京：中华书局，2008年缩印本，第2874页。

④ 《关于甘肃省长城认定的批复》，国家文物局网，2012年6月5日。《关于宁夏回族自治区长城认定的批复》，国家文物局网，2012年6月5日。《关于陕西省长城认定的批复》，国家文物局网，2012年6月5日。《关于内蒙古自治区长城认定的批复》，国家文物局网，2012年6月5日。

二、竞争胜利的赵北长城

赵国北部有林胡、楼烦和东胡，合称“三胡”。赵国水草丰美的北部地区与三胡的驻牧地相邻，常常需要面对他们向南发展的威胁。而且，这时期的游牧民族由先前互不统属的部落，逐渐趋于局部聚集，在相当大的地域范围内形成较大的部落联盟。

赵武灵王十八年（前302），赵武灵王勇于变革，身体力行地倡导改穿胡服，学习骑射，极大地加强了国防力量。赵国先攻灭了中山国，后又打败林胡、楼烦，占有今河北北部、山西北部和河套地区。

赵北长城有两道，分别是赵肃侯所筑北长城和赵武灵王所筑赵北长城，均用于防御东胡。赵武灵王时，赵肃侯所筑北长城已属赵国内地。赵武灵王驱胡攘地，势力北进至今内蒙古大青山一带，并在此修筑长城。

赵肃侯所筑北长城的起讫点、修筑时间等，历史文献的记载较为混乱。长城位置大致在飞狐口、雁门关一线。《史记正义》认为：“赵长城从蔚州北西至岚州北，尽赵界。”[①]尹耕说：“余尝至雁门，抵岢石，见诸山多有劚削之处，迤逦而来，隐见不常。大约自雁门抵应州，至蔚东山、三涧口诸处亦然。问之父老，则曰：古长城迹也。……（夫长城始于武灵所筑者，自代并阴山至高阙，始皇所筑者，起临洮，历九原、云中至辽东，皆非雁门岢石，应蔚之迹也。）及读史，显王二十六年（前333）有赵肃侯筑长城事，乃悟。盖是时三胡并强，楼烦未斥，赵之境守，东为蔚应，西则雁门，故肃侯所筑以之。则父老所谓长城者，乃肃侯之城，非始皇之城也。”[②]也有人认为该长城的西段是从“平刑、北楼、宁武、雁门、偏头诸关以至河曲”[③]。

---

① 《史记》卷43《赵世家》，北京：中华书局，2008年缩印本，第1802页。

② 庆之金、杨笃纂修：《察哈尔省蔚州志》卷5《地理志下》，台北：成文出版社，1968年据清光绪三年（1877）蔚州公廨刻本影印，第67页。见《古迹》中引明尹耕《九宫私记》。

③ 寿鹏飞：《历代长城考》，《得天庐存稿》，民国三十年（1941）铅印本，第5页。

至于赵武灵王所筑赵北长城，《史记》载："赵武灵王亦变俗胡服，习骑射，北破林胡、楼烦。筑长城，自代并阴山下，至高阙为塞。而置云中、雁门、代郡。"①赵武灵王所筑赵北长城，后来成为秦始皇长城的一部分。

赵武灵王二十六年（前300），赵国"复攻中山，攘地北至燕、代，西至云中、九原"②。二十七年，武灵王自号为主父，"欲令子主治国，而身胡服将士大夫西北略胡地，而欲从云中、九原直南袭秦"③。由此可知，赵武灵王筑北长城，当在武灵王二十六年（前300）和二十七年（前299）之间。

关于赵武灵王所筑北长城，《史记》中《匈奴列传》上仅记录了"自代并阴山下，至高阙为塞"一句。赵自代的一段长城，因战国以后长城修筑繁复，状况混乱，至今仍未搞清楚。缘阴山至高阙一段，后世记载较多。《水经注》载："其水又西南入芒干水。芒干水又西南径白道南谷口（今呼和浩特西北），有城在右，侧带长城，背山面泽，谓之白道城。"④郦道元提出，这道长城疑为赵武灵王所筑，文中所提"水"即黄河。

国家长城资源调查认定：赵北长城分布在内蒙古自治区，"东起兴和县，经察哈尔右翼前旗、乌兰察布市集宁区、卓资县，呼和浩特市赛罕区、新城区、回民区、土默特左旗、土默特右旗、包头市东河区、石拐区、青山区、昆都仑区、九原区，西迄乌拉特前旗"⑤。

三、暴力之后的燕北长城

燕长城经过的地区，历史上是中国许多少数民族活动的区域。各

① 《史记》卷110《匈奴列传》，北京：中华书局，2008年缩印本，第2885页。

② 《史记》卷43《赵世家》，北京：中华书局，2008年缩印本，第1811页。

③ 《史记》卷43《赵世家》，北京：中华书局，2008年缩印本，第1812页。

④ ［北魏］郦道元：《水经注校证》卷3《河水》，陈桥驿校证，北京：中华书局，2007年，第79页。

⑤ 《关于内蒙古自治区长城认定的批复》，国家文物局网，2012年6月5日。

族人民通过辛勤劳动，开拓了这片富饶而辽阔的土地，东胡便是其中一支。燕在昭王初期之前并不强大，为了换取北部的安宁，不得不向东胡媾和，并以本国大将作为人质。秦开是燕昭王宠信的爱将，当时，为了顺利实施伐齐兴国的战略目标，让东胡不再给燕国制造更大麻烦。同时为了必要时借助东胡兵力用于燕齐之战，燕昭王派秦开出使东胡。

秦开为质于胡的时间，相关史籍记载不详，一些燕史研究学者认为应当在公元前299—前260年。离开东胡的时间应该是公元前285—前284年，这个时期是赵惠文王十四年至十五年。

做出这一判断的原因，一是燕曾有借胡兵助伐齐的考虑，二是燕昭王向东胡进军要有物力财力，选择适宜的时机，可能在伐齐取得决定性胜利之后。以派出人质这种办法实现的和平极不稳定，并不能使东胡停止南掠行为。燕昭王通过变革使燕国实现富强之后，便决定向东和向北发展并一举解决来自东胡的威胁。

秦开自东胡返回燕后不久，燕昭王派秦开袭击东胡，迫使东胡向北退却，这一行动给燕国带来了大片土地。为了保障已经获得的土地利益，燕筑长城来防止东胡的南掠。“燕亦筑长城，自造阳至襄平。置上谷、渔阳、右北平、辽西、辽东郡以拒胡。”①燕在新辟地区实施郡县制，设置了五个郡，以便防卫东胡。

燕所辖“东有朝鲜、辽东，北有林胡、楼烦，西有云中、九原，南有呼沱、易水”②，就是说包括了今北京以及河北北部、内蒙古南部、山西东北、山东西北、辽宁西部的广大地区。《韩非子》中说：“燕襄王以河为境，以蓟为国，袭涿、方城，残齐，平中山，有燕者重，无燕者轻。”③韩非子说的燕襄王就是燕昭王。燕国国力强大起

① 《史记》卷110《匈奴列传》，北京：中华书局，2008年缩印本，第2886页。

② ［西汉］刘向集录：《战国策》卷29《燕策一》，何建章注释，北京：中华书局，1990年，第1081页。

③ 高华平、王齐洲、张三夕译注：《韩非子》之《有度》，北京：中华书局，2010年，第41页。

来，成为举足轻重的大国。燕昭王时期修筑的长城是燕国北界的屏障，也是战国时期创修的最后一道长城。

考古学界对燕文化在战国时期迅速向东北方扩张的结论，也同样支持了对燕北长城地域的认定。林沄说："根据郑君雷对东周燕墓的全面分期研究，现在可以确定战国中期较典型的燕人墓已出现于张家口、朝阳和赤峰，最北到达沈阳。这说明那时燕国不仅占有了原先代国的东部，而且已经占领了貊人的故地，以及努鲁儿虎山以西的东胡入侵过的地区。随后，燕人的农业定居文化便占据了燕长城沿线以东的广大地区。"①

国家长城资源调查认定：燕北长城分布在辽宁、内蒙古和河北三省境内。辽宁省内分布于抚顺县，抚顺市顺城区、望花区，沈阳市东陵区、皇姑区、沈北新区，阜新蒙古族自治县、北票市、建平县。内蒙古自治区内东起敖汉旗，经喀喇沁旗，西至赤峰市元宝山区。河北省内分布于沽源县、赤城县。②

---

① 林沄：《夏至战国中国北方长城地带游牧文化带的形成过程》，《燕京学报》2003年第14期，北京：北京大学出版社，2003年，第132页。

② 《关于辽宁省长城认定的批复》，国家文物局网，2012年6月5日。《关于内蒙古自治区长城认定的批复》，国家文物局网，2012年6月5日。《关于河北省长城认定的批复》，国家文物局网，2012年6月18日。

第三章

秦汉长城的成本与收益

秦汉时期是秦汉两个大一统王朝的合称。秦朝（前221—前207）是中国古代历史上第一个统一的中央集权制的政权。秦始皇长城，就是在这样的背景下修建起来。汉朝（前202—220）是继秦朝之后，又一个大一统王朝。汉朝延续并发展了秦的制度，史称“汉承秦制”。汉长城很多的地方，也是利用了秦始皇长城。

秦王政二十六年（前221），齐王建在秦军面前不战而降，齐亡标志着秦灭掉了六国，最终一统了天下。秦统一后秦王政改称为始皇帝，后世称其次年，为始皇二十七年（前220）。秦始皇北逐匈奴后，占据了原属于匈奴的草原地区，并下令大规模地修筑长城以保护已经获得的这些土地。秦始皇统治期间所筑的长城，除北部阴山长城之外，大多是在利用战国秦、赵、燕三国长城，并在此基础上进行增修扩建，将长城防线连成一线。因其长度超过万里，自此中国长城有了“万里长城”这一称呼。

继秦朝之后，又一次大规模修筑长城的是汉朝。秦末汉初，匈奴趁中原纷乱之际再度强盛起来。到汉武帝时，多次派重兵北击匈奴，并陆续构建了一条东起辽东、西至西域的长城防线。汉长城防御体系是历史上单一朝代长城中最长的一条。

秦汉长城作为农耕与游牧两种经济类型和文化分界线的同时，也是当时这两种经济和文化的交汇线。秦汉长城脚下的关市，诚如西汉贾谊所说“夫关市者，固匈奴所犯滑而深求也，愿上遣使厚与之和，以不得已许之大市……则胡人著于长城下矣”[①]，关市使“匈奴自单于以下皆亲

① ［西汉］贾谊：《新书》之《匈奴·事势》，王洲明、徐超校注：《贾谊集校注（甲编）》，北京：人民文学出版社，1996年，第149页。

汉，往来长城下”[1]。

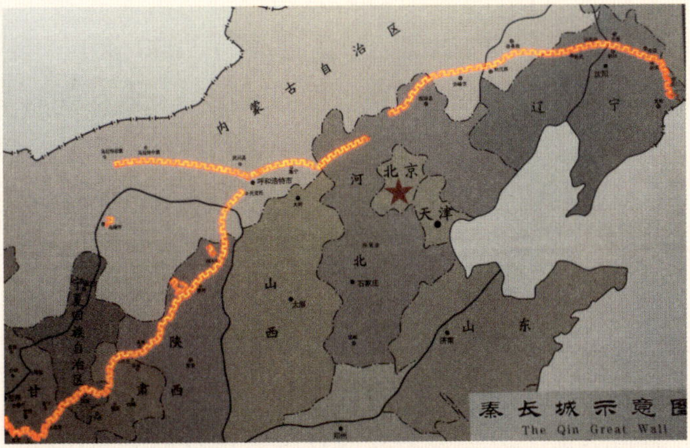

图 8　秦始皇长城走向示意图。人类永远不可能忘却历史，因为人类全体活动构成的历史，联结着无数人类开创的新纪元

秦始皇和汉武帝都是在自己的力量发展到很强大，与长城外边的民族爆发全面战争可能性很低的时候才修建长城。这时候，社会进入全面战争状态的可能性大幅度降低，但局部战争的数量和发生的概率并没有降低，一些局部的战争和冲突甚至可能引起更大的冲突。通过长城的修建，限制局部战争的发生和发展，成为当时政权的重要选择。

根据历史文献记载，修建长城超过万里的朝代有三个：秦朝、汉朝和明朝。其中，秦始皇时修筑的西起临洮、东至辽东的万里长城，汉朝修筑的从西域至辽东的万里长城，都是为了防御游牧的匈奴而修建。

---

① 《史记》卷110《匈奴列传》，北京：中华书局，2008年缩印本，第2904页。

第一节　秦始皇长城不修行不行

秦始皇二十六年（前221），诸侯割据被中央集权的国家政权所取代。秦始皇开启的中央集权制，实行了2000多年。秦始皇统一中国，使中国的政治成熟度，排在了世界的前列。秦开创的中央集权政治体制，使中国文化与其他各国的文化大相径庭。建立全国政权后，秦始皇下令“堕坏城郭，决通川防，夷去险阻”[①]，拆除了春秋战国诸侯国互防长城。

为了防御匈奴，不仅没有拆毁战国时秦、赵、燕三个诸侯国在北方修筑的拒胡长城，而且在这三条长城的基础上，进一步进行连接、修缮，并在某些地段大规模地增筑，形成了一条新的长城，这就是历史上西起临洮，东至辽东的秦始皇万里长城。只有统一的中央集权的王朝，才有能力集中优势资源创造出万里长城的奇迹。

秦始皇对匈奴作战，首先是向北方扩展秦朝的势力，将边疆地区纳入到秦的控制管理之下。其次才是防御草原匈奴人的侵扰，稳定中原地区的社会生产和民众生活，即“列州郡，俾分领焉；置边防，遏戎狄焉”[②]。稳定边疆地区，对巩固其中央集权制统治至为重要。

《史记·秦始皇本纪》记载，秦始皇在琅琊刻石昭功：“六合之内，皇帝之土。西涉流沙，南尽北户。东有东海，北过大夏。人迹所至，无不臣者。”[③]他的雄图大略，既要统一诸夏，还要横扫“四夷”，追求“皇帝之德，存定四极”。[④]这就是“王者无外”[⑤]思想。此时的秦国，向东、南两个方向已经发展到大海，只有北方的农牧交错地带还有发展的空间。因此，沿着赵国和燕国已经发展的路径，向北扩张成

① 《史记》卷6《秦始皇本纪》，北京：中华书局，2008年缩印本，第252页。
② ［唐］杜佑：《通典》卷1，北京：中华书局，1984年，第9页。
③ 《史记》卷6《秦始皇本纪》，北京：中华书局，2008年缩印本，第245页。
④ 《史记》卷6《秦始皇本纪》，北京：中华书局，2008年缩印本，第245页。
⑤ 王维堤、唐书文：《春秋公羊传译注》，上海：上海古籍出版社，2004年，第10页。

为秦始皇的重要选择。

始皇二十七年（前220），秦始皇第一次出巡就选择北部的陇西、北地，出鸡头山（今宁夏泾源北），过回中（今陕西陇县西北）。始皇三十二年（前215），始皇再次出巡，东北至碣石“巡北边，从上郡入”[①]。始皇三十三年（前214）“使蒙恬将三十万众北逐戎狄，收河南”[②]，秦占据了今内蒙古境内河套以南地区。

始皇三十四年（前213），蒙恬率兵渡过黄河，占据了一度被匈奴控制的阴山（今内蒙古大青山）、阳山（今内蒙古狼山）和北假（今内蒙古黄河河套以北、阴山山脉以南的夹山带河地区）等地，将秦王朝北方边疆扩展到黄河北岸，不仅夺回了战国时期赵国修建长城的地方，还向更北发展了。

秦朝对匈奴所实行的军事打击和积极防御相结合的政策，取得了较好成效。蒙恬“威震匈奴”，匈奴单于头曼“不胜秦，北纵”，“不敢南面而望十余年”[③]。对秦始皇用兵匈奴和修筑长城，后人也给予了不同的评论。有的持全面否定的态度，也有持坚决肯定的态度。

这两种相反的观点，比较有代表性的是汉文帝时晁错和汉武帝时王恢。晁错认为：“秦时北攻胡貉，筑塞河上，南攻杨粤，置戍卒焉。其起兵而攻胡、粤者，非以卫边地而救民死也，贪戾而欲广大也，胡功未立而天下乱。”[④]在他看来，秦朝北击匈奴的军事行动，不是为守卫边疆、救民于难，而是为了扩大疆土，结果北方匈奴的问题没解决好，反而使民众陷于水深火热之中，造成社会的大动乱。王莽时的将军严尤，对秦始皇击匈奴建长城也是持反对的态度，他认为秦始皇“不忍小耻而轻民力，筑长城之固，延袤万里，转输之行，起于负海，疆境既完，中国内竭，以丧社稷，是为无策”。

---

① 《史记》卷6《秦始皇本纪》，北京：中华书局，2008年缩印本，第252页。

② 《史记》卷88《蒙恬列传》，北京：中华书局，2008年缩印本，第2565页。

③ ［汉］桓宽：《盐铁论校注》卷8《伐功》，王利器校注，北京：中华书局，1992年，第494页。

④ 《汉书》卷49《晁错传》，北京：中华书局，2008年缩印本，第2283—2284页。

王恢的观点正和晁错相反，他认为："蒙恬为秦侵胡，辟数千里，以河为境，累石为城，树榆为塞，匈奴不敢饮马于河，置烽燧然后敢牧马。夫匈奴独可以威服，不可以仁畜也。"[①]王恢对秦朝出兵北击匈奴和修建长城防御匈奴的举措给予了充分的肯定，并认为对匈奴只能以武力的方法去征服。由此可见，距秦始皇不过一二百年的文臣武将，对于秦始皇时期对匈奴所实施的政策已经褒贬不一。

实际上，秦始皇修万里长城，不是因为国家综合力量不够，军队的力量没有匈奴骑兵强大，而无法继续向北扩张。秦军停下向北进军的脚步，是由于中原农耕经济同北方游牧经济矛盾的特殊性所决定。经济是基础，由于自然环境的制约，向北不能发展农业生产了，秦朝继续向北扩张也就没有意义。

秦始皇知道，秦国在战国各诸侯国中经济力量的雄厚，军事力量的强大，能够消灭六国、平定百越，"鞭笞天下，威振四海"[②]，也可以迫使匈奴远遁漠北。但是，北击匈奴后匈奴仍可能南下。因此，秦始皇最终确定了对匈奴的战略：一方面在军事上严厉打击匈奴，一方面大修长城来巩固边防，确保国家的安全。

一、秦朝修建长城的意志与能力

秦朝北逐匈奴，有保卫内地的意图，也有向北扩张的目的。秦朝建立前后，匈奴人乘中原战乱之机大举南下，重新越过赵国修建的北部长城，占领当时的阴山（今内蒙古大青山）、北假（今内蒙古黄河河套以北、阴山山脉以南地区）、阳山（今内蒙古狼山）以及河南地（今内蒙古鄂尔多斯）。

秦始皇统一中原之时，匈奴人的社会制度完成了由松散的部落向部落联盟的转化。匈奴人的政治领袖——头曼单于，将匈奴的部落联盟发展成政治上更趋于团结的统一体。经过比较稳定的发展，其经济

---

① 《汉书》卷52《韩安国传》，北京：中华书局，2008年缩印本，第2401页。

② ［西汉］贾谊：《新书》之《过秦上·事势》，王洲明、徐超校注：《贾谊集校注（甲编）》，北京：人民文学出版社，1996年，第5页。

实力和军事实力也得到很大的提高。不仅秦朝北部边疆地区笼罩在匈奴的威胁之下，就是关中和咸阳都在匈奴人占领河南地以后，受到了严重的威胁。

关中是秦朝的立国之根本，为秦都咸阳所在区域。完成中原统一大业后的秦始皇，不能允许这种威胁的存在。于是，日渐强大的匈奴，同更加强大的秦朝之间的战争不可避免。秦始皇便把注意力转向了北部边防，开始了北逐匈奴的战略安排，以解除匈奴对秦朝北方造成的严重威胁，保障北部边疆的安全。

秦朝征伐匈奴，对外扩张、开疆拓土的目的也很突出。开土拓疆是秦国一贯不变的传统，始皇伐匈奴，正是这一传统的继承和发扬。雄心勃勃的抱负和好大喜功的性格，决定了秦始皇在实现中原的统一后，要继续对周边地区进行征服和战争。

对于这两点，汉代人早就有认识。汉武帝的重臣严安说，秦始皇伐匈奴是“欲威海外”，“辟地进境”[①]。汉武帝的谋臣主父偃说：“秦皇帝任战胜之威，蚕食天下，并吞战国，海内为一，功齐三代。务胜不休，欲攻匈奴。”[②]汉文帝时的智囊人物晁错说：“（秦始皇）起兵而攻胡、粤者，非以卫边地而救民死也，贪戾而欲广大也。”[③]

秦始皇北征匈奴开始于秦始皇三十二年（前215），蒙恬率30万大军驱逐河套一带的匈奴人，收复战国时赵国的旧地。第二年，又在阴山以南、黄河以东设立九原郡，管辖新设的34个（一说44个）县。秦国建都咸阳，北距匈奴所居河南地不远，一旦北方有警，咸阳就会直接受到威胁。秦始皇要解除后顾之忧，就要迫使匈奴北迁。

恰在此时，“燕人卢生使入海还，以鬼神事，因奏录图书，曰‘亡秦者胡也’”[④]。这或许为正要出师的始皇帝提供了借口，于是，

---

① 《汉书》卷64下《严安传》，北京：中华书局，2008年缩印本，第2811页。
② 《史记》卷112《平津侯主父列传》，北京：中华书局，2008年缩印本，第2954页。
③ 《汉书》卷49《晁错传》，北京：中华书局，2008年缩印本，第2283—2284页。
④ 《史记》卷6《秦始皇本纪》，北京：中华书局，2008年缩印本，第252页。

“始皇使蒙恬将十万之众北击胡，悉收河南地”[①]。《史记》记载：“秦已并天下，乃使蒙恬将三十万众北逐戎狄，收河南。筑长城，因地形，用制险塞，起临洮，至辽东，延袤万余里。”[②]

蒙恬北击匈奴之后，屯兵上郡，秦始皇以太子扶苏为监军，修筑长城，暴师于外十余年。《史记》上又说，始皇三十三年（前214）“西北斥逐匈奴，自榆中并河以东，属之阴山，以为（三）［四］十四县，城河上为塞。又使蒙恬渡河，取高阙、（陶）［阳］山、北假中，筑亭障以逐戎人。徙谪，实之初县”[③]。这一年也是秦朝大规模增筑长城的开始。

榆中在今甘肃兰州市一带。这里的“河”应指黄河，河南岸为阴，北岸为阳，所以“阳山”应指黄河北岸之山，这就是指横贯黄河河套北部地区的狼山山脉。《史记正义》引《括地志》记载：“北假，地名也，在河北。”[④]“河北”即黄河之北，也就是今乌加河之北。

匈奴民族男女老少皆善骑射，骑兵部队攻击力和野战机动力都很强。秦朝以大军出击之时，匈奴则远走遁于草原深处；秦军一撤，匈奴又杀回来袭扰如故。这就是《史记》说的“利则进，不利则退，不羞遁走”[⑤]。守军没有敌军的机动性强，这是防御方面临的很大困难。

秦军又不能在草原地区，长期保持强大的军事压力。秦朝的北部边陲地区受地理环境条件影响，不太适宜于农业耕作，军队筹措粮食很困难。秦朝与匈奴作战，保障全线的安全解决军粮筹措的问题成为首要难题。秦朝对匈奴作战，蒙恬共出动了30万人，所需粮草数量惊人。张连松认为，“北部边疆又无法就地筹措，必须依靠外部调运。当时，秦王朝在关中、中原、西南和东部沿海设立了战略储备粮仓。

---

① 《史记》卷110《匈奴列传》，北京：中华书局，2008年缩印本，第2886页。

② 《史记》卷88《蒙恬列传》，北京：中华书局，2008年缩印本，第2565页。

③ 《史记》卷6《秦始皇本纪》，北京：中华书局，2008年缩印本，第253页。

④ 《史记》卷110《匈奴列传》，北京：中华书局，2008年缩印本，第2887页。

⑤ 《史记》卷110《匈奴列传》，北京：中华书局，2008年缩印本，第2879页。

由于中原为重点控制地区，关中为秦根本，这两地虽距北部较近，但秦王朝未予动用，而是从东部沿海的琅琊仓、黄仓、腄仓调运粮食保障作战”[①]。

秦始皇三十二年（前215）东巡时，特地“巡北边，从上郡入”[②]，视察右北平、渔阳、上谷、代郡（郡治代，今河北蔚县东北）、雁门（郡治善无，今山西右玉县南）、云中（郡治云中，今内蒙古托克托东北）、上郡等北部边防防线以及蒙恬的部队，然后做出“略取河南地”[③]的战略决策。

这一决策表明，秦始皇意识到匈奴势力的强大及其游牧民族的特点，既不可能把他们全部消灭或降服，也不可能实施全线出击，而只能是集中优势兵力，把夺取河南地作为战略目标，以利于确保关中地区的安全；再把匈奴驱逐到阴山以北，恢复赵武灵王所开辟的边地。

秦朝在长期准备的基础上，于秦始皇三十二年（前215）发起对匈奴的猛烈进攻。秦始皇对匈奴的作战部署，是夺取河南地，控制黄河中游大转弯处的黄河南岸，今内蒙古鄂尔多斯高原地区；然后是将战败的匈奴，驱逐到阴山以北更远的荒漠地区。

因为秦军占有较大优势，对匈奴作战进行得很顺利。秦军预先有充分的准备和周密的部署，匈奴方面则几乎没有任何准备。秦军集中主力和精锐部队，步、骑、车等多兵种大兵团协同作战，迅速将分散在河南地的游牧部落击败。驻扎在上郡的蒙恬率主力，迅速北上攻占河套北部地区。

驻守北地、陇西两郡的秦军，也向河套南部地区的匈奴发起了进攻。秦军很快便收复河南地，并向北推进到北河（今乌加河，当时的黄河）南岸，完成了秦朝北征匈奴第一阶段的作战任务，实现了既定的战略目标。

---

① 张连松：《长城、后勤与秦击匈奴之战》，《中国机关后勤》2000年第12期，第33页。

② 《史记》卷6《秦始皇本纪》，北京：中华书局，2008年缩印本，第252页。

③ 《史记》卷6《秦始皇本纪》，北京：中华书局，2008年缩印本，第252页。

秦军夺取河南地后，对匈奴发起新的攻势。这个阶段的作战任务是把匈奴全部驱逐到阴山以北。蒙恬率主力渡河，首先攻占高阙（今内蒙古杭锦后旗东北），然后东下攻占北假（今内蒙古黄河河套以北），将匈奴主力击败。与此同时，另有军队渡河西进，占据贺兰山和今宁夏黄河河套地区。

秦朝对匈奴的作战取得胜利有其历史原因。从秦朝方面来看，已经建立了强大、集权的政权，拥有一支数量众多、兵种齐全、组织严密、装备精良、适应各种地形条件下作战的强大军队，并有巩固的边防作屏障；秦国还有雄厚的人力、物力作保障。从匈奴方面来看，当时匈奴还没有真正建立起强大的政权，也没有真正建立起作战实力可以与秦军相比的军队，其作战方式还没有摆脱原始部落的散兵游勇式作战传统习惯，一旦同有组织的强大秦军相遇，匈奴只能失败后撤。

二、秦朝修建长城的被动与主动

秦根据战略需要在长城地区修建长城，以秦军北征匈奴取得胜利分为两个时期，前后历时12年之久。这两个时期有很大的变化，表现为第一阶段是被动防御，第二阶段是主动进攻并取得胜利之后的主动防御。

第一阶段，从秦始皇二十六年（前221）开始，连接和维修复原秦、赵、燕三国的长城。“地东至海暨朝鲜，西至临洮、羌中，南至北向户，北据河为塞，并阴山至辽东。”[①]从这条文献可知，秦国初期的疆域四至，也可大致了解秦初修建长城的时间及长城的大体走向。

“并阴山至辽东”是指“从河（黄河）傍阴山，东至辽东，筑长城为北界”[②]。秦灭六国之后，立即开始对原赵国北长城和燕国北长城进行维修利用，新筑了赵北长城和燕北长城之间的长城，以便形成完整的防御体系。《秦代军事史》认为：“由于第一阶段的重点任务是

① 《史记》卷6《秦始皇本纪》，北京：中华书局，2008年缩印本，第239页。

② 《史记》卷6《秦始皇本纪》，北京：中华书局，2008年缩印本，第241页。

维修旧长城，新筑部分不多，工程量不大，主要是由蒙恬所率部队和沿边郡县军民完成的，没有大规模动员全国的人力、物力和财力，因而史书上对这段情况的反映比较少。”①

“西至临洮、羌中”，是指在维修战国秦长城的同时，进一步把新修筑长城延伸到羌中。羌中是指羌人居住的地方，即今青海湖以东各处，应该是甘肃省永靖、兰州一带。这也是新筑的一段长城，从狄道沿洮河向西北与黄河相连。

“东至海暨朝鲜”，秦朝的东方边界东临大海，把原燕国长城加以延伸，直到秦朝辽东郡的东南端。1991年《中国文物报》发表了辽宁省鸭绿江畔发现燕秦汉长城东段遗迹的报告②。

“北据河为塞”，指的是原秦国边地长城的东端，战国赵北长城位于阴山西端之间的一段黄河。这一段地方此前从没有修筑过长城，是秦始皇修筑长城的第二个时期修建的段落之一。

秦始皇修建长城的第二阶段，从三十三年（前214）开始，到三十七年（前210）秦始皇死后结束。这次修建长城的任务是以新筑为主，主要有两点：一是“自榆中（今甘肃榆中）并河以东，属之阴山，以为（三）[四]十四县，城河上为塞”③；二是在高阙、阳山、北假一带“筑亭障以逐戎人”④。

《淮南子》上记载：“秦皇挟录图，见其传曰：‘亡秦者胡也。’因发卒五十万，使蒙公、杨翁子将，筑修城，西属流沙，北击辽水，东结朝鲜，中国内郡挽车而饷之。”⑤据《秦代军事史》统计，当时投入修建长城的军队大约有50万人，从内地征发的民夫也大约有50万

① 霍印章：《秦代军事史》，《中国军事通史》，北京：军事科学出版社，1998年，第85页。

② 王德柱：《鸭绿江畔发现燕秦汉长城东段遗迹》，《中国文物报》1991年5月19日。

③ 《史记》卷6《秦始皇本纪》，北京：中华书局，2008年缩印本，第253页。

④ 《史记》卷6《秦始皇本纪》，北京：中华书局，2008年缩印本，第253页。

⑤ 何宁：《淮南子集释（下）》卷18《人间训》，《新编诸子集成》，北京：中华书局，1998年，第1288—1289页。

人，总计投入修筑长城的直接人力不少于100万。[①]

长城并不全是黄土夯筑和石砌的城墙，有的地方可能没有修建连续的墙体，只有烽燧和屯兵小城，有的地方甚至以“树榆为塞”。《汉书》记载“蒙恬为秦侵胡，辟数千里，以河为境，累石为城，树榆为塞”[②]。辛德勇认为，“蒙恬开拓‘河南地’，辟地千里，在从榆中到阴山西端这一漫长河段内，‘以河为境’，并在河畔栽种榆树，作为疆界的标志。这是先秦时期植树于界沟以标识疆界这种制度在秦代的延续”[③]。

长城是蒙恬主持修建。《史记》记载：“始皇二十六年，蒙恬因家世得为秦将，攻齐，大破之，拜为内史。秦已并天下，乃使蒙恬将三十万众北逐戎狄，收河南。筑长城，因地形，用制险塞，起临洮，至辽东，延袤万余里。于是渡河，据阳山，逶蛇而北。暴师于外十余年，居上郡。”[④]

国家长城资源调查认定：现存秦长城遗迹主要留存在内蒙古和宁夏境内。内蒙古自治区境内的秦长城，东起奈曼旗，经敖汉旗、赤峰市松山区、多伦县，西至正蓝旗。[⑤]宁夏回族自治区境内的秦长城，分布于固原市原州区和彭阳县。[⑥]

三、秦北伐及修建长城的负面影响

秦北伐及修建长城，对秦朝乃至中国历史的发展都具有重要的意义。对秦朝的负面影响，也应该给予重视。秦始皇一统天下之后，迫切的任务应该是将国家从战争转换到发展经济上来。“向使秦缓其刑

---

① 霍印章：《秦代军事史》，《中国军事通史》，北京：军事科学出版社，1998年，第86页。

② 《汉书》卷52《韩安国传》，北京：中华书局，2008年缩印本，第2401页。

③ 辛德勇：《张家山汉简所示汉初西北隅边境解析——附论秦昭襄王长城北端走向与九原云中两郡战略地位》，《历史研究》2006年第1期，第26页。

④ 《史记》卷88《蒙恬列传》，北京：中华书局，2008年缩印本，第2566页。

⑤ 《关于内蒙古自治区长城认定的批复》，国家文物局网，2012年6月5日。

⑥ 《关于宁夏回族自治区长城认定的批复》，国家文物局网，2012年6月5日。

罚，薄赋敛，省徭役，贵仁义，贱权利，上笃厚，下智巧，变风易俗，化于海内，则世世必安矣。”[①]然而，秦始皇“任战胜之威”“伐能矜功”[②]，使原本对于国家具有积极意义的北击匈奴，成为给老百姓带来沉重负担的军事行动。

秦始皇“独治海内”所做的一切，以秦朝的统治万世永存为首要目的。独擅天下之利，打破了秦国一直实行的臣民共利的事功传统。秦的旧制是激励民众“战胜守固则有拜爵之赏，攻城屠邑则得其财卤以富家室，故能使其众蒙矢石，赴汤火，视死如生”[③]。统一之后的集权专制的秦朝不再顾及这些，“秦之发卒也，有万死之害，而亡铢两之报，死事之后不得一算之复”[④]。

当所有的民众多有义务、缺少权利的时候，民众的精神面貌就会发生根本的转变。“惟在战国兵争时代，以军功代贵族，秦民力战于外，归犹得觊功赏”[⑤]的状况说明，追求君主“好大喜功”的事功精神丧失了制度支撑和民众基础。随着强势的秦始皇死，高压的统治已经到了极限，秦朝很快出现了“上下瓦解，各自为制”[⑥]的局面。

秦始皇雄才大略是历史的公正评价，好大喜功也是历史事实。秦的徭役、兵役负担沉重。修骊山皇陵，北击匈奴、筑长城都需要大量人力。再加上修建驰道、建筑宫殿以及为保障各类工程而进行后勤的劳动力，秦朝长年在外服役的劳动力有数百万人。

统一六国的战争，已经对中原经济构成很大的损害。在这样的社会背景下北击匈奴修建长城，造成了更大的经济压力，加剧了社会矛盾。战国时各诸侯国修建长城，参与修筑的以本地区的人居多。他们

① 《史记》卷112《平津侯主父列传》，北京：中华书局，2008年缩印本，第2958页。

② ［汉］桓宽：《盐铁论校注》卷19《褒贤》，王利器校注，北京：中华书局，1992年，第242页。

③ 《汉书》卷49《晁错传》，北京：中华书局，2008年缩印本，第2284页。

④ 《汉书》卷49《晁错传》，北京：中华书局，2008年缩印本，第2284页。

⑤ 钱穆：《国史大纲》，北京：商务印书馆，1996年，第127页。

⑥ 《汉书》卷49《晁错传》，北京：中华书局，2008年缩印本，第2296页。

饱受游牧民族抢掠之苦，修筑长城与他们的切身利益有直接的关系；再加上他们属于本地人，受环境等因素影响小，当时修筑长城所遇阻力较小。

秦修建长城要动用大量的劳力，耗费大量的钱谷。为解决劳力不足的问题，秦朝征发了许多内地人。修建长城与他们利益没有密切关系，而且工程艰苦，路途遥远有去无回，所以当时中原没人愿意参与长城的修建是很正常的现象。为解决上述问题，秦朝出台了很多残酷的刑罚。此外，为解决经费的问题，秦朝采取了加征赋税的措施。赋税最重的时候，农民每年收成的2/3要上交。

秦朝短时间内，搞了好几项超大型工程，包括修建长城和秦始皇陵等。工程建设抽调了不少农田劳力，需要上交的赋税量还要增加，农民的生产、生活负担自然加重。再加上需要在短期内完成长城修筑任务之类的要求，就更加重了单位时间内的工程量。

秦二世即位后，政治的残暴程度比秦始皇时有增无减，但其并没有秦始皇时期的统治力度。社会矛盾激化到一定程度，导致陈胜、吴广发起了反秦农民起义战争。这场由中国历史上第一次大规模的平民起义引起的战争，推翻了刚建立不久的秦朝。

秦在立足未稳的情况下，北伐匈奴虽获得成功，但也有失策。站在秦的立场来看，向北扩张及制止匈奴的侵扰固然必要，但如何扩张，选择什么时机向北发展，都须视当时的条件而定。动用大军北伐并修建长城，以对付匈奴的做法存在两个严重的问题：一是操之过急，二是后果不堪设想，按照主父偃的说法是“其势不可也”①。

秦始皇北伐匈奴失之过急，超越了当时的客观条件。春秋以来几百年，“诸侯力政，强侵弱，众暴寡，兵革不休，士民罢敝”②。当时，战国时的兼并战争给社会带来的损伤已经很大了。人们不愿忍受战争的负担，才形成了统一的内在根源，“即元元之民冀得安其性命，莫

① 《史记》卷112《平津侯主父列传》，北京：中华书局，2008年缩印本，第2954页。

② 《史记》卷6《秦始皇本纪》，北京：中华书局，2008年缩印本，第283页。

不虚心而仰上。当此之时，专威定功，安危之本，在于此矣”[①]。长期战争造成了社会经济凋敝，秦始皇忽略了这一因素，兴师北伐匈奴，欲一举解决数百年来的边患，从客观上来看，确实有些操之过急。

秦“北筑长城四十余万”[②]，其时仅河套地区集聚的劳工人数，就有数十万之多。西起临洮、东至辽东，如此巨大的长城工程，即使役使广大民力，也非一时所能完成，其艰难困苦可想而知。司马迁在《史记》中评论蒙恬时说：“吾适北边，自直道归，行观蒙恬所为秦筑长城亭障，堑山堙谷，通直道，固轻百姓力矣。”司马迁接着评论说：“夫秦之初灭诸侯，天下之心未定，痍伤者未瘳，而恬为名将，不以此时强谏，振百姓之急，养老存孤，务修众庶之和，而阿意兴功，此其兄弟遇诛，不亦宜乎！”[③]《水经注》中记载：“秦始皇使蒙恬筑长城，死者相属，民歌曰：‘生男慎勿举，生女哺用脯。不见长城下，尸骸相支拄。’”[④]秦朝法律苛严，犯罪的人不可胜数，为修建长城等大型工程提供了大量的廉价劳动力。

张维华认为：“且秦兴土木之工，往往役使罪人，如阿房宫之役，即用隐宫徒刑者七十余万人，如此，则修筑长城时所役罪人之多，可想见矣。总在伍士兵及戍卒与罪谪计之，当不下数百万人，此诚吾国历史上所罕见者。然犹不止此也，《淮南子·人间训》云：‘秦之时，……发适（亦读若谪）戍，入刍藁。……丁壮丈夫，西至临洮狄道，……北至飞狐、阳原，道路死者以沟量。’此言修筑长城所需挽输饷糈刍藁之士，为数亦不为少，而其劳瘁穷困之情形，亦至可悯。”[⑤]

---

① ［西汉］贾谊：《新书》之《过秦中·事势》，王洲明、徐超校注：《贾谊集校注（甲编）》，北京：人民文学出版社，1996年，第10页。

② 《后汉书志》卷19《郡国一》，北京：中华书局，2008年缩印本，第3388页。

③ 《史记》卷88《蒙恬列传》，北京：中华书局，2008年缩印本，第2570页。

④ ［北魏］郦道元：《水经注校证》卷3《河水》，陈桥驿校证，北京：中华书局，2007年，第77页。

⑤ 张维华：《中国长城建置考（上编）》，北京：中华书局，1979年，第131—132页。

秦始皇修筑长城“共12年之久”[①]，不知有多少人死在筑长城的工地上，耗费的钱财物资，更是难以统计。秦北伐匈奴操之过急，给秦朝社会带来了很大的负面影响。后世的很多政治家，以史为鉴，认为北伐匈奴并修建长城也是造成强大的秦朝很快崩溃的原因之一。他们认为秦的北伐匈奴，给秦朝带来的负面影响甚至多于其正面效果。

贾谊在《过秦论》中对于秦始皇的统治多有指责，但对北伐匈奴一事却给予了赞许：“却匈奴七百余里，胡人不敢南下而牧马，士不敢弯弓而报怨。”[②]面对30万秦兵，匈奴躲避秦军的锋芒或北去或西往，对于进退无常、迁徙不定的游牧民族说来这是常事，根本谈不上什么军事力量的损失。在蒙恬的军事行动下，秦朝除了占领匈奴部分的住牧地外，并没有其他更多的收获。秦朝从匈奴手里收回了河南地，“终不能逾河而北”[③]，即便过了黄河向北继续征伐，最后依然是无获而归。道理很简单，“匈奴地形技艺与中国异”[④]，秦兵无法在草原深处立足，只好“宿兵于无用之地，进而不得退”[⑤]。

为了保护既得利益，秦朝又采取了构筑长城防线的具体防御措施。由于长城沿线地段这一带“地固泽卤，不生五谷”，几十万驻军、筑城人的粮食供应无法就地解决，全要仰仗于内地，“使天下蜚刍挽粟，起于黄、腄、琅琊负海之郡，转输北河”[⑥]。秦朝从位于山东境内的黄、腄、琅琊三大仓向北河一带运粮草，转输距离至少有1000千米。运粮草的队伍需穿越华北平原，翻越太行山或秦岭，经黄土高原，进入内蒙古高原抵达北河。途中至少两次横渡黄河，在运输条件落后的秦朝，其艰难程度可想而知。

---

① 霍印章：《秦代军事史》，《中国军事通史》，北京：军事科学出版社，1998年，第83页。

② ［西汉］贾谊：《新书》之《过秦上·事势》，王洲明、徐超校注：《贾谊集校注（甲编）》，北京：人民文学出版社，1996年，第5页。

③ 《史记》卷112《平津侯主父列传》，北京：中华书局，2008年缩印本，第2954页。

④ 《汉书》卷49《晁错传》，北京：中华书局，2008年缩印本，第2281页。

⑤ 《汉书》卷64《严安传》，北京：中华书局，2008年缩印本，第2811—2812页。

⑥ 《史记》卷112《平津侯主父列传》，北京：中华书局，2008年缩印本，第2954页。

秦朝建立统一王朝后，社会矛盾仅十来年就激化到顶点。这是秦朝政治、经济、文化、军事诸方面残暴统治的结果。其中，招致社会矛盾迅速激化的最突出因素是徭役和刑法。徭役之所以繁重，很大程度上是因为背上了北伐匈奴和后期大兴土木的沉重包袱。秦为了保护从匈奴手里夺回的河南地，不得不动员数十万人修筑长城，不得不派大军戍守北河。

上百万丁壮被征发去对付匈奴，使秦朝在全国范围内动摇了生产，破坏了生活的安宁，激起了民众的反抗。《盐铁论》中直接指出：“秦所以亡者，以外备胡、越而内亡其政也。夫用军于外，政败于内。”[①]秦朝对内残暴统治，对外大举兴兵，违背了久战之余民众休养生息的愿望，也超越了当时经济、军事条件之可能，导致了脆弱的新生政权走向毁灭。

四、汉代对匈奴的进攻与防御选择

汉朝在中国，有着其他朝代都不能比的地方。中国的主体民族是汉族，历史上一直被称为汉人。中国的文字，也叫作汉字。汉民族在秦汉时期早已具备了共同语言文字，其经济生活和文化心理趋同，逐渐形成了统一的地域。

范文澜认为秦汉时期汉民族的共同地域“就是长城之内的广大疆域”[②]。秦汉之际农耕民族在共同抵御游牧民族的过程中发展起来，把秦汉长城放在民族学上考察，可以说是汉民族形成的标志。

中国历史上修筑过长城的王朝中，汉朝修建长城最长，东起辽东，经阴山、河西走廊，向西至渠犁（今新疆库尔勒）。汉长城除防御作用之外，在中华文明发展历程中也起到了重要的作用。首先不断地把北部和西部的草原文化渐次输入内地，另外沿着丝绸之路，佛

① ［汉］桓宽：《盐铁论校注》卷7《备胡》，王利器校注，北京：中华书局，1992年，第445页。

② 范文澜：《试论中国自秦汉时成为统一国家的原因》，《历史研究》1954年第3期，第19页。

教、基督教等宗教从亚欧大陆的中西部传向东方。中华农耕文化的文明，也是经由汉长城地区向欧亚大陆的中部和西部输出。

汉朝是当时世界上最大的帝国之一，人口约5000万，同时期欧洲的人口约3000万。汉朝吸收秦朝的教训，实行了郡县制和分封制并存的制度，王国和郡县有所间隔。随着经济的恢复，人口的增加，实力强大的诸侯王国联合起来会威胁到王朝的统治。汉景帝前元三年（前154）以吴王刘濞为中心的七个刘姓宗室诸侯，因不满朝廷削减他们的权力，兴兵造反的“七国之乱”就是证明。为了解决问题，汉武帝实行了“推恩令”，限制和削弱了日益膨胀的诸侯王势力，强化了中央集权制。

汉朝修建的长城防御对象是匈奴。汉朝疆域辽阔，与周边各族的关系有友好往来，也有兵戎相见。在两汉的400多年历史上，不少政治家、军事家都提出或运用长城防御体系，加强边防。匈奴的骑兵大都是利用秋高马肥的季节，抢掠汉朝边境地区后就立即退走。匈奴的进攻大都是“盗边”“寇边”，遇汉军主力就会立即撤回本土，一般不在汉王朝的地域与汉军作战，更很少有主动与汉军主力在中原或边境地区打仗。汉王朝征伐匈奴则不分季节，多乘匈奴内乱或自然灾害时发起进攻。

汉朝北方需要进行防御的地域太大，虽然汉朝民众远多于匈奴，但仅依靠兵力无法对过长的农牧交错地带进行有效的防御。所以，修建长城还是有效可行的防御手段。晁错对汉匈双方做过很客观的分析，而且后世评价汉匈关系多引用晁错的观点：

> 夫卑身以事强，小国之形也；合小以攻大，敌国之形也；以蛮夷攻蛮夷，中国之形也。今匈奴地形、技艺与中国异。上下出阪，出入溪涧，中国之马弗与也；险道倾仄，且驰且射，中国之骑弗与也；风雨罢劳，饥渴不困，中国之人弗与也；此匈奴之长技也。若夫平原易地，轻车突骑，则匈奴之众易扰乱也；劲弩长戟，射疏及远，则匈奴之弓弗能格

也；坚甲利刃，长短相杂，游弩往来，什伍俱前，则匈奴之兵弗能当也；材官驺发，矢道同的，则匈奴之革笥木荐弗能支也；下马地斗，剑戟相接，去就相薄，则匈奴之足弗能给也；此中国之长技也。以此观之，匈奴之长技三，中国之长技五。陛下又兴数十万之众，以诛数万之匈奴，众寡之计，以一击十之术也。①

冒顿单于统治时期，冒顿对汉朝的进攻并不是想推翻汉朝政权，只是掠夺汉边疆地区的财富和民众。匈奴视战争为生活常态，生存就要战斗，狩猎是同野兽搏斗。与其他游牧部族争夺生存空间，对农耕民族抢掠财富，都是生存的必需行为。匈奴骑兵的抢掠并非只是针对中原，对其周边的其他游牧民族也是不断掠扰。但这些游牧部族都很小，可供匈奴抢掠的资源有限，匈奴为获得更多的抢掠收获，便将抢掠对象确定为汉朝的边地，这也是一种很正常的现象。

汉王朝修建长城，对抗匈奴这种经常性的抢掠事件，成为汉朝管理边疆的措施。汉朝边疆政策的制定和完善，对后世起到了较大的影响作用。这些治边政策有三项内容：一是利用不同民族原有的统治机构和首领，以便减少管理的对抗性，维持长城地区的稳定；二是给予长城之外民族自治的权利，朝廷在行政甚至军事上都不干预其内部事务；三是在经济上给予边疆民族地区一定程度的照顾，除免除赋税徭役外，还要给予一定数量的经济资助。汉北征匈奴并修建长城，给游牧民族造成了极大的伤害。

遭受汉朝军队沉重打击的匈奴，远遁到大草原深处，以至于汉军到草原都无法找到作战对象。在汉武帝元鼎六年（前111），“遣故太仆公孙贺将万五千骑出九原二千余里，至浮苴井，从票（骠）侯赵破奴万余骑出令居数千里，至匈奴河水，皆不见匈奴一人而还”②。班固

① 《汉书》卷49《晁错传》，北京：中华书局，2008年缩印本，第2281页。

② 《史记》卷110《匈奴列传》，北京：中华书局，2008年缩印本，第2912页。

就曾说过：“边长老言匈奴失阴山之后，过之未尝不哭也。”[1]

东汉时，防御设施沿用西汉所建的长城，只是东汉初期为防匈奴修筑亭障、烽燧之事甚多，但多属局部的补充。如建武十二年（36）、十三年（37）杜茂修筑飞狐口至大同之间的城障列亭。光武之后，由于南匈奴内附、北匈奴西徙，汉朝的北境相对安宁，就没有再修筑长城了。

① 《汉书》卷94下《匈奴传下》，北京：中华书局，2008年缩印本，第3803页。

第二节 汉长城的修建价值与意义

汉长城形成的整个过程，大体可分三个阶段。第一阶段发生在汉武帝修筑长城以前；第二阶段发生在汉武帝远征匈奴之后；第三阶段发生在东汉时期。汉长城的构筑，除借助自然天险构筑起坚固而连绵的墙垣外，还特别注重障、坞、燧、关等各种设施与墙体的互相配合。从战略和战术上来看，汉长城是按照汉王朝的既定战略修建。从具体修建来看，汉朝因袭秦朝修建长城的指导思想，“因地形，用制险塞”[①]，“因边山险，堑溪谷”[②]，因地制宜，就地取材。在汉朝，坞、壁建筑在长城建筑防御体系上有了较大的发展。这些建筑与长城墙体形成有机的整体，使整个长城防御体系更加完善。

国家长城资源调查认定：现存汉长城遗迹分布在辽宁、内蒙古、河北、山西、宁夏、甘肃、新疆等地。

辽宁省内汉长城分布于丹东市振安区、凤城市、新宾满族自治县、抚顺县，抚顺市东洲区、顺城区、新抚区，沈阳市东陵区、皇姑区、沈北新区，黑山县、北镇市、凌海市、义县、建平县。[③]

内蒙古自治区内汉长城主线东起喀喇沁旗，经宁城县、兴和县、察哈尔右翼前旗、丰镇市、凉城县、卓资县、察哈尔右翼中旗，呼和浩特市赛罕区、新城区，武川县、固阳县、乌拉特前旗、乌拉特中旗、乌拉特后旗、磴口县、阿拉善左旗、阿拉善右旗，西讫额济纳旗；汉长城达拉特旗段分布于鄂尔多斯市达拉特旗；汉长城鄂托克旗—乌海段东起鄂托克旗，经乌海市海南区，西讫海勃湾区；汉代当路塞分布于呼和浩特市新城区、武川县、土默特左旗、固阳县，包头市石拐区、昆都仑区；汉外长城东起武川县，经固阳县、达尔罕茂明

① 《史记》卷88《蒙恬列传》，北京：中华书局，2008年缩印本，第2565页。

② 《汉书》卷94上《匈奴传上》，北京：中华书局，2008年缩印本，第3748页。

③ 《关于辽宁省长城认定的批复》，国家文物局网，2012年6月5日。

安联合旗、乌拉特中旗，西迄乌拉特后旗。[①]

河北省内汉长城东起平泉县，经承德县、承德市双桥区、鹰手营子矿区、兴隆县、双滦县、隆化县、围场满族蒙古族自治县、滦平县、丰宁满族自治县、沽源县、赤城县、崇礼县，西迄张北县。[②]

山西省内汉长城东起天镇县，经左云县，西迄右玉县。[③]宁夏回族自治区内汉长城分布于固原市原州区和彭阳县。[④]甘肃省内汉长城东起永登县，经天祝藏族自治县、古浪县、威武市凉州区、民勤县、金昌市金川区、永昌县、山丹县、张掖市甘州区、林泽县、高台县、金塔县、玉门市、瓜州县，西迄敦煌市。[⑤]

新疆维吾尔自治区内有两条汉代烽燧线。南线分布于若羌县和且末县。北线东起若羌县，经尉犁县、轮台县、和硕县，西迄库车县。[⑥]

一、西汉初年修缮秦长城

西汉建立至武帝即位前夕（前206—前141）共65年的时间，为汉朝修筑长城的第一阶段。这时建设的重点是北边诸郡，汉高祖刘邦建立政权时便着手局部修缮并利用秦长城。汉朝为了医治战争创伤、恢复社会经济，实行了与民休养生息的政策。在对待匈奴的问题上，汉朝采取维持现状的对策，但对北边诸郡和长城防御都极重视。当时汉政权刚建立，统治未稳，社会经济凋敝，劳动力不足，财政匮乏，尚无足够的力量抗拒匈奴。刘邦在平城白登山（今山西大同东北）被冒顿40万骑围困，不得不遣使贿赂单于之妻阏氏以求脱围。随后的60余年中，汉朝在边防上奉行南抚北守、以防为主的战略思想。在加

① 《关于内蒙古自治区长城认定的批复》，国家文物局网，2012年6月5日。

② 《关于河北省长城认定的批复》，国家文物局网，2012年6月18日。

③ 《关于山西省长城认定的批复》，国家文物局网，2012年6月18日。

④ 《关于宁夏回族自治区长城认定的批复》，国家文物局网，2012年6月5日。

⑤ 《关于甘肃省长城认定的批复》，国家文物局网，2012年6月5日。

⑥ 《关于新疆维吾尔自治区长城资源认定的批复》，国家文物局网，2012年6月18日。

强防御的同时，对匈奴采取和亲政策，每年向匈奴赠送巨额的钱粮物资，但匈奴仍时常冲入原秦昭王长城抢掠。

汉高祖元年（前206），刘邦掌握了中原地区的控制权后，为巩固他的后方，补筑陇西郡的“河上塞”——秦长城。第二年，汉朝修缮了战国秦长城和秦始皇长城。对这次修建长城一事，《史记》记载比较简单：“于是置陇西、北地、上郡、渭南、河上、中地郡；关外置河南郡。更立韩太尉信为韩王。诸将以万人若以一郡降者，封万户。缮治河上塞。”①

在这段时间里，汉高祖还修筑了辽东故塞。《史记》上说：“汉兴，为其远难守，复修辽东故塞，至浿水为界，属燕。”②浿水即今朝鲜半岛上的大同江，是辽东郡的东南界。秦长城的终止点碣石就在今大同江入海口北面的滨海之地。汉朝建立之后，因为东北部地区离中央区域远，难以防守，于是重新修复辽东的秦长城，一直到浿水为界。修复后的辽东故塞归燕国管辖。燕国的初封者是异姓诸侯臧荼，继封者是卢绾，都不同程度地对秦长城进行过重新缮修。

二、文景时期汉匈的进攻与防御

文帝登基之后，为了缓和与匈奴的冲突，遣使给匈奴书：“先帝制：长城以北，引弓之国，受命单于；长城之内，冠带之室，朕亦制之。”③文帝希望汉匈双方，能够继续在和亲的条件下，维持正常的交往。匈奴虽然同意了汉文帝的主张，但南下扰掠中原的事情仍然不断发生。如文帝三年（前177），匈奴右贤王入居河南地，侵上郡。文帝六年（前174），冒顿死，子稽粥立，号老上单于，汉又遣宗室女为单于阏氏。

老上单于时期，匈奴对汉长城地区的抢掠有所升级，到了文帝十四年（前166），老上单于甚至亲自率领14万骑攻入长城。匈奴骑

① 《史记》卷8《高祖本纪》，北京：中华书局，2008年缩印本，第369页。

② 《史记》卷115《朝鲜列传》，北京：中华书局，2008年缩印本，第2985页。

③ 《史记》卷110《匈奴列传》，北京：中华书局，2008年缩印本，第2902页。

兵在朝那（今宁夏固原东南）、萧关（今宁夏固原东南）等地抢掠，杀了北地都尉，烧了回中宫（今陕西陇县西北）。汉朝在当时的情况下，还是进行了几次重大的防御战争。但以当时的经济和军事力量，只是“令边备守，不发兵深入”[①]，只是将单于逐出塞外。此后，匈奴不断入边，集中在云中、上郡、辽东一带。

汉文帝立即做好了防御准备。以周舍、张武为将军，率战车千乘、骑兵10万，部署在长安附近，防备匈奴进攻长安。封卢卿为上郡将军，魏遬为北地将军，周灶为陇西将军，分别率军驻守三郡。以张相如为大将军，董赤、栾布为将军，率军迎击匈奴。文帝亲自慰劳军队，训练约束队伍，赏赐吏卒，并准备亲征，为皇太后阻止。匈奴入塞侵掠月余，退走。汉军追至长城边塞，一无所获而归。

以后数年，匈奴连年攻扰汉朝边境地区，杀掠人畜，云中（治今内蒙古托克托东北）、辽东（治今辽宁辽阳）两郡受害很深，数年之间每郡被掠杀的民众有万余人。汉朝被逼无奈，在文帝后元二年（前162）再次与匈奴和亲。

文帝后元六年（前158），匈奴老上单于已死，继位的军臣单于以3万骑兵攻入上郡（治今陕西榆林东南），另以3万骑兵侵入云中，大肆杀掠。警报传到长安后，汉文帝紧急任命了一批将领戍守长城地区重要地段。

汉景帝前元三年（前154），吴王刘濞发动七国之乱。赵王刘遂在起兵反叛之前，曾秘密派人到匈奴，与军臣单于商定，待七国起兵之时，同匈奴联合出兵进攻汉朝。吴、楚起兵后，胶着于梁地，未能挺进关中。匈奴犹豫观望，没有轻易出兵。3个月后，叛军主力吴、楚联军被消灭。7个月后，越王在邯郸兵败自杀，七国之乱彻底平定，匈奴也因此放弃了乘机入侵的企图。

匈奴虽未乘七国之乱南下，但对西汉的威胁仍然存在。汉景帝在实力不及的情况下，不得不继续与匈奴实行和亲政策。景帝时期，匈

---

① 《汉书》卷4《文帝纪》，北京：中华书局，2008年缩印本，第135页。

奴几次侵扰汉地：景帝中元二年（前148）二月，匈奴侵入燕地（今北京市）；中元六年（前144），匈奴侵入雁门郡（治今山西右玉南），到达武泉（今内蒙古呼和浩特东北）。同时，匈奴攻掠上郡（治今陕西榆林东南），抢劫苑马，汉军吏卒2000人战死。

就在这一次攻掠中，上郡太守李广率百余骑兵远离大军数十里，遭遇匈奴千余骑兵。李广令从人解鞍下马，匈奴以为是诱兵之计，不敢进击。此外，李广还射杀匈奴一白马将，相持一日一夜，匈奴骑兵终于退走。景帝后元二年（前142）三月，匈奴再次入侵雁门，太守冯敬战死，景帝增发车骑、材官屯驻雁门，加强守备。

汉初至文景之治期间的和亲，虽没有杜绝匈奴入侵，但汉匈双方没有发生大规模的征战，这为汉朝畜养马匹、发展骑兵、增强边防实力争取了时间。汉朝经过长时期的积累，同匈奴力量的对比正在发生变化。经过一番经营，汉朝国力强盛，而且经平定异姓、同姓诸王割据势力后，中央统治空前巩固。于是，在战争与和亲的政策选择上，朝中主战派逐渐占上风。

三、汉武帝对匈奴征战及修建长城

汉武帝时期，汉朝经过几十年的休养生息，已经是“国家亡事，非遇水旱，则民人给家足，都鄙廪庾尽满，而府库余财。京师之钱累百巨万，贯朽而不可校。太仓之粟陈陈相因，充溢露积于外，腐败不可食”[1]。国内的形势稳定了下来，中央集权统治得到了进一步稳固，也就有实力考虑调整对匈奴的战略。汉朝由消极防御转入主动进攻，就是在此背景下进行。

元光二年（前133），武帝首次召集公卿研究他要改变对匈奴的政策，要对匈奴用兵的想法，他说：“朕饰子女以配单于，币帛文锦，赂之甚厚，单于待命加嫚，侵盗无已。边境数惊，朕甚悯之。今欲举

① 《汉书》卷24《食货志上》，北京：中华书局，2008年缩印本，第1135页。

兵攻之，如何？”[1]这样的问题，汉武帝多次向大臣们提出过。他也进一步阐述过自己的意见：“夷狄无义，所从来久。间者匈奴数寇边境，故遣将抚师。”[2]“今中国统一，北地未安，朕甚悼之。”[3]他还曾坚定地说：“汉家庶事草创，加四夷侵陵中国，朕不变更制度，后世无法；不出师征伐，天下不安。”[4]汉武帝的做法，说明了他对要对匈奴实行战略反攻的想法持慎重的态度。在讨论的时候，朝廷中也出现了“主战”与“言和”两种意见。

汉朝，大行是古代接待外国宾客的官吏，相当于现在的外交官吏。大行王恢是坚决支持汉武帝，力主反击匈奴的代表人物。他认为：“汉与匈奴和亲，率不过数岁即背约，不如勿许，举兵击之。”[5]他认为，在已经有条件解决问题的时候，就应该下决心采取行动。他指出：“今以陛下之威，海内为一，天下同任，又遣子弟乘边守塞，转粟挽输，以为之备，然匈奴侵盗不已者，无它，以不恐之故耳。臣窃以为击之便。……夫匈奴独可以威服，不可以仁畜也。今以中国之盛，万倍之资，遣百分之一以攻匈奴，譬犹以强弩射且溃之痈也，必不留行矣。”[6]

御史大夫韩安国属于不同意用兵，主张继续以和亲的方式，维持和匈奴的关系的代表人物。他的理由也很充分，他说：“千里而战，即兵不获利。今匈奴负戎马足，怀鸟兽心，迁徙鸟集，难得而制。得其地不足为广，有其众不足为强，自上古弗属。汉数千里争利，则人马罢，虏以全制其敝，势必危殆。臣故以为不如和亲。”[7]他还以汉高祖开辟和亲之路获得和平，汉文帝对匈奴用兵却毫无所获，最后又回到和亲的路上来为例，劝说汉武帝对匈奴采取军事行动一定要慎重。

---

① 《汉书》卷52《韩安国传》，北京：中华书局，2008年缩印本，第2399页。
② 《汉书》卷6《武帝纪》，北京：中华书局，2008年缩印本，第165页。
③ 《汉书》卷6《武帝纪》，北京：中华书局，2008年缩印本，第173页。
④ 《资治通鉴》卷22《汉纪十四》，北京：中华书局，2011年，第736页。
⑤ 《汉书》卷52《韩安国传》，北京：中华书局，2008年缩印本，第2398页。
⑥ 《汉书》卷52《韩安国传》，北京：中华书局，2008年缩印本，第2394页。
⑦ 《汉书》卷52《韩安国传》，北京：中华书局，2008年缩印本，第2398页。

韩安国说："臣闻高皇帝尝围于平城，匈奴至者投鞍高如城者数所。平城之饥，七日不食……故乃遣刘敬奉金千斤，以结和亲，至今为五世利。孝文皇帝又尝一拥天下之精兵聚之广武常溪，然终无尺寸之功，而天下黔首无不忧者。孝文寤于兵之不可宿，故复合和亲之约。此二圣之迹，足以为效矣。臣窃以为勿击便。"①

韩安国所反复强调的不应该对匈奴用兵的理由，也确实有其客观性："且匈奴，轻疾悍亟之兵也，至如飙风，去如收电，畜牧为业，弧弓射猎，逐兽随草，居处无常，难得而制。"②"今将卷甲轻举，深入长驱，难以为功；从行则迫胁，衡行则中绝，疾则粮乏，徐则后利，不至千里，人马乏食。"③

主战派从维护汉朝的长久利益出发，充分肯定对匈战争。言和派则持否定的态度，认为战争劳民伤财，不会有好结果。最后汉武帝采纳、支持了主战派的建议，确定了伐胡、拓疆的战略决策。对匈奴用兵的目的非常明确，解除外部威胁只是一方面，更重要的是拓展其北方疆域版图。

汉武帝发起的对匈奴的全面战争，连续在东从辽东的右北平，西至天山的车师的广泛区域内打击匈奴。在取得一定的胜利之后，更是向北发展到从河套越过阴山，直抵大漠以北匈奴的王庭的军事打击。从元光六年（前129）至征和三年（前90），汉朝前后用了近40年的时间，投入总兵力累计超过了百万。在前后有影响的10多次重大战役中，起决定性作用的战役有3次，每次大战役之后都在新的控制地域修建了长城。

第一次北击匈奴并修建长城是元朔二年（前127）。匈奴进攻上谷、渔阳，汉武帝为了争取主动，采取胡骑东进、汉骑西击的方针，派卫青等率领的主力部队，由云中（今内蒙古呼和浩特西南）出发，沿黄河河套北岸西进，至高阙后折而向南，大破匈奴军，尽收河南之

① 《汉书》卷52《韩安国传》，北京：中华书局，2008年缩印本，第2399—2400页。

② 《汉书》卷52《韩安国传》，北京：中华书局，2008年缩印本，第2401页。

③ 《汉书》卷52《韩安国传》，北京：中华书局，2008年缩印本，第2402页。

地。元光五年（前130）夏在第一次北击匈奴前三年，汉武帝“发卒万人治雁门阻险”[①]。颜师古注《汉书》时分析：“所以为固，用止匈奴之寇。”[②]这是汉朝对北击匈奴所做的准备工作。真正较大规模地修筑长城当属元朔二年（前127），“卫青复出云中以西至陇西，击胡之楼烦、白羊王于河南，得胡首虏数千，牛羊百余万。于是汉遂取河南地，筑朔方，复缮故秦时蒙恬所为塞，因河为固”[③]。

汉武帝第二次北征匈奴并修建长城是元狩二年（前121）。骠骑将军霍去病率军打败了匈奴右贤王主力之后，匈奴在河西的势力瓦解，河西一带遂全为汉朝所据。为巩固河西走廊边陲的安全，汉武帝修筑了由今甘肃省永登县至酒泉的长城。关于这次修长城，《汉书》载：“而汉始筑令居（今甘肃永登）以西，初置酒泉郡，以通西北国。”[④]臣瓒在注释时强调：“筑塞西至酒泉也。”[⑤]这也是汉武帝第二次较大规模修筑长城。

第三次北征匈奴是在元狩四年（前119）。卫青、霍去病各率5万骑兵，长驱直入分别深入到漠北，有效打击了匈奴。这次卫青、霍去病率部远出长城2000余里，大破匈奴，“匈奴远遁，而幕南无王庭”[⑥]。至此，作为匈奴南进战略基地的阴山山脉被汉朝控制。

汉朝通过三次北征匈奴的战争基本解决了匈奴的威胁问题。汉武帝夺取河南地之后，随即设郡实边，“募民徙朔方十万口”[⑦]。只有移民来的人，在长城地区扎下根，这个地区才能稳定下来。

汉武帝第三次较大规模地修筑长城，是元鼎六年（前111）至元封元年（前110）间所筑由酒泉西至玉门关段长城。这段长城大体沿疏勒河畔修筑，遇到湖泽、碱滩等天险地段或有间断。这些地方的塞

---

① 《汉书》卷6《武帝纪》，北京：中华书局，2008年缩印本，第164页。
② 《汉书》卷6《武帝纪》，北京：中华书局，2008年缩印本，第164页。
③ 《史记》卷110《匈奴列传》，北京：中华书局，2008年缩印本，第2906页。
④ 《汉书》卷61《张骞传》，北京：中华书局，2008年缩印本，第2694页。
⑤ 《汉书》卷61《张骞传》，北京：中华书局，2008年缩印本，第2694页。
⑥ 《汉书》卷94上《匈奴传上》，北京：中华书局，2008年缩印本，第3770页。
⑦ 《汉书》卷6《武帝纪》，北京：中华书局，2008年缩印本，第170页。

墙或以双重的粗石板垒起，填以砾石，或用沙砾与石子以牢牢压实，与芦苇枝、红柳枝条黏结在一起。

汉武帝第四次较大规模地修筑长城是李广利伐大宛之后。《史记·大宛列传》载："于是天子以故遣从骠侯破奴将属国骑及郡兵数万，至匈河水，欲以击胡，胡皆去。其明年，击姑师，破奴与轻骑七百余先至，虏楼兰王，遂破姑师。……王恢数使，为楼兰所苦，言天子，天子发兵令恢佐破奴击破之，封恢为浩侯。于是酒泉列亭障至玉门矣。"①

从太初元年（前104）至太初四年（前101）间，修筑由玉门至新疆罗布泊的长城，"而敦煌置酒泉都尉；西至盐水，往往有亭"②。《汉书》中载："自贰师将军伐大宛之后，西域震惧，多遣使来贡献，汉使西域者益得职。于是自敦煌西至盐泽，往往起亭，而轮台、渠犁皆有田卒数百人，置使者校尉领护，以给使外国者。"③根据《史记》的记载，汉贰师将军李广利伐大宛之役始于太初元年，终于太初四年。④这段长城亦当建于此时间或稍后。汉朝在这一段修建了一系列烽燧，基本上未见墙体。

汉长城的防御重点在北部和西部地区。匈奴控制的中心区域，原来是河套地区，后来移向西北地带。汉武帝对匈奴作战之后，匈奴远退到漠北。汉元帝时期，呼韩邪单于曾上书朝廷，提出愿意在长城地区为汉朝"保塞上谷以西至敦煌"⑤。汉元帝征询大臣们的意见，郎中侯应提出不可罢边的理由时，曾提到"北边塞至辽东"⑥的情况。《汉书》还明确记载了赵充国奉命考察北方后的奏章内容："窃见北边自敦煌至辽东万一千五百余里，乘塞列隧有吏卒数千人，虏数大众攻之

① 《史记》卷123《大宛列传》，北京：中华书局，2008年缩印本，第3171—3172页。
② 《史记》卷123《大宛列传》，北京：中华书局，2008年缩印本，第3179页。
③ 《汉书》卷96上《西域传上》，北京：中华书局，2008年缩印本，第3873页。
④ 《史记》卷123《大宛列传》，北京：中华书局，2008年缩印本，第3174—3178页。
⑤ 《汉书》卷94下《匈奴传下》，北京：中华书局，2008年缩印本，第3803页。
⑥ 《汉书》卷94下《匈奴传下》，北京：中华书局，2008年缩印本，第3803页。

而不能害。”[①]

在汉武帝大规模反击匈奴的战争中，粗略统计，匈奴被斩被俘加降汉内附之众，多达20万人。匈奴被迫退出河套地区、河西走廊等草木茂盛、宜于畜牧的地区后，畜牧业受到严重影响。所以匈奴人哀叹：“亡我祁连山，使我六畜不蕃息；失我焉支山，使我妇女无颜色。”[②]

汉朝在阴山南修建长城关塞，屯兵并移民屯田。匈奴节节败退之后，被长城阻挡在阴山以北，环境更加恶劣的大沙漠地带。匈奴虽不甘心，却也没有力量对汉长城沿线发动进攻，只好选择对汉朝妥协，以期换来好一点的生存条件。

匈奴单于表示愿意恢复与汉朝的和亲，汉武帝认为匈奴不可信，断然拒绝了处于劣势地位的匈奴和亲要求。此后，双方的关系依然是敌对的，但因实力悬殊基本上没有再发生过大规模的军事冲突。此时，经过长年的对匈奴作战，西汉王朝国力也消损非常大，很难维持对匈奴的军事高压。汉武帝为了缓解内部矛盾，采取了停止对匈奴大规模征战的政策。

由汉武帝元狩二年至武帝太初四年历经20年，打通了2000里的河西走廊，并沿路筑起烽燧亭障，以保障这条被后世称为“丝绸之路”的交通大道畅通无阻。汉长城的修建也非常的困难，修建在盐泽、居延及阴山以北高原戈壁中的汉长城，其海拔高度均在1500米左右。这里并没有充足的山石，施工时多以沙土夯筑。由于内蒙古西部、甘肃北部和新疆东部正是气候干旱区域，筑城所需水源亦很缺乏。“从盐泽和居延段的土坯芦苇而建造的烽火台中可以看出，由于水的限制，事先在有水之处加工好土坯，然后再运来垒砌而成。所以，在缺水或无水的荒漠上修筑长城，其工程量要比一般夯筑长城更为巨大。从汉长城的地理位置和总长度，可以联想到它所耗费的人力

① 《汉书》卷69《赵充国传》，北京：中华书局，2008年缩印本，第2989页。

② 李昉等：《太平御览》卷50《地部十五·祁连山》，北京：中华书局，1985年，第244页。

财力。”[①]

四、西汉北伐和修长城的负面影响

汉武帝征伐匈奴、修建长城的策略虽然获得了成功，却也付出了沉重的代价，对社会发展也产生了一些负面影响。汉武帝本人很清楚他所推行的征战和修建长城等一系列军事行动，耗费了巨大的国力，造成了民生凋敝。于是，他发布了轮台诏，检讨这方面的过失。[②]

汉长城由于距离农耕生活中心区域很远，工程量巨大，加之当时生产力水平相对较低，交通不畅，施工过程中不得不动员庞大的人力和其他资源。“卒徒筑治，功费久远，不可胜计。”[③]汉朝在文景时期所积存的国库储备被汉武帝用尽，而且还不够，又任用桑弘羊实行盐铁垄断专卖，出卖爵位，允许以钱赎罪，通过一系列与民争利的措施聚拢资源，应对征讨匈奴和修筑长城而出现的财政空虚。

长城的修筑和守卫，需要大量人力，汉武帝就下令从中原地区徙百万之众到边地。中原民众被从非常熟悉的生活环境中，强迫迁移到苦寒之地，不仅生活很不习惯，还要负担筑守长城的劳役。当时大规模的人口迁徙政策，破坏了中原地区民众的生活秩序，加剧了社会矛盾。

在汉武帝时期，征伐匈奴和修筑长城使用了全国之力，造成了国库空虚，民生困苦，这与秦始皇时期有很大的相似之处。晚年的汉武帝意识到了危机的严重性，下达罪己诏检讨过失，并且调整了政策，抚慰了人心，一定程度上挽回了局面。及时调整战略，避免负面影响的扩大是汉武帝“有亡秦之失而免亡秦之祸”[④]的主要原因。

---

① 白音查干：《长城与汉匈关系》，《内蒙古师大学报（哲学社会科学版）》1998年第6期，第66页。

② 《汉书》卷96下《西域传下》，北京：中华书局，2008年缩印本，第3912—3914页。

③ 《汉书》卷94下《匈奴传下》，北京：中华书局，2008年缩印本，第3804页。

④ 《资治通鉴》卷22《汉纪十四》，北京：中华书局，2011年，第758页。

征和四年（前89）颁布的“罢轮台屯田诏”削减了部分民众的负担，使其不必背井离乡从事劳役。昭帝及宣帝时期，继续推行汉武帝后期的做法，以赈贷农民、减免田租等手段，休养生息。通过整顿吏治，安定民生，使汉朝社会生产获得恢复发展。可是，所谓的昭宣中兴并没有从根本上改变西汉王朝的衰落之势。综合来看，长城抵御了匈奴武装的进攻，保护了中原地区社会生活。不过征讨匈奴和筑守长城，给中原民众带来的负担，以及对中原地区经济造成的破坏也是巨大的。

汉武帝在他的“轮台诏”中阐述了修筑长城和屯戍给民众带来的沉重负担：“前有司奏，欲益民赋三十助边用，是重困老弱孤独也。而今又请遣卒田轮台。”而“轮台西于车师千余里”，这样的工程显然不能轻易发动。汉武帝进而叙述了此前汉军征战西域时遭遇的困难：“前开陵侯击车师时，危须、尉犁、楼兰六国子弟在京师者皆先归，发畜食迎汉军，又自发兵，凡数万人，王各自将，共围车师，降其王。诸国兵便罢，力不能复至道上食汉军。汉军破城，食至多，然士自载不足以竟师，强者尽食畜产，羸者道死数千人。联发酒泉驴、橐驼负食，出玉门迎军。”艰难的军事供应，就已经令汉军难以应对了。

汉武帝为自己轻启战事自责，他说：“吏卒起张掖，不甚远，然尚厮留其众。曩者，朕之不明，以军候弘上书言：匈奴缚马前后足，置城下，驰言‘秦人，我匄若马’，又汉使者久留不还，故兴遣贰师将军，欲以为使者威重也。”

长期生活在荒漠草原上的匈奴人，也拥有自己的优势。《汉书·匈奴传》记载，匈奴常言“汉极大，然不能饥渴，失一狼，走千羊”。即便匈奴被汉军击败，也会令汉军付出非常大的代价。待贰师将军李广利兵败，将士们或是战死，或是被俘，四散逃亡，汉武帝都记忆犹新。“今请远田轮台，欲起亭燧，是扰劳天下，非所以忧民也。今朕不忍闻。”就是在这样的情况下，“大鸿胪等又议，欲募囚徒送匈奴使者，明封侯之赏以报忿，五伯所弗能为也”。汉武帝不愿意为了出击匈奴，而再次轻启战端。

这个时候，长城边塞的防务也还存在问题。“今边塞未正，阑出不禁，障候长吏使卒猎兽，以皮肉为利，卒苦而烽火乏，失亦上集不得，后降者来，若捕生口虏，乃知之。”所以并不是使用武力的最好时机，“当今务在禁苛暴，止擅赋，力本农，修马复令，以补缺，毋乏武备而已。郡国二千石各上进畜马方略补边状，与计对”。“由是不复出军。而封丞相车千秋为富民侯，以明休息，思富养民也。”针对中原经济社会矛盾突出、民生艰难的情况，汉武帝决定放弃强势出击的做法。

五、东汉修建长城及其影响

东汉光武即位之后，西域处于相对稳定的地区。东汉先关闭了玉门关，接着又逐渐废弃了西域的长城亭障。继而又缩减沿边郡县，内徙幽并。建武二十六年，南匈奴内附，分置缘边西河、北地、朔方、五原、云中、定襄、雁门、代八郡，置使匈奴中郎将于西河美稷，以为护卫镇服。乌桓内徙，分置上谷以东近边各地，置乌桓校尉于上谷宁城。游牧民族纷纷内迁，西汉时用于军事防御的长城，在很多地方已经失去其作用，便没像西汉时期那样大规模修建长城等防御工程。

东汉初期，也还是利用了汉武帝时期修建的北部长城。当时政治、经济、军事形势都不允许对匈奴大规模用兵。匈奴虽然经常侵扰汉朝的北边诸郡，光武帝刘秀出于社会安定的需要，决定对匈奴采取守势，并尽可能地利用秦朝和西汉修筑的长城。

建武元年（25），匈奴将数千骑迎立标榜自己是汉室正宗的卢芳为“汉帝”，匈奴骑兵很快进入安定（郡治高平），光武帝拜苏竟为代郡太守，“使固塞以拒匈奴”[①]。建武五年（29），时匈奴数次进入长城，抢掠渔阳郡等地，渔阳太守郭伋“整勒士马，设攻守之略，匈奴畏惮

① 《后汉书》卷30《苏竟传》，北京：中华书局，2008年缩印本，第1041页。

远迹，不敢复入塞"[①]。这个时期，东汉对匈奴基本上是采取较为被动的应付方式。

建武六年（30），匈奴遣使洛阳朝献，汉光武帝则派中郎将韩统"报命，赂遗金币，以通旧好。而单于骄踞，自比冒顿，对使者辞语悖慢，帝待之如初"[②]。建武十二年（36），卢芳与匈奴、乌桓联合侵扰汉朝边民，东汉又"遣骠骑大将军杜茂将众郡施刑屯北边，筑亭候，修烽燧"[③]。建武十四年（38），汉遣扬武将军马成"缮治障塞，自西河（今山西西边一段黄河地的称谓）至渭桥（今陕西咸阳东），河上（今陕西高陵）至安邑（今山西安邑），太原至井陉（今山西太原至河北井陉西），中山（今河北定县）至邺（今河北临漳）皆筑堡壁，起烽燧，十里一候"[④]。

建武二十一年（45）秋，东汉派伏波将军马援"将三千骑出高柳，行雁门、代郡、上谷障塞"[⑤]，至此，东汉将高柳、雁门、代郡、上谷西北的居延、胪朐（今蒙古国境内克鲁伦河）等地的烽堠、障塞连接起来。

建武二十二年（46），乌达鞮侯继父位后不久即死，其弟蒲奴继立为单于，《后汉书》称之为北单于。呼韩邪单于之孙日逐王比，因未被立为单于"既怀愤恨"[⑥]，建武二十四年（48），日逐王比被其所管辖的匈奴八部大人，拥立为单于，《后汉书》称之为南单于。匈奴自此分为南、北两个政权，东汉政权通过支持一方打击一方，削弱了匈奴的实力。

蒲奴单于即位初，境内旱、蝗灾连年发生，"赤地数千里，草木尽枯，人畜饥疫，死耗大半"[⑦]。日逐王比与汉秘谈"内附"，并将匈

---

① 《后汉书》卷31《郭伋传》，北京：中华书局，2008年缩印本，第1091页。
② 《后汉书》卷89《南匈奴列传》，北京：中华书局，2008年缩印本，第2940页。
③ 《后汉书》卷1《光武帝纪》，北京：中华书局，2008年缩印本，第60页。
④ 《后汉书》卷22《马成传》，北京：中华书局，2008年缩印本，第779页。
⑤ 《后汉书》卷24《马援传》，北京：中华书局，2008年缩印本，第842页。
⑥ 《后汉书》卷89《南匈奴列传》，北京：中华书局，2008年缩印本，第2942页。
⑦ 《后汉书》卷89《南匈奴列传》，北京：中华书局，2008年缩印本，第2942页。

奴地图献于汉廷，被立为单于。日逐王比“以其大父尝依汉得安，故欲袭其号。于是款五原塞，愿永为蕃蔽，捍御北虏”①。为缓和内忧外患的局面，蒲奴单于遣使汉廷请求和亲。

建武二十五年（49），东汉经济、军事实力得以恢复，遂出击北匈奴获胜。“北单于震怖，却地千里”②，南单于始终与东汉保持较好的关系，“遣使诣阙，奉藩称臣，献国珍宝，求使者监护，遣侍子，修旧约”③。建武二十六年（50），东汉中郎将出使南匈奴，南单于“伏拜受诏”后，令译者转告汉使说：“单于新立，诚惭于左右，愿使者众中无相屈折也。”④

南匈奴单于迁居长城地区“列置诸部王，助为捍戍”⑤后，北匈奴面临着东汉更为严重的威胁。自光武帝末至明帝初，北匈奴“比年贡献”⑥，屡次寻求与汉朝和亲。对此，东汉王朝认为：“南单于新附，北虏惧于见伐，故倾耳而听，争欲归义耳。”⑦永平十六年（73），明帝派兵出击北匈奴，北匈奴在无力抵抗汉军的情况下，“闻汉兵来，悉度漠去”⑧。

北匈奴受南匈奴、鲜卑与西域的夹击，又遇严重饥荒、蝗灾，政权在长城外的控制力越来越弱，先后有数十批大臣率部降于东汉。如汉章帝建初八年（83），北匈奴三木楼訾大人稽留斯等率领38000人至五原塞，请降于汉。此时的北匈奴“衰耗，党众离叛，南部攻其前，丁零寇其后，鲜卑击其左，西域侵其右，不复自立，乃远引而去”⑨。和帝永元三年（91），汉将耿夔、任尚于金微山（今阿尔泰山）击败北

① 《后汉书》卷89《南匈奴列传》，北京：中华书局，2008年缩印本，第2942页。
② 《后汉书》卷89《南匈奴列传》，北京：中华书局，2008年缩印本，第2943页。
③ 《后汉书》卷89《南匈奴列传》，北京：中华书局，2008年缩印本，第2943页。
④ 《后汉书》卷89《南匈奴列传》，北京：中华书局，2008年缩印本，第2943页。
⑤ 《后汉书》卷89《南匈奴列传》，北京：中华书局，2008年缩印本，第2945页。
⑥ 《后汉书》卷89《南匈奴列传》，北京：中华书局，2008年缩印本，第2947页。
⑦ 《后汉书》卷89《南匈奴列传》，北京：中华书局，2008年缩印本，第2946页。
⑧ 《后汉书》卷89《南匈奴列传》，北京：中华书局，2008年缩印本，第2949页。
⑨ 《后汉书》卷89《南匈奴列传》，北京：中华书局，2008年缩印本，第2950页。

匈奴，“北单于逃走，不知所在”[1]。

在东汉的保护下南匈奴避免受北匈奴的威胁，故和汉王朝保持着较好的关系。如章和二年（88）七月，单于上书窦太后即说：“臣等生长汉地，开口仰食，岁时赏赐，动辄亿万，虽垂拱安枕，惭无报效之（义）[地]。”[2]为此，他还主动请求参与东汉对北匈奴的军事行动。东汉在对北匈奴的战争中获得全胜，北匈奴在漠北无法立足，被迫西迁。从此，掀起了世界范围内的一个大迁徙。大量匈奴人进入欧洲，凭借其军事实力，迅速建立起军事强国，称霸欧洲。

国外学者认为，这些进入欧洲的匈奴人与中国北境的匈奴人被迫离开草原有关。中国学者通常认为，统治欧洲百年的匈奴人是89年被汉将窦宪击败后，西迁至中亚西部的北匈奴后裔。这些匈奴人在中亚各国文献中均无明确的记载，而中亚考古资料中尚未发现匈奴西迁至里海和咸海地区的证据。

北匈奴西迁后发展强大起来的阿提拉帝国，对欧洲历史发展及社会变革产生了重大的影响。魏蕴华、张汉伟的《匈奴的西迁及其在欧洲历史上的作用》指出匈奴在西迁进入欧洲后，不仅推动了欧洲的民族大迁徙，而且加速了欧洲古典奴隶制的瓦解，也促进了欧亚文化的融合。[3]

---

① 《后汉书》卷23《窦宪传》，北京：中华书局，2008年缩印本，第818页。

② 《后汉书》卷89《南匈奴列传》，北京：中华书局，2008年缩印本，第2952页。

③ 魏蕴华、张汉伟：《匈奴的西迁及其在欧洲历史上的作用》，《辽宁师范大学学报》1987年第4期，第79页。

第四章

建长城不是汉民族的专利

很多人都误以为，长城全是汉民族修建以防御少数民族。中国古代有很多长城，并不是汉民族修建，而是成为农耕地区统治者的少数民族政权，修建以防御更北边游牧民族的侵扰。

少数民族统治者修建长城，最初发生在南北朝，一直到金朝修建长城防御蒙古。这个历史时期是中国历史上民族大融合时期之一，其中不少朝代修建过长城。中国古代不同政权分治的情形，与罗马帝国崩溃后的情况非常相似。不同的是中国重新走向了各民族大融合，而欧洲则走向了彻底的分裂。

图9　北京怀柔西水峪长城

隋唐时期，再次大统一后实行了比较开明的民族政策。民族间经济文化交流，民族融合都得到新的发展。宋元时期是中国古代又一个民族大融合的高峰，其中元朝更为突出。虽然元政权也实行民族分化政策，但客观上元朝的统一使民族融合得到了进一步加强。

在中国历史上不乏游牧民族越过长城，成为中原的统治者。这些进入农耕地区的游牧政权，同样有着控制草原的愿望。但除了蒙古族建立的元朝之外，其他游牧民族得到农耕地区之后，很快就失去了对大草原的控制，继而被后起的游牧民族侵扰甚至取代。

南北朝时期，相继统治北方的北魏、东魏、北齐和北周，都是鲜卑或鲜卑化汉人所建政权。因为受到草原地区的柔然、突厥等的威胁，不断地修筑长城。特别是北齐历史虽不长，修筑长城的规模却比较大，次数也比较多。

南北朝到金代的长城与秦汉长城相比，有两个较大的特点：一是长城多数都是少数民族统治的王朝所修筑，北魏、北齐和金代修筑长城的规模都还很大；二是长城因为不同的政权所辖区域变化很大，长城修建的位置也随之发生了很大的变化。

民族大融合时期的发展史中与南北朝和辽金相比，隋唐是一个特殊的时期。隋、唐这两个大一统王朝在中古时期具有承前启后的历史地位，又是中国政治、经济、文化繁盛的朝代。这两个王朝，一个大规模地修建了长城，另一个虽然也在长城区域构建了军事防御体系，但基本上没有怎么修建长城。

隋朝统一了中原，结束了南北朝的分裂局面，仍未能解决突厥、契丹、吐谷浑扰掠的问题，因而继续采取修筑长城的办法来提高防御能力。唐朝建立后，没有大规模修长城而是在原有长城区域设置了一系列屯兵的城堡。

北宋长城雁门关一线，一度成为宋、辽分疆而治的界线。北宋修缮并利用了局部的隋长城，增建烽火台和屯兵堡。北宋曾在潼关修过规模不大的长城，范致虚从金人手里夺潼关后，“起潼关迄龙门，所筑仅及肩”[①]。

辽、金势力南下后，长城地区为他们据有，南北政权对峙的防线已经不在长城沿线。金统治中国北方超过一个世纪，统治期间曾经大量修筑金界壕。金界壕是中国长城

---

① 《宋史》卷362《范致虚传》，北京：中华书局，2008年缩印本，第11328页。

中靠北的一条，也是中国少数民族统治时期修筑最长的长城。

西夏也曾修建长城。内蒙古自治区曾组织长城调查队开展对西夏长城的调查与考证。他们认为，内蒙古西夏长城遗址分布在巴彦淖尔市与阿拉善盟地区，依托于西夏时期的几大军司而建，其功能是为防御蒙古和金国的进攻。[①]

成吉思汗率领蒙古军攻打西夏时，经过兀剌海西关口攻入西夏。元太祖四年（1209），“由黑水城北兀剌海西关口入河西”[②]。“兀剌海西关口”中的“兀剌海”在西夏语中意即“长城上的通道”，因此，成吉思汗入西夏的位置，应该是西夏黑山威福监军司的统治中心斡罗海城（兀剌海）遗址处。斡罗海城位于阴山以北，为通往黄河通道上的军事要塞。2013年5月国务院公布其为第七批重点文物保护单位。[③]

蒙古族兴起之后，相继灭掉了西夏、金和南宋，建立了统一的元朝。长城南北的农耕和草原地区实现了统一，没有修建长城的必要，所以元基本上没有修建长城。蒙古统治者内部的南北势力之争，使得元朝也在长城防御区的重要关隘设防。

---

① 王大方：《内蒙古西夏长城要塞遗址成为第七批区保单位》，《中国文物报》2013年11月22日。

② 清高宗敕撰：《续文献通考》卷236《舆地八》，《万有文库》第二集，上海：商务印书馆，民国二十五年（1936），第4725页。

③ 王大方：《内蒙古西夏长城要塞遗址成为第七批区保单位》，《中国文物报》2013年11月22日。

第一节　如何理解北朝长城的修建

北朝诸国修筑的长城，在长城史上占有极其重要的地位，这一点是由北朝在历史上的地位所决定。范文澜认为："北朝和南朝南北对立。北朝和北境外强国也是南北对立。这些北境外强国都是处在原始社会末期，向奴隶社会发展，以掳掠人口和财物为专业的游牧国家，对北朝的威胁是严重的。北朝对南朝要攻、守、和、战兼施，对北境外强国也要攻、守、和、战兼施，所以北朝的处境比较复杂。"①

汉代之后，先秦至两汉修建长城的区域多数成为少数民族的统治范围，长城失去其保卫中原农耕经济的政治和军事意义，大规模的长城修筑活动由此停止。北魏、东魏、北齐、北周等北朝政权，一直有修建长城防御体系的需要。从4世纪末至6世纪末的近200年间，北朝诸国不断地修筑长城。

北魏太武帝于太延五年（439），结束了北方长期分裂的局面。北魏虽然完成了黄河流域的统一，面临的边疆形势依然相当严峻。从北魏开始，南北朝时期的部分政权又修筑了一些长城来防御来自更北方的威胁。

北魏永熙三年（534），北魏政权发生了分裂，形成东魏和西魏。此时，北方的突厥与契丹等先后崛起。为了应对军事威胁，东魏政权在武定元年（543），于"肆州北山"构筑长城，"西自马陵戍，东至土隥，四十日罢"②。古肆州在今山西忻州北。东魏构建此长城的目的，应该是强化对西北重镇晋阳（今山西太原西南）的防御。

北齐文宣帝高洋也组织构筑了长城。在天保六年（555）"发夫一百八十万人筑长城"③。自天保三年（552）到天保七年（556）间，"前后所筑东西凡三千余里，率十里一戍，其要害置州镇，凡二十五

---

① 范文澜：《中国通史》第2册，北京：人民出版社，1978年，第621—622页。

② 《北史》卷6《齐本纪上》，北京：中华书局，2008年缩印本，第228页。

③ 《北齐书》卷4《文宣帝纪》，北京：中华书局，2008年缩印本，第61页。

所"[1]。这条工程量巨大的长城防线，与北魏相比向南有所收缩，位于今山西北部到河北北部，西端起自黄河，东端抵海。

北齐天保八年（557），文宣帝再下令"于长城内筑重城，自库洛拔而东至于坞纥戍，凡四百余里"[2]。此复线长城大致在晋阳西北。用以支持这种猜测的是：东魏与北齐时期均把晋阳作为西北部防御重点，晋阳同时还是高氏一族的根据地。所以，当北周灭掉北齐以后，由于突厥攻击并州（治晋阳），就在大象元年（579）"发山东诸州民，修长城"[3]。

一、鲜卑人越过长城建立政权

东汉末年皇权逐渐衰落，随之而起的是军阀混战群雄割据。当时各种势力都把力量投放到对中原和江南区域的角逐中，很难抽出足够的精力顾及北部长城地区的防御。在这种情况下，游牧民族逐渐向南迁移，越过长城进入农耕地区。东北区域由契丹和高句丽占据，正北方和西北部分区域为柔然族据有，西域部分区域受吐谷浑控制。这种局势一直发展到鲜卑拓跋部，成立北魏政权并统一北方才有所改变。

（一）北魏修建长城防御的是谁？

北魏（386—534）是鲜卑族建立的政权，为北朝的第一个王朝。拓跋鲜卑是东胡人后裔，他们的祖先是农耕政权修建长城进行防御的对象之一。当他们的统治区域以农耕经济为主体时，逐渐强大起来的柔然族（蠕蠕）时常南下攻扰。为此，北魏政权就依照先前中原王朝的做法，在其北境以构筑长城的形式强固防御力量。同时，积极采取军事行动对柔然实施军事打击。

泰常八年正月丙辰"蠕蠕犯塞。二月戊辰，筑长城于长川之南，

---

① 《北齐书》卷4《文宣帝纪》，北京：中华书局，2008年缩印本，第63页。

② 《北齐书》卷4《文宣帝纪》，北京：中华书局，2008年缩印本，第64页。

③ 《周书》卷7《宣帝纪》，北京：中华书局，2008年缩印本，第120页。

起自赤城，西至五原，延袤二千余里，备置戍卫”①。此长城起自今河北省的赤城，向西至内蒙古自治区五原县境，限制了柔然的南进，也切断了柔然地区同中原的经济往来。

北魏始光元年（424），柔然率6万骑兵攻破长城，攻陷今内蒙古和林格尔县北部的盛乐。为了较好地解决柔然南下的问题，北魏连续两年大举北伐，将柔然驱赶到漠北。始光三年（426），拓跋焘在西巡五原阴山后，又东巡长川，并在此建马射台，亲自登台观看兵马演练。文成帝兴安二年（453）七月也曾在都城南郊建造马射台②。

神䴥二年（429），北魏再度北伐，大破柔然，并将投附的部族安置在大漠以南、长城以北的大草原上。“列置新民于漠南，东至濡源，西暨五原阴山，竟三千里。”③北魏利用大规模的长城修筑和武力征伐，力图实现了对北部边疆的有效防御和控制。

北魏政权的前期，把都城建在平城（今山西大同市东北郊）。出于建设都城及其北部区域（今内蒙古中部）的需要，鲜卑政权将战争过程中掳掠来的人口都安置在内蒙古中部，使这片地广人稀的区域人口急剧增多。

长城建起来之后，并没有彻底解决散居在北方草原柔然势力的威胁。延兴二年（472）二月，“蠕蠕犯塞。太上皇帝次于北郊，诏诸将讨之。虏遁走”④。延兴二年“十月，蠕蠕犯塞，及于五原。十有一月，太上皇帝亲讨之，将度漠袭击。蠕蠕闻军至，大惧，北走数千里。以穷寇远遁，不可追，乃止”⑤。这些史料说明，北魏泰常八年修

---

① 《魏书》卷3《太宗纪》，北京：中华书局，2008年缩印本，第63页。

② ［清］觉罗石麟等监修，［清］储大文等编纂：《山西通志》卷58《关隘七》，《景印文渊阁四库全书》，台北：商务印书馆，1983年，第57—58页。书中记载：马射台有三：一在陂西，太宗永兴二年幸陂西马射台讲武教战；一在南郊，高宗兴安二年七月筑马射台于南郊；一在长川，世祖始光三年，上亲登台观走马，王公诸国君以下驰射中者，赐各有差。

③ 《魏书》卷4上《世祖纪上》，北京：中华书局，2008年缩印本，第75页。

④ 《魏书》卷7《高祖纪上》，北京：中华书局，2008年缩印本，第136页。

⑤ 《魏书》卷7《高祖纪上》，北京：中华书局，2008年缩印本，第137页。

筑长城以后，柔然仍然不断侵扰北魏。

北魏太武帝时，为了防御柔然的入侵，在长城以北设置了六个军镇。分兵据守的军事聚落，作为屏障任务是确保都城平城的安全。北魏很重视这六个军事重镇的建设，其高级将领均为皇帝亲信贵族，配属的镇兵大多为拓跋鲜卑族人。作为防御柔然南下掳掠、拱卫都城和保卫王朝北部疆域的军事力量，六镇在北魏的军事、政治生活中享有突出的地位。六镇部队也拥有较高的待遇，如来自朝廷的褒奖和免除赋税徭役的特殊优待。

柔然民族为南北朝时期活动在蒙古草原上的少数民族，势力强盛时其疆域“西则焉耆之地，东则朝鲜之地，北则渡沙漠、穷瀚海，南则临大碛”[①]。柔然族雄踞漠北地区，崛起后就成了北魏进取中原的后顾之忧。而同时，北魏政权也是柔然南进的妨碍。柔然族时常袭击北魏的北方边境，北魏政权也发兵北伐，甚至帝王亲征或巡边。北魏政权重视北部边防而设立六镇，不仅在控制北部区域和防止柔然族的入侵方面起到了作用，也为给北魏政权向南方进攻解除了后顾之忧。北魏发生六镇之变后，政权走向没落，于永熙三年（534）分裂成东魏和西魏。

国家长城资源调查认定：现存北魏长城遗迹分布在内蒙古自治区和河北、山西省境内。内蒙古自治区境内的北魏长城分为多段，通辽段分布于库伦旗；六镇长城南线段东起商都县，经察哈尔右翼后旗、察哈尔右翼中旗、四子王旗，西讫达尔罕茂明安联合旗；六镇长城北线段东起四子王旗，经达尔罕茂明安联合旗，西讫武川县；乌拉特前旗段分布于乌拉特前旗。[②]河北省境内只在万全县发现有北魏长城遗址。山西省境内天镇县发现有北魏长城遗址，其他的地方均未发现有遗址遗存。[③]

---

① 《魏书》卷103《蠕蠕列传》，北京：中华书局，2008年缩印本，第2291页。

② 《关于内蒙古自治区长城认定的批复》，国家文物局网，2012年6月5日。

③ 《关于河北省长城认定的批复》，国家文物局网，2012年6月18日。《关于山西省长城认定的批复》，国家文物局网，2012年6月18日。

（二）北魏畿上塞围是长城吗？

北魏政权于太武帝拓跋焘太平真君七年（446）六月，修筑了畿上塞围。《魏书》记载，六月“丙戌，发司、幽、定、冀四州十万人，筑畿上塞围。起上谷，西至于河，广袤皆千里”[1]。北魏构筑的这条长城，是为了守卫其都城平城（今山西大同东北）。畿上塞围即保卫都城的塞围。北魏政权的都城，于太武帝时设在平城（今山西大同市东郊），至孝文帝太和十八年（494）迁至洛阳。

修建畿上塞围的工程，当时并未按计划完成，在第二年（447）的二月，就停止了畿上塞围的修建工作，《魏书》只记“罢塞围作”[2]四字。畿上塞围处于平城的南方，泰常八年修筑的长城处于平城的北方，一南一北两道长城屏护着平城。所以南边的这道长城叫作畿上塞围。

畿上塞围行经之处，大多为险峻山岭，很多地段可以利用山险，减少修筑长城的工程量。这也是古人修筑长城时，择取行经线路的通常做法。山西省境内部分地段的北魏长城有些在明朝时曾被加以改造沿用，变成了明边墙的一部分。这成为当前很难找到畿上塞围遗迹的一个因素。

有观点认为畿上塞围应该是环绕都城平城而修建的，存在南北二线，其北线经居庸关向西北，过河北张家口、山西晋北、内蒙古乌兰察布市南部及呼和浩特市所属和林格尔县、清水河县，抵达黄河东岸。可是，平城的北部事先已存在泰常长城作为防御屏障，应该没有再次修筑北线塞围的必要。

北魏建国之后，面临的最急迫问题是什么？毫无疑问是如何处理鲜卑政权同汉族、汉族士大夫的关系。其次，才是如何处理与分布在北方各地的其他胡族的关系。拓跋鲜卑过去与这些胡族的关系很浅，基本不怎么熟悉这些胡族。随着北魏的强大和控制的地域越来越大，

① 《魏书》卷4下《世祖纪下》，北京：中华书局，2008年缩印本，第101页。

② 《魏书》卷4下《世祖纪下》，北京：中华书局，2008年缩印本，第102页。

臣服于鲜卑统治的胡族各部落越来越多，处理好与这些胡族的统治与被统治关系，就显得越来越重要。

北魏修筑畿上塞围，与防御卢水胡、吐京胡相关。卢水胡活动在今陕西北部，吐京胡活动在今山西南部，属于匈奴族，也称山胡。北魏太平真君六年（445）九月，卢水胡盖吴在杏城（今陕西延安黄陵）宣布起义，“诸种胡争应之，有众十余万”[①]，自称天台王、秦地王，“署百官”[②]。吐京胡也同时起事，“阻险为盗”[③]。北魏政权出于防卢水胡与吐京胡向北威胁平城的考虑，因而组织修筑了畿上塞围。

太平真君七年（446）太武帝亲征，至长安，取得了平叛胜利，归途中于三月“分军诛李润叛羌”[④]。这次战争是专门镇压卢水胡人的战争，以卢水胡遭到杀戮，沮渠氏遭受灭族而告终。这场战争的大胜，或许也是北魏停止继续建造畿上塞围工程的原因之一。但此后，也还不断有胡族反叛。太平真君八年（447）北魏吐京胡和山胡酋长曹仆浑等起事反叛。二月，北魏征东将军武昌王拓跋提等人前去讨伐。[⑤]

二、北魏之后，东魏也修建长城

东魏（534—550）为北魏分裂出来的割据政权。东魏政权虽仅历时17年，其建立之后也修建了长城。东魏的防御对象，依然是被称为蠕蠕的柔然和奚人。在另外的方向，也防御西魏。

东魏武定元年（543）八月，“齐献武王召夫五万于肆州北山筑城，西自马陵戍，东至土隥。四十日罢”[⑥]。齐献武王就是高欢。东魏时期的肆州治九原，《元和郡县图志》中记载忻州的建置沿革说：“后魏宣武帝又于今州西北十八里故州城移肆州理此，因肆卢川为名也。隋

① 《资治通鉴》卷124《宋纪六》，北京：中华书局，2011年，第3978页。
② 《北史》卷2《魏本纪》，北京：中华书局，2008年缩印本，第58页。
③ 《魏书》卷4下《世祖纪下》，北京：中华书局，2008年缩印本，第101页。
④ 《魏书》卷4下《世祖纪下》，北京：中华书局，2008年缩印本，第100页。
⑤ 《资治通鉴》卷125《宋纪七》，北京：中华书局，2011年，第2994页。
⑥ 《魏书》卷12《孝静纪》，北京：中华书局，2008年缩印本，第306页。

开皇十八年改置忻州，因州界忻川口为名也。”[1]东魏的肆州就是隋唐的忻州。这段长城是从西南到东北的走向，防御的目标是西魏。东魏和西魏之间常发生战争冲突，为在战争中获得防御优势，东魏在两国交界处营建起长城。

武定三年修建的长城，《北齐书》中有记载。武定三年（545）十月，高欢认为：“幽、安、定三州北接奚、蠕蠕，请于险要修立城戍以防之，躬自临履，莫不严固。”[2]高欢对这段防御柔然和奚人的长城修筑工程很重视，亲临实地检查工程质量，以保障这条长城的质量。

东魏初，幽、定二州已经直接面对奚和柔然等少数民族区，其北境大抵在太行山、军都山一线。武定三年（545）所筑防御奚、柔然的城戍，大致应该在太行山、军都山脉，只是今天尚未发现有相关遗址遗存。武定六年（548），担任相国的高欢长子高澄，从晋阳出发巡视这道防线，曾对戍守军队给予赏赐。山西省长城考察组对东魏长城进行了实地勘察，认为“东魏肆州长城位于宁武、原平两地，后为北齐天保七年之前所筑长城利用”[3]。该段长城大体呈东西走向，现存遗迹的长度为60余千米。

北京门头沟区王平镇河北村有东魏武定三年（545）的摩崖石刻，上面的字体很清楚，共有4行，49个字。此处摩崖石刻内容为：“大魏武定三年十月十五日，平远将军、海安太守筑城都使元勒，又用夫一千五百五人，夫十人，乡豪都督三十一人，十日讫功。”[4]

这块摩崖石刻记载了东魏在此驻军并修筑长城。据门头沟区文物保管所顾大勇调查，石刻所在的山坡上，还依稀存有夯土墙基的痕迹。他认为，石刻文中的“城”与“斩山筑城”的“城”均指修建

① ［唐］李吉甫撰：《元和郡县图志》卷14《河东道三》，贺次君点校，北京：中华书局，1983年，第400页。

② 《北齐书》卷2《神武帝纪下》，北京：中华书局，2008年缩印本，第16页。

③ 国家文物局主编：《中国文物地图集：山西分册（上）》，北京：中国地图出版社，2006年，第10页。

④ 碑文录自摩崖拓片，现石刻处已立文物保护碑。

长城，是门头沟境内迄今为止发现的、最早修筑长城的有文字记录的实物遗存。

国家长城资源调查认定：现存东魏长城遗迹分布在山西省宁武县境内。①

三、北齐修建长城发寡妇以配军士

北齐（550—577），东魏权臣次子高洋篡东魏帝位所建。高洋建立北齐之后，多次组织修建长城。北齐从建国到灭亡，虽然只有短短的28年历史，却非常重视修筑长城。其原因有两个，一是北方有来自突厥、柔然、契丹等游牧民族的威胁，二是西面防御北周政权。

《北史》中还记载这次修长城的另一件事："天保六年（555）三月，发寡妇以配军士，筑长城。"②北齐修建长城，为什么要"发寡妇以配军士"？这应该是激发军士的一种奖励政策。参加长城修建工程，虽然非常辛苦，但如果表现得好，就可以得到朝廷配给一名寡妇做媳妇，也还是很有吸引力的。

第二年，再征召寡妇配给修建长城的军士，可能是找不到如此多的寡妇了，"发山东寡妇二千六百人以配军士，有夫而滥夺者五"③。这种将有家有丈夫的女人，强行掠走婚配给修建军士的做法很恶劣。

北齐长城经过多次修建，基本上完成两条主防御线：其一为北方的外边，即由今山西西北至河北山海关；其二为内边的重城，西起山西偏关，东至北京昌平。高洋在北齐天保七年（556）之前所构筑的长城，西自河西总秦戍，东到大海，长度达1500多千米。北齐国祚虽短，其修建长城的长度，却是南北朝时期所建长城之最。这道长城对后世的影响也比较大，明代早期所建的长城，很多地方利用了北齐长城的旧址。

天保三年（552）十月，高洋"次黄栌岭。仍起长城，北至社于

① 《关于山西省长城认定的批复》，国家文物局网，2012年6月18日。

② 《北史》卷7《齐本纪下》，北京：中华书局，2008年缩印本，第252页。

③ 《北史》卷7《齐本纪下》，北京：中华书局，2008年缩印本，第253页。

戍，四百余里，立三十六戍”[①]。黄栌岭即今山西省汾阳西北的黄芦岭，社于戍即今山西省五寨县，这道南北长四百余里的长城，是北齐政权第一次修筑的长城。高洋又在天保六年“诏发夫一百八十万人筑长城，自幽州北夏口，西至恒州，九百余里”[②]。幽州北夏口即今北京昌平北，恒州在今山西大同。赵郡王高琛养子高睿，于天保二年（551）“出为定州刺史，加抚军将军、六州大都督，时年十七。……六年，诏领山东兵数万监筑长城”[③]。

天保七年（556），北齐修建长城的规模最大。“先是，自西河总秦戍筑长城东至海，前后所筑，东西凡三千余里，六十里一戍，其要害置州镇凡二十五所”[④]。天保八年（557）“于长城内筑重城，自库洛拔而东至于坞纥戍，凡四百余里”[⑤]。

继文宣帝天保年间大修长城之后，武成帝河清年间修筑了太行山长城，后主温公高纬天统年间修筑了大同东至于海的长城。斛律光在河清二年（563）四月，“率步骑二万筑勋掌城于轵关西，仍筑长城二百里，置十三戍”[⑥]，斛律羡在天统二年（566）筑城，“自库堆戍东拒于海，随山屈曲二千余里，其间二百里中凡有险要，或斩山筑城，或断谷起障，并置立戍逻五十余所”[⑦]。

国家长城资源调查认定：现存北齐长城分布在辽宁、北京、河北、山西四省。辽宁省内分布于绥中县。[⑧]北京市内东起平谷区，经密云县、怀柔区、延庆县、昌平区，西迄门头沟区。[⑨]河北省内东起秦皇岛市山海关区，经抚宁县、青龙满族自治县、迁安市、承德县、

---

① 《北史》卷7《齐本纪下》，北京：中华书局，2008年缩印本，第249页。

② 《北史》卷7《齐本纪下》，北京：中华书局，2008年缩印本，第253页。

③ 《北齐书》卷13《赵郡王琛列传》，北京：中华书局，2008年缩印本，第171页。

④ 《北史》卷7《齐本纪下》，北京：中华书局，2008年缩印本，第253—254页。

⑤ 《北齐书》卷4《文宣帝纪》，北京：中华书局，2008年缩印本，第64页。

⑥ 《北齐书》卷17《斛律光传》，北京：中华书局，2008年缩印本，第223页。

⑦ 《北齐书》卷17《斛律光传》，北京：中华书局，2008年缩印本，第227页。

⑧ 《关于辽宁省长城认定的批复》，国家文物局网，2012年6月5日。

⑨ 《关于北京市长城认定的批复》，国家文物局网，2012年5月24日。

赤城县、崇礼县，西至蔚县。[①]山西省内北齐长城分为两条线，第一条线东起广灵县，经浑源县、应县、山阴县、代县、原平市、宁武县、神池县、五寨县、岢岚县，西至兴县；第二条线东起左云县、经朔州市平鲁区，西至偏关县。泽州县也有分布。[②]

四、北周修建长城防御突厥

北周（557—581）又称后周，西魏宇文泰之子宇文觉篡西魏政权而立。北周、北齐时期，是突厥的第一个强盛时期。《周书》记载："自俟斤以来，其国富强，有凌轹中夏志。"[③]北周与北齐两个互相敌对的政权对峙或交战时，都希望借突厥的力量来打击对方。所以，对突厥既防御又保持着较为密切的联系。

突厥通过与北周和亲，双方的关系发展得比北齐更为亲近。突厥曾两次直接出兵，配合北周伐北齐。建德六年（577）北周灭掉北齐之后，突厥却又改变态度，大力帮助北齐复国："齐定州刺史、范阳王高绍义自马邑奔之。他钵立绍义为齐帝，召集所部，云为之复仇。宣政元年（578）四月，他钵遂入寇幽州，杀略居民"，"是冬，他钵复寇边，围酒泉，大掠而去"。[④]

突厥的态度为什么会有如此之大的变化？其实，他们先是支持北周打击北齐，然后又扶植北齐力量参与抗击北周，都是为了让中原处于分裂状态。分裂的中原政权，符合突厥自身的利益最大化需要。突厥他钵可汗曾直截了当地说："但使我在南两个儿孝顺，何忧无物邪。"[⑤]

这里所说的"两个儿"，所指的就是北周和北齐。后来隋朝废掉北周之后，突厥又故技重演，支持北齐原营州刺史高宝宁进攻隋朝。

① 《关于河北省长城认定的批复》，国家文物局网，2012年6月18日。
② 《关于山西省长城认定的批复》，国家文物局网，2012年6月18日。
③ 《周书》卷50《突厥传》，北京：中华书局，2008年缩印本，第911页。
④ 《周书》卷50《突厥传》，北京：中华书局，2008年缩印本，第912页。
⑤ 《周书》卷50《突厥传》，北京：中华书局，2008年缩印本，第911页。

最后，高宝宁于隋朝开皇三年（583），兵败后被自己的部下所杀。

北周静帝宇文阐于大象年间修建了长城，为防御突厥同时也防御北齐的残余势力。大象元年（579）五月发生“突厥寇并州”[①]事件。六月，北周就“征山东诸州人修长城”[②]。对于并州，《魏书·地形志》载：“汉、晋治晋阳，晋末治台壁，后治晋阳。皇始元年平，仍置。”[③]

并州治晋阳，后来隋于大业三年在这里设太原郡，位于今山西太原市南郊。以突厥攻扰并州一事看，北周政权于大象元年修建的这条长城，可能位于太原以北一带。关于这次修长城的另一条记载是：“大象初，征拜大司徒。诏翼巡长城，立亭障。西自雁门，东至碣石，创新改旧，咸得其要害云。”[④]对“改旧”，胡三省对《资治通鉴》作校勘、考证时，认为是“修齐所筑长城”[⑤]，这里的齐指的是北齐。北周长城，对原北齐长城进行了一次大规模修缮和改造。

周武帝诏命大司徒于翼监修，“翼创新改旧，咸得其要害云。仍除幽定七州六镇诸军事、幽州总管”[⑥]。修建长城之后，北周与突厥的关系有了明显变化，边境地区相对安全多了。《周书》记载：“先是，突厥屡为寇掠，居民失业。翼素有威武，兼明斥候，自是不敢犯塞，百姓安之。”[⑦]

---

① 《北史》卷10《周本纪下》，北京：中华书局，2008年缩印本，第376页。
② 《北史》卷10《周本纪下》，北京：中华书局，2008年缩印本，第376页。
③ 《魏书》卷106上《地形志二上》，北京：中华书局，2008年缩印本，第2466页。
④ 《周书》卷30《于翼传》，北京：中华书局，2008年缩印本，第526页。
⑤ 《资治通鉴》卷173《陈纪七》，北京：中华书局，2011年，第5501页。
⑥ 《周书》卷30《于翼传》，北京：中华书局，2008年缩印本，第526页。
⑦ 《周书》卷30《于翼传》，北京：中华书局，2008年缩印本，第526页。

第二节 隋唐长城及边疆防御的异同

隋唐时期（581—907），为隋（581—618）和唐（618—907）两朝的合称。隋朝的建立，结束了中国历史上280多年的战乱，重新实现了全国的统一。唐朝的建立，则结束了隋末的动乱与分裂，使统一的形势更加稳定。突厥始终是隋唐两个王朝北部边疆的防御对象，这一点是隋长城及唐边疆防御的相同之处。不同的地方是隋朝大规模修建了长城，唐朝虽没有大规模地修筑长城，但也很重视边疆地区的军事防御。

隋唐王朝在民族思想上比较开放，在政治、军事、文化、经济、科技上都达到前所未有的发展水平。强盛的隋唐王朝的形成，是南北文化碰撞和融汇交流的结果。范文澜等人认为，隋唐王朝是南方经济大开发和北方民族大融合的共同成果①。但唐朝鼎盛过后很快就外戚宦官交替专政，藩镇割据，军阀混战，急速由繁盛走向衰亡。

隋唐时期（581—907），中国社会高度繁荣发展，开启了盛世局面。隋唐王朝的向北发展，扩大了中原王朝对农牧交错带的控制范围，同时也加强了中原的政治、经济、文化与边疆地区的联系。“华戎同轨”②“冠带百蛮，车书万里”③，是对这个时期强盛王朝的准确概括。

隋朝国祚虽短，但结束了汉末以来近4个世纪的分裂割据状态，遏制住了周边各族越过长城挺进中原的局面，开启了隋唐大一统的时代。唐承隋制，继续巩固中央集权，开疆拓土，恢复了秦汉时期建立起来的长城农牧控制线。继而完成了长城内外的统一，使中国社会政治、经济发展到一个新的高峰。

大象三年（581）二月，北周相国杨坚自立为皇帝，“隋主既立，

---

① 范文澜：《中国通史》第3册，北京：人民出版社，1978年，第111、424页。

② 《旧唐书》卷9《玄宗本纪下》，北京：中华书局，2008年缩印本，第236页。

③ 《旧唐书》卷9《玄宗本纪下》，北京：中华书局，2008年缩印本，第236页。

待突厥礼薄，突厥大怨。……乃与故齐营州刺史高宝宁合兵为寇。隋主患之，敕缘边修保障，峻长城”①。开皇二年（582），“（周）摇拜为幽州总管六州五十镇诸军事。摇修障塞，谨斥堠，边民以安”②。由此可见，北周于后期修长城的措施，在隋朝初建之时就一直在延续。

隋唐两朝在北部长城地区面临的问题相同，各自采取的政策和措施有同有异。相同的是隋唐时期的北疆防御，都为维护统一的局面采取一些行之有效的措施。不同的是隋朝较大规模地修建了长城，而唐朝基本上没有修建长城。

唐朝虽没有大规模地修筑长城，但也很重视边疆地区的军事防御。屯兵城堡，烽堠戍守和预警制度都很完备。从边塞直达长安，每三十里设置一座烽堠，遇有敌情烽火信号昼夜可传2000里。烽堠除瞭望报警的功能之外，还负责勘查过所、公验等职责。唐律规定，公务人员有专门使用的度关公文，一般到达边塞的行人也都要持有过所才能通过关津。“水陆等关，两处各有门禁，行人来往皆有公文，谓驿使验符券，传送据递牒，军防、丁夫有总历，自余各请过所而度。若无公文，私从关门过，合徒一年。”③

唐慧立的《大唐大慈恩寺三藏法师传》记载了玄奘西行取经过玉门关时，刚过了第一座烽堠，就被戍守的士兵发现并抓了回来。由于环境的恶化，唐朝的玉门关比汉长城的玉门关向东迁移至瓜州。戍守边疆的军人，验明了玄奘的公文之后方放行。这一记载说明，唐朝时烽堠在负责勘查过所等职责中起到了很大的作用。

一、隋唐北疆面对称雄大漠的突厥

隋唐更替之际，发展到鼎盛时期的突厥，成为亚洲内陆最强盛的政权之一。隋长城和唐的北方军镇的任务是防御突厥。隋唐陇右和西

① 《资治通鉴》卷175《陈纪九》，北京：中华书局，2011年，第5553页。

② 《隋书》卷55《周摇传》，北京：中华书局，2008年缩印本，第1376页。

③ ［唐］长孙无忌等撰：《唐律疏议》卷8《卫禁》，北京：中华书局，1983年，第172页。

北还有再次崛起的吐谷浑汗国，占领了今青海全部和新疆南部，切断了汉朝打通的丝绸之路，使汉朝建立在西域交通线上的长城丧失了军事防御功能。崛起于青藏高原的吐蕃，也在长达两个世纪里严重地威胁着唐朝的西部安全。

6世纪中叶，突厥建立汗国，称雄漠北地区。北齐、北周时，突厥领有漠南、漠北及渤海沿岸，盛兵40余万，称雄大漠，时常骚扰齐、周边境。隋朝建立初期，突厥方盛，时常南下。

图10　河北山海关三道关。长城如同所有的物质，有生必有死，总是要一步步地走向残破衰败，这是我们必须学会接受的现实

针对边疆地区的严峻局势，隋文帝采取行之有效的备边对策，加强军事部署，抗击突厥。文帝前期，对北疆诸州设置进行调整，或沿置，或增置，逐渐形成了军事、行政密切结合的防务体系。经过调整，隋朝刺史兼掌军事，负责军政的总管区域得到强化；近边诸州如幽、朔、并、云等建立总管府，率兵防守。开皇二年（582），为加强对北疆防御的控制，隋置河北道行台尚书省于并州，以晋王杨广为尚书令。

突厥沙钵略可汗打着“为其妻（北周赵王宇文招之女）报亡国之

仇”为名，与故营州刺史高宝宁合兵攻隋。沙钵略等以“控弦之士四十万”，从西线越过长城分两路攻入武威、天水、安定、金城、上郡、弘化、延安等地，“六畜咸尽”。[①]

隋文帝经过周密部署，对突厥予以全面反击。开皇三年（583），隋军八道出兵，于白道（今内蒙古呼和浩特北）大败突厥主力。次年，隋文帝任命名将贺娄子干为榆关总管，防御突厥、吐谷浑。又采用长孙晟的反间计，使得突厥内讧不已，势力转衰，各可汗纷纷遣使归顺。开皇末年，东突厥沙钵略之子都蓝、突利为争夺权势，内战不止。开皇十九年（599）突利战败来归，文帝封其为启民可汗。不久，都蓝为部下所杀，启民可汗控制东突厥故地，与隋和好。沙钵略势力日趋没落，主动与隋讲和。突厥势力暂衰，北疆战事渐息。隋炀帝时，西突厥臣服于隋，西北边疆趋于稳定。

唐初边防形势十分严峻，突厥再次雄踞长城以北地区，控制了从西域直到里海以东中亚诸国。东突厥时常掠夺唐朝边境的人口和财物，使唐朝边疆处于极不安宁的状态。东突厥对于唐朝的持续侵扰，对唐朝的存亡构成了严重的威胁。为此，唐高祖曾打算迁都内地。武德五年（622），颉利可汗率军15万攻克并州，进扰汾、潞诸州，大掠而去。此后，甘肃、陕西、山西、河北等沿边地区屡受其害。

唐太宗即位初，颉利可汗即率十万铁骑耀兵于渭水北岸，致使唐朝群臣建议迁都襄阳。唐太宗力排众议，亲率群臣来到渭水岸边，对颉利可汗展开心理攻势，并宣示威势。颉利可汗因孤军深入，担心唐朝切断退路，加之唐太宗许以金帛财物，表示臣服与之结盟，才领兵而还，这就是历史上的“渭水之盟”。为削弱强大的突厥势力，唐太宗充分利用突厥内部的矛盾，巧施反间计，致使颉利与突利反目。在突厥内耗的同时，唐朝积极整肃内政，增强军队的战斗力，为反击突厥进行周密的准备。

由于突厥汗国对臣服的各族进行残酷统治，引起薛延陀、回纥诸

① 《隋书》卷84《突厥列传》，北京：中华书局，2008年缩印本，第1866页。

部的反抗，这些部族逐渐摆脱了东突厥的统治。而颉利可汗重用西域粟特商人的政策，也引起了突厥贵族的严重不满。这一段时间里，突厥所领区域内大雪连年，牲畜大量冻死，也给其造成了一定的影响，东突厥汗国实力遭到严重削弱。

唐贞观三年（629），李世民乘东突厥衰弱之际，大举北伐。唐军十万分成六路攻击东突厥。在战斗过程中，颉利可汗被唐军俘获，东突厥灭亡。唐朝从而管控了漠南的广阔区域，刚刚独立的薛延陀、回纥、仆固等民族均归附唐朝。唐朝采取怀柔政策，对来归附者平等对待，还任命官职。唐太宗李世民也受到当时各民族的认可，尊称其为“天可汗”①。贞观二十一年（647），唐朝于漠北置羁縻府州，以铁勒部族首领为都督、刺史，同时设立燕然都护府管控漠北的六府七州，大漠南北都隶属于唐朝的统辖之下。

除了突厥，不同时期还有一些威胁隋唐王朝长城地区安全的对象，影响着王朝北部边疆的稳定。唐朝平定了突厥之后，突厥余部车鼻部不久又崛起于漠北；原来曾与唐朝结成同盟一起对付东突厥的薛延陀部，也利用北部地区短暂的地区势力真空称雄漠北，与唐朝争夺西域等战略要地。

二、隋文帝时期修建的长城在什么地方

隋朝开国皇帝隋文帝，较大规模地修建了长城。隋文帝即位初年，北部边疆即面临着突厥人入侵的巨大威胁。《隋书》记载：“高祖新立，由是大惧，修筑长城，发兵屯北境，命阴寿镇幽州，虞庆则镇并州，屯兵数万人，以为之备。”②但是今天隋长城的遗址遗迹，留下来的非常少。

《隋书》中对于隋文帝营建长城有较多记载。开皇元年（581）四月，“发稽胡修筑长城，二旬而罢”③。“高祖践阼，征为兼散骑常侍，

① 《旧唐书》卷3《太宗本纪下》，北京：中华书局，2008年缩印本，第39页。

② 《隋书》卷51《长孙晟传》，北京：中华书局，2008年缩印本，第1330页。

③ 《隋书》卷1《高祖纪》，北京：中华书局，2008年缩印本，第15页。

进位开府，赐爵安固县侯。岁余，发南汾州胡千余人北筑长城，在途皆亡……因命冲绥怀叛者。月余皆至，并赴长城，上下书劳勉之，寻拜石州刺史。”[①]

隋开皇元年所修建的长城，是由韦世冲负责督建，其位置在石州之北。隋大业年间，石州改为离石郡，即今山西省吕梁市离石区。石州以北区域当时常受突厥武装袭扰，所以修筑长城进行防御。“及高祖受禅，迁淮州总管……拜岚州刺史。会起长城之役，诏玄监督之。”[②]岚州之名出自岢岚山，即今山西省岢岚县，位于石州之北。卫玄的身份是岚州刺史。由其负责督造长城的记载，可作为该长城经过岚州境内的一个佐证。

在修筑西部长城的同时，隋文帝又在东部地区大修障塞。开皇三年二月，“突厥寇边”；三月癸亥，“城榆关”[③]。周摇在开皇初年受命为幽州总管六州五十镇诸军事，防范突厥，“摇修障塞，谨斥候，边民以安”[④]。隋文帝为了防御边患，以其信任的将领周摇治理东部边地，并采取各种军事措施强化隋朝的东部边防体系。史料中的障塞、斥候等语，表明隋朝为建设东部军事防御系统而大修城堡、障塞、戍卫边地。

开皇五年（585），“隋主使司农少卿崔仲方发丁三万，于朔方、灵武筑长城，东距河，西至绥州，绵历七百里，以遏胡寇”[⑤]。其中的“东距河，西至绥州”应该为“西距河，东至绥州”之误。这一段长城西端起自灵武（今宁夏灵武西南）黄河东岸，向东到达绥州（今陕西绥德西），行经路线大概与今陕西定边和靖边一带明长城的走向相同。

开皇六年（586）二月丁亥，隋文帝“发丁男十一万修筑长城，二

① 《隋书》卷47《韦世冲传》，北京：中华书局，2008年缩印本，第1269—1270页。
② 《隋书》卷63《卫玄传》，北京：中华书局，2008年缩印本，第1501页。
③ 《隋书》卷1《高祖纪》，北京：中华书局，2008年缩印本，第18—19页。
④ 《隋书》卷55《周摇传》，北京：中华书局，2008年缩印本，第1376页。
⑤ 《资治通鉴》卷176《陈纪十》，北京：中华书局，2011年，第5588页。

旬而罢”[①]。陈至德四年（即隋开皇六年）二月“丁亥，隋复令崔仲方发丁十五万，于朔方以东，缘边险要，筑数十城”[②]。隋朝政权的朔方郡，治今内蒙古乌审旗南白城子，此次营建的军事防御设施，应该是据险守卫、彼此呼应的系列城堡。这数十座城堡，大致位于今陕西神木、榆林及横山一带。开皇七年（587）二月，“发丁男十万余修筑长城，二旬而罢”[③]。这次修建的起点和终点都不明确，应该是把之前所筑城障联结起来的工程。

《元和郡县图志》“岚州合河县”载，合河县（今山西兴县西北）在隋开皇三年（583）时归石州辖属，“隋长城，起县北四十里，东经幽州，延袤千余里，开皇十六年因古迹修筑”[④]。今天在这些地方，还有隋长城遗址保存。

隋开皇十六年（596）修建的长城，与隋开皇元年修建的似乎是同一条长城。唐代的地理总志《元和郡县图志》的上述记载，列在了“古迹”条目之下。有研究者据此认为这里在隋文帝修建长城时，已经有前朝长城遗存并在其基础上增修补建。此推断尚未得到证明，其实唐代人将隋朝的长城列为“古迹”也很正常。

在山西省岢岚县曾发现一方隋朝筑长城的刻石。该刻石保存较完好，长41厘米，宽21厘米，厚9厘米。刻石上的文字为竖写，上刻：“开皇十九年七月一日栾州元氏县王□黎长□领丁卅人筑长城廾步一尺西至□。”[⑤]“至”字之后，有10余字已经无法识别。这方刻石由岢岚县农民于2007年犁地时发现。耕地里无长城遗迹，而山上发现有长城遗迹。

山顶部的长城为石筑，现已塌为石堆状，高50—80厘米。山腰

---

① 《隋书》卷1《高祖纪》，北京：中华书局，2008年缩印本，第23页。

② 《资治通鉴》卷176《陈纪十》，北京：中华书局，2011年，第5588页。

③ 《隋书》卷1《高祖纪》北京：中华书局，2008年缩印本，第25页。

④ ［唐］李吉甫撰：《元和郡县图志》卷14《河东道三》，贺次君点校，北京：中华书局，1983年，第397页。

⑤ 文宣：《山西（苛）［岢］岚县发现隋朝筑长城刻石》，《中国文物报》2009年9月18日。

部长城为土筑，地表残高约1.5米，夯土层13厘米。[①]从西山向发现刻石的地点望去，其耕地上方即有长城遗址向东山延伸，刻石出土地恰为土筑长城经过之处。

三、隋炀帝时期长城的修建

隋炀帝时期，除北方突厥的袭扰之外，西北吐谷浑的侵袭也对隋朝边疆防御构成了压力。为加强边疆防御，杨广曾两次大修长城。对隋炀帝时期是否有修建长城的需要，有一些不同的认识。我以前的观点，也认为隋炀帝建长城有一些炫耀武功，现在看来还是有其必要的。

《隋书》载："炀帝嗣位……突厥屡寇边塞，胡贼刘六儿复拥众劫掠郡境，子崇上表请兵镇遏。帝复大怒，下书令子崇巡行长城。子崇出百余里，四面路绝，不得进而归。"[②]杨子崇所巡行的长城，应为隋文帝所修。由于突厥当时实力强劲，杨子崇在巡视长城时，遭遇四面路绝的形势。因此，隋炀帝继隋文帝后，开始大修长城。

《宣府镇志》载："（隋）炀帝大业三年，发丁男百余万筑长城，一旬罢役，死者过半。"评论说："长城之役，继始皇、高洋而虐者，杨广也。然旬日死已过半，罪浮秦齐矣。董役之臣优恤未及，其不仁亦甚哉！"[③]

大业三年（607）七月，隋炀帝调发百余万人修筑长城，西起榆林（治今内蒙古托克托西南），东达紫河（今内蒙古和林格尔境内），东西"绵亘千余里"。《隋书》载："秋七月……发丁男百余万筑长城，西距榆林，东至紫河，一旬而罢，死者十五六。"[④]同一信息，《北史》

---

① 文宣：《山西（苛）[岢]岚县发现隋朝筑长城刻石》，《中国文物报》2009年9月18日。

② 《隋书》卷43《杨子崇传》，北京：中华书局，2008年缩印本，第1214—1215页。

③ [明]孙世芳修、乐尚约辑：《察哈尔省宣府镇志》卷10《亭障考》，台北：成文出版社，1970年据明嘉靖四十年（1561）刊本影印，第78页。

④ 《隋书》卷3《炀帝纪》，北京：中华书局，2008年缩印本，第70页。

记载的修筑时间为二旬。

大业四年（608）三月，炀帝“车驾幸五原，因出塞巡长城”①。炀帝大业三年所修长城，西起榆林，东到紫河。《元和郡县图志》在“胜州榆林县”条载：“隋开皇七年置榆林县，地北近榆林，即汉之榆溪塞，因名，属云州，二十年改属胜州。”②据此可知，隋朝榆林县故址为鄂尔多斯市准格尔旗十二连城。紫河又称红河（蒙古语中作乌兰木伦），起源在今山西省右玉县杀虎口一带，其上游为苍头河，经由内蒙古和林格尔县和清水河县，流入黄河。由于紫河在东部，榆林在西部，所以隋大业三年七月营建的长城，走向是由西至东，其中有一部分长城是顺紫河而建。

大业四年（608），“秋七月辛巳，发丁男二十余万筑长城，自榆谷而东”③。其中所言“榆谷”的位置，《资治通鉴》注“当在榆林西”④，顾祖禹《读史方舆纪要》则考证认为位于今青海贵德黄河岸侧。据此，这段长城是为防御吐谷浑而建，位于今青海、甘肃交界地区，东部可能与前朝长城相连。

隋炀帝修建长城所征劳役，亦为隋朝前所未有。《隋书》亦有相关记载：“大业四年，燕、代缘边诸郡旱。时发卒百余万筑长城，帝亲巡塞表，百姓失业，道殣相望。”⑤一次修建长城，就动用“百余万”人，可见修建长城工程量之大，以及役使百姓之残酷。

这样过大的工程，一定会给社会造成沉重的负担。隋大业十三年（617）时，李密历数隋炀帝之罪，就有“长城之役，战国所为，乃是狙诈之风，非关稽古之法。而追踪秦代，板筑更兴，袭其基墟，延袤万里，尸骸蔽野，血流成河，积怨满于山川，号哭动于天地。其罪

---

① 《隋书》卷3《炀帝纪》，北京：中华书局，2008年缩印本，第71页。

② ［唐］李吉甫撰：《元和郡县图志》卷4《关内道四》，贺次君点校，北京：中华书局，1983年，第110页。

③ 《隋书》卷3《炀帝纪》，北京：中华书局，2008年缩印本，第71页。

④ 《资治通鉴》卷181《隋纪五》，北京：中华书局，2011年，第5748页。

⑤ 《隋书》卷22《五行志上》，北京：中华书局，2008年缩印本，第636页。

六也”[①]。

国家长城资源调查认定：现存隋长城分布在内蒙古、山西和陕西境内。内蒙古分布于鄂托克前旗，山西分布于岢岚县。陕西分布于神木县、靖边县、定边县。[②]

四、唐受降城防御体系建设

唐朝为了防御突厥，在秦汉长城地区设置了朔方军等军镇。突厥与唐朝以黄河为界，这条军事防御线与秦汉长城防御区基本重叠。唐朝并没有如秦汉一样，大规模地修建长城。

景龙元年（707），突厥入河套地区，朔方军总管沙咤忠义被撤，唐中宗任命张仁亶接替。第二年，张仁亶上奏唐中宗，请求利用突厥全军西击突骑施之机，夺取漠南地区（今内蒙古鄂尔多斯），并在黄河以北修筑东、中、西三座受降城，形成一道相互联系的防御线，以便断绝突厥的南侵道路。建议遭到反对，太子少师唐休璟就认为“两汉以来皆北阻大河，今筑城寇境，恐劳人费功，终为虏有”[③]。张仁亶坚持自己的意见，最后说动了唐中宗。朝廷批准了他的计划后，张仁亶督军急筑三城，“六旬而成”[④]。

建在黄河北岸阴山以南地带的三座受降城，割断了突厥南下的通道。东、中、西三座军事要塞，各城相距400多里，互为依托。以五原郡拂云祠所在为中城（今内蒙古乌拉特前旗与包头市之间）；在榆林郡治北岸（今内蒙古托克托以南）建有东城；在五原郡永丰北（今内蒙古杭锦后旗乌加河北岸）建有西城。三座受降城建好之后，又置烽堠1800所，使东西呼应。自此，向北拓地三百余里，突厥不敢再

① 《旧唐书》卷53《李密传》，北京：中华书局，2008年缩印本，第2214页。

② 《关于内蒙古自治区长城认定的批复》，国家文物局网，2012年6月5日。《关于陕西省长城认定的批复》，国家文物局网，2012年6月5日。《关于山西省长城认定的批复》，国家文物局网，2012年6月18日。

③ 《资治通鉴》卷209《唐纪二十五》，北京：中华书局，2011年，第6738页。

④ 《资治通鉴》卷209《唐纪二十五》，北京：中华书局，2011年，第6738页。

渡河放牧。

吕温《三受降城碑铭》中，对三座受降城筑成后的功能有很清楚的描绘：“跨大河以北向，制胡马之南牧。……东极于海，西穷于天，纳阴山于寸眸，拳大漠于一掌。惊尘飞而烽火耀，孤雁起而刁斗鸣。”[①]白居易在其诗中说过：“吾闻高宗中宗世，北虏猖狂最难制。韩公创筑受降城，三城鼎峙屯汉兵。东西亘绝数千里，耳冷不闻胡马声。”[②]突厥不能越过阴山放牧，减少了对唐朝边疆地区的威胁，朔方军裁减数万人，节省了大量的军费开支。

三座受降城不但是军事防御工程，还是贸易交流的基地。突厥和唐朝关系和好后，唐朝从开元十五年（727）开始购买突厥的马匹，“许于朔方军西受降城为互市之所”[③]。回纥、黠戛斯、室韦等族向唐朝献马，唐玄宗也是“令于西受降城使纳之”[④]。

张仁亶建筑三座受降城，并不仅是出于防御的考虑。按照他的设计，三座受降城都不设壅门（一说悬门），和阻拦进攻之敌的木栅栏。有人问道：“此边城御贼之所，不为守备，何也？”他说：“兵贵在攻取，不宜退守。寇若至此，即当并力出战，回顾望城，犹须斩之，何用守备，生其退恧之心也？”[⑤]尽管利用三受降城来实现对突厥的防御，但张仁亶并未将此三城作为城池防守阵地，这与长城防守有很大的不同。

唐朝很重视北方三座受降城的军事价值。但随着边疆地区的安宁，这种重视也曾有过动摇。元和八年（813），黄河改道而致西受降城损毁，宰相李吉甫认为已经与突厥很少冲突，建议放弃受降城，将

① ［清］董诰等编：《全唐文》卷630《三受降城碑铭》，北京：中华书局影印，1983年，第6353页。

② ［唐］白居易：《白居易集笺校》卷3《城盐州·美圣谟而诮边将也》，朱金城笺校，上海：上海古籍出版社，1988年，第180页。

③《旧唐书》卷194上《突厥列传上》，北京：中华书局，2008年缩印本，第5177页。

④ ［宋］王溥：《唐会要》卷72《马》，上海：上海古籍出版社,2006年，第1543页。

⑤《旧唐书》卷93《张仁愿传》，北京：中华书局，2008年缩印本，第2982页。

驻军移戍于东南面的天德军故城（今内蒙古乌拉特前旗东北）。户部次郎卢坦提出了反对意见，认为："西城张仁愿所筑，制匈奴上策。城当碛口，居虏要冲，美水丰草，边防所利。今河流之决，不过退就二三里，奈何舍万代永安之策，徇一时省费之谋？况天德故城僻处确瘠，其北枕山，与河远绝，烽候警备，不相统接。虏之唐突，势无由知，是无故而蹙国二百里，非所利也。"[①]张仁愿即张仁亶，避唐睿宗讳改名。宰相李绛和城使周怀义也上奏，持和卢坦一致的意见，唐宪宗决定采纳卢坦的意见。

宝历元年（825），驻扎在东受降城的振武节度使张维上奏，以为"东受降城滨于河，岁久雉堞摧坏，请移于绥远烽南"[②]。唐敬宗拨给一百万铜钱的经费进行修缮，历时五月而完工。

会昌二年（842），宰相李德裕奏请再次"修东、中二受降城，以壮天德形势"[③]。唐武宗批准。会昌六年（846），回纥被黠戛斯所灭。几支残部中的一支数万人南迁至唐朝天德军塞下，向唐朝不断提出借天德城和索取粮食牲畜的要求，对唐朝的边疆地区构成威胁。因为有三受降城在北方建立起来严密的防线，唐朝得以成功收服回纥残部，解决北部边疆安全问题。

唐朝不建长城，依靠军镇加强长城地区的防御，也为后来的"藩镇割据"埋下祸根。这些拥兵自重的藩镇将领，在军政、财税、人事安排等方面极力摆脱王朝的控制。唐朝的藩镇割据，在河朔秦汉长城地区集中在"河朔三镇"。

五、唐朝西域烽燧等防御工程

唐朝打败东突厥后，设置单于、安北两大都护府，控制了包括东突厥故地在内的北方广大地区。此后，唐朝的边疆经略致力于打通丝

---

① 《旧唐书》卷153《卢坦传》，北京：中华书局，2008年缩印本，第4092页。

② ［宋］王溥：《唐会要》卷73《三受降城》，上海：上海古籍出版社，2006年，第1553页。

③ 《资治通鉴》卷246《唐纪六十二》，北京：中华书局，2011年，第8080页。

绸之路，恢复对西域的统治。唐朝经营西域，旨在重建内地与西域的传统关系。630年，唐朝招抚伊吾（哈密），疏勒、于阗等国相继归附，为唐朝向西域发展创造了条件。

征服吐谷浑与西突厥势力是唐朝经略西域的关键。吐谷浑占据着通往西域必经之地——青海、新疆南部地区，西突厥则控制着整个西域地区。唐朝决定首先平定吐谷浑，控制河西走廊，在唐贞观九年（635），委任李靖为西海道行军大总管，出兵吐谷浑。吐谷浑王伏允兵败自杀后，其子慕容顺归降，唐朝控制了吐谷浑故地。

征服吐谷浑后，唐朝打通了通向西域的重要通道——河西走廊。展开了对高昌、焉耆、龟兹等西域诸国的经略，陆续征服了高昌、焉耆和龟兹政权。该区域各部族的首领，由此断绝了同西突厥方面的往来，转而归附唐朝。

唐朝通过十余载的时间，辖治了自巴尔喀什湖以东以南的辽阔地域。出于强化对西域的管控需要，唐朝把安西都护府挪到龟兹，管理着龟兹、于阗、碎叶和疏勒四镇。唐朝对西域的治理削弱了西突厥势力，重新打通了中国通往中亚的孔道，促进中原地区与西域的联系。

控制天山南路后，唐朝集中兵力进攻北疆西突厥。西突厥雄踞中亚、西域，控制着东起今新疆巴里坤湖，西至里海，南达巴基斯坦北部，东北至阿尔泰山的广大地区。651年，阿史那贺鲁控制西突厥各部，开始骚扰唐朝边境，控制丝绸之路的西部通道，对唐朝西部边疆的安全构成严重威胁。经过与西突厥多年力战，至高宗时，在苏定方、任雅相等人经略下，唐军大败突厥军，贺鲁可汗被俘。西突厥势力日益削弱，终为唐高宗所灭。

唐灭西突厥后，置北庭都护府，统辖昆陵、濛池两都护府及二十三个都督府，管辖天山以北地区。唐朝对西域统治的恢复，消除了西突厥的威胁，对于巩固西部边防，保障丝绸之路的畅通，发展西域的社会经济，起到了积极的作用。

唐朝统一西域后，在汉代设置的列燧制度基础上，于西域修建新的烽燧、守捉、馆驿等，以保障当代丝绸之路南、中、北三条主干线，以及天山南北的多条支线的畅通。唐朝的丝绸之路，实现了前所未有的繁盛景象。“是时中国盛强，自安远门西尽唐境万二千里，闾阎相望，桑麻翳野。”①

国家长城资源调查认定：唐烽燧线分布在新疆维吾尔自治区，分为南线、北线和中线三条。北线东起伊吾县，经哈密市、巴里坤哈萨克自治县、奇台县、吉木萨尔县、阜康市、呼图壁县、玛纳斯县；中线东起哈密市，经鄯善县、吐鲁番市、托克逊县、乌鲁木齐市达坂城区、乌鲁木齐县、和静县、焉耆回族自治县、轮台县、库车县、沙雅县、拜城县、新和县、温宿县、阿瓦提县、乌什县、柯坪县、图木舒克市、阿图什市、巴楚县、伽师县，西迄疏附县；南线东起若羌县，经墨玉县、和田县、皮山县、叶城县、莎车县、英吉沙县，西迄塔什库尔干县。②

（一）唐中路烽燧等军事设置

唐丝绸之路中道为原汉代丝绸之路的北道，是唐丝绸之路的主路。汉代的丝绸之路的南道，因自然环境的恶化，罗布泊、楼兰地区的交通路线到唐代已经废弃。唐朝丝绸之路转向有人烟、水草的伊吾、吐鲁番盆地，西去龟兹、疏勒。

丝绸之路中道是唐代中西方交通的干道。唐朝击败东、西突厥和麴氏高昌后，基本控制了南、北疆地区，并开通了通过伊州（治今新疆哈密）、西州（治今新疆吐鲁番东南），前往南北疆各地的交通路线。

根据出土文物《西州图经》记载，在吐鲁番境内有花谷道、移摩道、萨捍道、突波道、大海道、乌骨道、他地道、白水涧道、银山道等道，沿途设有密集的馆驿、烽铺。③根据文物部门对吐鲁番境内烽

---

① 《资治通鉴》卷216《唐纪三十二》，北京：中华书局，2011年，第7038页。

② 《关于新疆维吾尔自治区长城资源认定的批复》，国家文物局网，2012年6月18日。

③ 罗振玉编纂：《鸣沙石室佚书正续编》，北京：北京图书馆出版社，2004年，第341—343页。

火台的调查得知，烽火台分布线路基本与这些交通路线重合。考古调查还发现在唐安西都护府周边或其向西延伸的丝路上也有几条烽火台线路。比如，在龟兹古国境内，安西都护府和龟兹镇治所和下辖机构之间也修建有烽火台线路。

（二）唐南路烽燧等军事设置

唐代南道在汉代南道的基础上继续使用，根据《新唐书》记载："又一路自沙州寿昌县西十里至阳关故城，又西至蒲昌海南岸千里。自蒲昌海南岸，西经七屯城，汉伊修城也。又西八十里至石城镇，汉楼兰国也，亦名鄯善，在蒲昌海南三百里，康艳典为镇使以通西域者。又西二百里至新城，亦谓之弩支城，艳典所筑。又西经特勒井，渡且末河，五百里至播仙镇，故且末城也，高宗上元中更名。又西经悉利支井、祆井、勿遮水，五百里至于阗东兰城守捉。又西经移杜堡、彭怀堡、坎城守捉，三百里至于阗。"[①]

唐在南道沿途有镇、城、堡、守捉等军事设置来管辖其辖境事宜。在唐代中后期，西藏高原的吐蕃势力开始强盛，不断与唐在西域地区发生冲突，争夺对西域丝绸之路的控制，这样靠近吐蕃的丝绸之路南道首当其冲地被吐蕃占领，唐朝在这里的势力范围逐渐不存。现在南道遗留下的米兰戍堡、麻扎塔格戍堡、烽火台等唐代军事设施，都曾被吐蕃占领使用。

（三）唐北路烽燧等军事设置

北道，由于这条干线位于天山北麓山前地带，故名北道。这条道路在汉代丝绸之路时期，还没有商旅通行。原因是一些地方还为匈奴所据，不为匈奴据有的地方，也因靠匈奴势力较近并不安全。

根据《隋书》记载："北道从伊吾，经蒲类海铁勒部，突厥可汗庭，度北流河水，至拂菻国，达于西海。"[②]《新唐书》记载："自庭州

① 《新唐书》卷43下《地理志七下》，北京：中华书局，2008年缩印本，第1151页。
② 《隋书》卷67《裴矩传》，北京：中华书局，2008年缩印本，第1579页。

西延城西六十里有沙钵城守捉，又有冯洛守捉，又八十里有耶勒城守捉，又八十里有俱六城守捉，又百里至轮台县，又百五十里有张堡城守捉，又渡里移得建河，七十里有乌宰守捉，又渡白杨河，七十里有清镇军城，又渡叶叶河，七十里有叶河守捉，又渡黑水，七十里有黑水守捉，又七十里有东林守捉，又七十里有西林守捉。又经黄草泊、大漠、小碛，渡石漆河，逾车岭，至弓月城。”①

从文献记载来看，该线经过哈密、巴里坤、木垒、奇台、吉木萨尔、阜康、呼图壁、玛纳斯而至伊犁河流域。相比其他的两条路，这条路是较近的一条。今天这一地带的唐代烽燧，也还保存得较好。

六、唐朝没有大规模修建长城

妫川长城是唐朝唯一修建的一处长城。汉唐两朝在中国历史上非常的重要，这两个朝代有一个很有趣的问题，这就是汉朝大修长城，而唐朝基本上没有修建长城。之所以说唐朝基本上没有修建长城，是因为唐朝在局部地区小规模修建了长城。不过这方面历史文献记载很少，目前的研究和遗址调查成果也很有限。

据《新唐书·地理志》记载：“怀戎。上。天宝中析置妫川县，寻省。妫水贯中。北九十里有长城，开元中张说筑。东南五十里有居庸塞，东连卢龙、碣石，西属太行、常山，实天下之险。有铁门关。西有宁武军。又北有广边军，故白云城也。”②“北九十里有长城，开元中张说筑”这是唐朝也修建过长城的唯一史料。

有部分学者认为，此长城修筑在武则天时期。周圣历元年（698），突厥可汗默啜发兵攻击妫（今河北怀来东北）、檀（今北京密云）一带，并且放言要攻取河北，袭夺定州、赵州。为了防御外患，朝廷命张说于妫州以北督造新长城，并修缮旧有长城。也有学者认为这条长城建于开元六年至八年（718—720）。

① 《新唐书》卷40《地理志四》，北京：中华书局，2008年缩印本，第1047页。
② 《新唐书》卷39《地理志三》，北京：中华书局，2008年缩印本，第1022页。

妫川郡“北至张说新筑长城九十里”，“西北到新长城为界，三百八十里”，“东北到长城界，七十里”[①]。这段材料中同时提到“长城”与“新长城”，则“新长城”可能为唐朝所筑。经考古工作者实地考察，河北省境内赤城县分布了一些唐长城遗址。[②]

长期在张家口地区做长城考察研究的胡明认为从史料考证和考察来看，唐在张家口地区修过长城，田野调查中没有发现唐长城地表遗迹。所以，至今没有关于唐长城的田野调查报告。从史料及田野调查判断，赤诚那段被定为唐长城的遗存实际上是明长城。

唐朝没有大规模修建长城，靠强大的军镇加强对游牧势力的防御。这些军镇防御力量强，造反的危害也大。安史之乱就是唐朝将领安禄山与史思明发动的背叛唐朝战争，盛唐由此转衰。唐末藩镇割据及后来的五代十国，乱的根源都是来自藩镇。

七、渤海国边墙及高句丽长城的修建

唐朝还有两条长城类的军事防御体，一条是渤海国所建，一条是高句丽所建。

渤海国修建的边墙，在黑龙江省牡丹江市爱民区和宁安市境内，现存的三段古代边墙，即牡丹江段边墙、江东段边墙和镜泊湖段边墙，统称“牡丹江边墙”。其长度约66千米，并筑有相关城堡3座。

历史文献中没有找到对此边墙的记载，文物部门依据边墙的形制、修筑方法、附属设施和出土文物，以及边墙的地理位置，确定其为唐朝渤海国早期修筑，后为金末东夏国所沿用。

宁安市的渤海镇曾经作为唐朝渤海国的都城，牡丹江边墙即渤海国为防御来自北方黑水靺鞨族的攻击而修建的一条长城防御设施。这

① ［唐］杜佑：《通典》卷178，北京：中华书局，1984年，第948页。该卷记载：“妫川郡……北至张说新筑长城九十里；……西北到新长城为界三百八十里；东北到长城界七十八里。”按：妫川郡治在怀戎，即妫州，位今北京延庆西南。张说于武则天时入仕，睿宗时曾任宰相，也任过朔方节度使。

② 《关于河北省长城认定的批复》，国家文物局网，2012年6月18日。

道长城，为后人研究唐朝时期东北区域民族与军事发展提供了实物证据。

牡丹江边墙同渤海国早期的山城类似，是依山势就地取土堆筑，或就地取石垒筑而成。中部边墙以石筑墙居多。这里山势险峻，沟谷纵横，墙体用自然石块和人工开凿的石块，用干插法修砌。两边的边墙则以土筑成。

唐朝初年，东北地区的高句丽政权曾经修筑长城抵御唐朝军队的攻伐。此事史籍中多有记载。贞观五年（631），“诏遣广州都督府司马长孙师往收瘗隋时战亡骸骨，毁高丽所立京观。建武惧伐其国，乃筑长城，东北自扶余城，西南至海，千有余里”[①]。

《新唐书》中对高句丽修长城也有所记载：“帝诏广州司马长孙师临瘗隋士战胔，毁高丽所立京观。建武惧，乃筑长城千余里，东北首扶余，西南属之海。”[②]高丽史书《三国史记》中，对荣留王修长城也有记载：“（十四年）春二月，王动众筑长城，东北自扶余城，东南至海千余里，凡一十六年毕功。”[③]文中的荣留王便是高句丽国王高建武。唐太宗贞观十六年（642），荣留王曾经“命西部大人盖苏文监长城之役”[④]。这些材料说明，高句丽政权在荣留王时期，历时16年营建了千里长城。

现在，高句丽长城的起止和行经路线并不清楚。在怀德还发现有一段25千米左右的土墙，尚无证据表明其为高句丽长城的一段。有学者认为这一长城可能是由一些山城、平原城和土墙共同构成的防御体系，用以控制辽河平原前往高句丽的战略要冲。

对于高句丽长城的起点，大致有三种观点。部分学者认为扶余城

---

① 《旧唐书》卷199上《东夷列传》，北京：中华书局，2008年缩印本，第5321页。

② 《新唐书》卷220《东夷列传》，北京：中华书局，2008年缩印本，第6187页。

③ ［高丽］金富轼：《三国史记》卷20《高句丽本纪第八·建武王》，《域外汉籍珍本文库》第二辑，重庆等：西南师范大学出版社等，2011年，第146页。

④ ［高丽］金富轼：《三国史记》卷20《高句丽本纪第八·建武王》，《域外汉籍珍本文库》第二辑，重庆等：西南师范大学出版社等，2011年，第147页。

在吉林农安县，可农安县却没有发现高句丽古城遗存。另一部分学者提出扶余城应在吉林市龙潭山山城。龙潭山山城虽然为高句丽古城，但这里没有长城的遗址[①]，同怀德地区的土墙，以及“边”“边岗”地名之间的距离也过远。另有学者认为位于辽宁西丰县凉泉乡城子山的高句丽山城，即是高句丽政权西北重镇扶余城故址[②]。

高句丽长城西南至海，应该是渤海的辽东湾。有一种观点根据“老边村”“老边站”地名判断，认为其地址在营口一带。另有观点因辽宁金县大黑山山城是高句丽山城，所以将终点推论在金县。

---

① 冯永谦·《高句丽千里长城建置辨》，《社会科学战线》2002年第1期，第192页。

② 梁振昌、王绵厚、冯永谦等人均持这一观点。见梁振昌：《高句丽千里长城考》，《辽海文物学刊》1994年第2期；王绵厚：《东北古代夫余部的兴衰及王城变迁》，《辽海文物学刊》1990年第2期；冯永谦：《高句丽千里长城建置辨》，《社会科学战线》2002年第1期。

第三节　金朝也需要防御蒙古并不费解

金国号为大金，为女真族建立的王朝。金长城的修筑方式较其他朝代有所不同。其他朝代修长城都在局部地区使用过以壕代墙的建筑形式，这种利用壕堑形式的长城，于整体之中总是占不大的比例。而金界壕则是全线采用掘地为壕来修筑。把挖出的土筑成城墙，在重要的地方建设城堡以屯重兵，城堡之间用烽火台或壕堑相连。金朝所修的长城防御体，见诸史载，皆称为界壕或边堡。

金界壕的修筑，史载较早的是婆卢火所浚的泰州界壕，用于防御依然很强大的契丹遗部及奚。泰州在今吉林省白城市东南。据载婆卢火于金熙宗年间（1135—1148）任职于泰州，其修长城也在这个时间段内。

契丹遗部及奚在金朝早期，始终是金朝边疆地区较大的威胁。《元史》在《石抹也先传》中，对契丹给金朝的威胁有所描述："石抹也先者，辽人也。……辽亡，改述律氏为石抹氏。其祖库烈儿，誓不食金禄，率部落远徙。……父脱罗（毕）[华]察儿，亦不仕。有五子，也先其仲子也。（也先）年十岁，从其父问宗国之所以亡，即大愤曰：'儿能复之。'及长，勇力过人，善骑射，多智略，豪服诸部。金人闻其名，征为奚部长，即让其兄赡德纳曰：'兄姑受之，为保宗族计。'遂深自藏匿，居北野山，射狐鼠而食。闻太祖起朔方，匹马来归。首言：'东京为金开基之地，荡其根本，中原可传檄而定也。'"[①]成吉思汗起朔方，七年（1212）匹马归于蒙古。十年，率北京等路民一万二千余户来归，所将军皆猛士，衣黑为号，故曰黑军。契丹及奚人有坚强组织的部落，对金朝的边疆安全构成较大威胁。早期的金界壕，无疑是为防御契丹、奚遗部所建。

金在东北边疆大修长城，目的之一是保卫其上京地区。金太祖

① 《元史》卷150《石抹也先传》，北京：中华书局，2008年缩印本，第3541页。

完颜阿骨打于收国元年（1115）建国时，并没有修建都城。“国初无城郭，星散而居，呼曰‘皇帝寨’‘国相寨’‘太子庄’，后升‘皇帝寨’曰会宁府，建为上京。”[①]上京位于今黑龙江省哈尔滨市阿城区南，始建于太宗时期，负责营建的是辽降臣卢彦伦。上京到金熙宗天眷元年（1138）八月才正式命名，府名会宁，此前的上京改为北京（今内蒙古巴林左旗）。

金大规模地修建长城是在12世纪末13世纪初，蒙古族在成吉思汗的领导下，在这个时期大漠南北强大起来。金章宗泰和六年（1206）成吉思汗建立蒙古汗国，逐渐成为金朝北方的威胁力量。为防御蒙古，金朝开始大筑长城。

金成为中国北方的统治政权之后，北疆地区大致包括上京路、北京路和东京路。对金朝来说，以上京路为中心的“金源内地”是其发祥地，为保障这个地区的发展和安全，金朝在城镇建设、农牧业生产以及文化方面都有较大发展。与此同时，金朝修建长城保护其开发与建设的成果。

金界壕有两段：一段起于大兴安岭北麓，沿根河西行，穿呼伦贝尔草原，到达今蒙古国肯特省境内德尔盖尔汗山以北的沼泽地中。这是古代中国最靠北的一段长城，也有研究者认为这段长城是辽边壕。[②]另一段起自嫩江西岸，沿大兴安岭向西，至锡林郭勒盟，再向西南沿着阴山至大青山而止。

国家长城资源调查认定：金界壕遗址分布在内蒙古自治区、黑龙江和河北、辽宁省境内。内蒙古金界壕主线东起莫力达瓦达斡尔族自治旗，经扎兰屯市、扎赉特旗、科尔沁右翼前旗、突泉县、科尔沁右翼中旗、霍林郭勒市、扎鲁特旗、阿鲁科尔沁旗、巴林左旗、巴林右旗、林西县、克什克腾旗、翁牛特旗、赤峰市松山区、东乌珠穆沁旗、锡林浩特市、正蓝旗、正镶白旗、镶黄旗、多伦县、太仆寺旗、

① ［宋］宇文懋昭：《大金国志校证》卷33《燕京制度》，崔文印校证，北京：中华书局，1986年，第470页。

② 景爱：《中国长城史》，上海：上海人民出版社，2006年，第236页。

苏尼特右旗、化德县、商都县、察哈尔右翼后旗、四子王旗、达尔罕茂明安联合旗，西迄武川县；岭北线东起额尔古纳市，经陈巴尔虎旗、满洲里市，西迄新巴尔虎右旗；漠南线东起扎赉特旗，经科尔沁右翼前旗、东乌珠穆沁旗、阿巴嘎旗、苏尼特左旗、苏尼特右旗，西迄四子王旗。[①]河北省金界壕东起丰宁满族自治县，经沽源县，西迄康保县。[②]此外，黑龙江省齐齐哈尔市也有一些金界壕的遗址。[③]

一、金修建长城防御蒙古

研究金长城，首先要了解金朝的敌人是谁，还要了解金当时的军政情况。认识清楚这些背景，才能明白金修建长城的目的。

金在北面修建长城的防御对象是蒙古部落。辽朝末年，草原上的蒙古部落已经发展起来。完颜阿骨打推翻辽朝统治，确立了金朝的统治。辽朝宗室耶律大石率残部，先与阴山北部的汪古部联合，之后又与漠北的蒙古诸部联合。耶律大石欲东山再起、卷土重来重振往昔的雄风，无奈此时的金朝日益强盛，耶律大石见复辽无望，于是西迁至中亚地区，建立了哈喇契丹国，史称西辽。哈喇契丹政权后来被蒙古军打败。

金灭辽后，占据了辽朝的土地，也承袭了来自蒙古部族的边患。金太宗天会末年，草原部落之一的“萌古斯”首先向金朝发难。以后，边疆地区的形势越来越严重。熙宗天眷初年，金朝为防止北边游牧部落对边境的骚扰，派都元帅完颜宗弼率兵北伐。此时，蒙古还没有真正地发展起来，所以战争规模不大。皇统年间，海陵朝北部边疆也发生过局部战争。

世宗初年，连续派遣数位大员北上经略长城地区，局势一度有所好转。但这个时期，局部的小规模战役仍时有发生。到金章宗时，边

① 《关于内蒙古自治区长城认定的批复》，国家文物局网，2012年6月5日。

② 《关于河北省长城认定的批复》，国家文物局网，2012年6月18日。

③ 《关于黑龙江省金界壕遗址保护总体规划编制立项的批复》，国家文物局网，2011年4月29日。

疆形势开始恶化，虽然金章宗连续发动三次北伐战争，依然没能解决问题。金章宗晚期，随着蒙古诸部的逐渐统一，金朝与蒙古部落的力量对比逐渐转为弱势，金朝的边疆地区也成为蒙古部族掠夺的目标。

金界壕的修建，对抗击西夏和防备蒙古的侵扰起到了重要作用。金时西夏为其属国，在双方关系和缓的时候，彼此为维护宗藩关系不断有使节往来，并积极开展边境贸易。在双方关系紧张时，也会有军事冲突。西夏扰掠金的边境，金的守军也曾多次给西夏兵以还击。如宣宗贞祐元年（1213）十一月，西夏兵攻会州（亦称新会州，属临洮路），都统徒单丑儿率军“击走之”。贞祐三年（1215）正月，西夏兵攻积石州（属临洮路），都统姜伯通率军“败之”。[①]

这个时期成吉思汗的蒙古各部以及乃蛮、汪古、克烈等部，也都是金朝的属国，金以宗主国的名分与蒙古各部保持臣属关系。彼此以进奉、回赐等活动，维系宗藩关系并开展边境贸易。蒙古各部与辽朝有着很深的关系，经常有部落同契丹等族一起反金。随着蒙古各部的日益强大，蒙古反金的活动越来越多。

金修建的岭北长城，在这一时期对蒙古骑兵骚扰发挥了屏障作用。明昌四年（1193），蒙古塔塔儿部扰掠金长城地区，金丞相完颜襄在成吉思汗等蒙古部族的支持下，灭掉了塔塔儿部。蒙古塔塔儿部，居住在呼伦贝尔草原一带，客观上起到了隔阻蒙古各部与金直接发生冲突的作用。

塔塔儿部灭亡之后，金朝岭北长城的守军便要直接面对蒙古各部。在蒙古部众相继入侵金长城地区的情况下，近的东北部边疆形势变得非常严峻。留守北京的宗浩，奉命率上京等路军队驻泰州戍守。宗浩军集中讨击广吉剌部，“广吉剌间果降”。接着，宗浩率军“北进”，连败山只昆、合底忻等部，“皆乞降”。[②]

明昌六年至承安三年（1195—1198），金军还先后三次讨伐了犯

---

① 《金史》卷134《西夏列传》，北京：中华书局，2008年缩印本，第2871—2872页。

② 《金史》卷93《宗浩传》，北京：中华书局，2008年缩印本，第2073页。

边的蒙古各部。左丞相夹谷清臣率领的大军，连续攻入栲栳泺（今呼伦湖）、斡里札河（今乌勒吉河）、移米河（今伊敏河）和龙驹河（今克鲁伦河）等地区，“杀获甚众”[1]。这次军事行动，虽然打击和阻止了蒙古各部对金境的侵扰，但并没有解决蒙古各部对金长城地区的威胁。

金军驻在东北路招讨司治所泰州，距金朝与蒙古的边界有200多里。蒙古各部越界侵扰时，等到泰州守军“出兵追袭，敌已遁去”。章宗泰和年间（1201—1206），增设副招司分驻金山（属临潢府），军队临近长城边地进行防御，“由是敌不敢犯”[2]。此后的10年里，金的北部长城地区保持相对稳定的局势。直到卫绍王大安三年（1211），蒙古对金发动全面进攻，长城边堡的防御作用才逐渐削弱。

二、金长城初建于熙宗、世宗时期

金界壕的修建初议于熙宗、世宗时期。金世宗大定年间，来自北边的威胁越来越大，负责边疆事务的官员和将领不断地提出修建边堡壕堑，提高防御能力。一些边堡壕堑便修建于这个时期，只是规模还不够大。

《金史·地理志》称：“金之攘地封疆，东极吉里迷兀的改诸野人之境，北自蒲与路之北三千余里，火鲁火瞳谋克地为边，右旋入泰州婆卢火所浚界壕而西，历临潢、金山，跨庆、桓、抚、昌、净州之北，出天山外，包东胜，接西夏。”[3]《金史》给婆卢火作传时没有记载浚界壕之事，但详细记载了他屯田泰州的事例。天眷元年（1138），驻乌古迪烈地。考乌古迪烈地在泰州之北，大定、明昌间之边堡界壕，在东北路者，实起于乌古迪烈地，而达泰州边界。

泰州的地理位置对认识金界壕也很重要。《金史·地理志》记载：“泰州，德昌德军节度使。本契丹二十部族牧地，海陵正隆间，置德

① 《金史》卷94《完颜安国传》，北京：中华书局，2008年缩印本，第2094页。
② 《金史》卷93《宗浩传》，北京：中华书局，2008年缩印本，第2074页。
③ 《金史》卷24《地理志上》，北京：中华书局，2008年缩印本，第549页。

昌军，隶上京，大定二十五年罢之。”[①]《金史·兵志》中也提及泰州是军事要路的建置地：“东北路者，初置乌古迪烈部，后置于泰州。泰和间，以去边尚三百里，宗浩乃命分司于金山。”[②]

《金史·婆卢火传》记载：“天辅五年，摘取诸路猛安中万余家，屯田于泰州，婆卢火为都统，赐耕牛五十”，“泰州婆卢火守边屡有功，太宗赐衣一袭，并赐其子剖叔”，“天会八年，以甲赐婆卢火部诸谋克”，“天会十三年，加同中书门下平章事”，“天眷元年，驻乌古迪烈地，薨”。[③]婆卢火从天辅五年（1121）屯田于泰州，到金太宗天会八年（1130）以前屡因守边有功受到皇帝的赏赐。金东北路界壕的开筑时间应该是天辅五年之后。

《金史·地理志》记载：“右旋入泰州婆卢火所浚界壕西，经临潢、金山。”[④]泰州、临潢西北境的金山，就是今大兴安岭。《金史·地理志》还记载：“东北路，自达里带石堡子至鹤五河地分。临潢路自鹤五河堡子至撒里乃，皆取直列置堡戍。”[⑤]《蒙兀儿史记》中解释达里带石堡子时说：“达里带，满洲语，有石也。堡在嫩江西岸，布特哈旧总管衙门之北伊倭齐之地。”还进一步分析说：“张穆《蒙古游牧记》记科尔沁右翼中旗北一百里有鹤午河，源出伊克呼巴海山东南，流入左翼前旗界，会榆河，入归喇里河，堡在河上。”[⑥]

婆卢火驻在乌古迪烈部的驻牧地之时，应该是负责组织修建和戍守壕堑边堡。《金史》记载移剌按答“摄咸平路屯军都统”后，“入为兵部侍郎，徙西北、西南两路。旧设堡戍迫近内地者于极边安置，仍与泰州、临潢边堡相接”。[⑦]

大定五年（1165）正月，“诏泰州、临潢接境设边堡七十，驻

---

① 《金史》卷24《地理志上》，北京：中华书局，2008年缩印本，第563页。
② 《金史》卷44《兵志》，北京：中华书局，2008年缩印本，第1003页。
③ 《金史》卷71《婆卢火传》，北京：中华书局，2008年缩印本，第1693页。
④ 《金史》卷24《地理志上》，北京：中华书局，2008年缩印本，第549页。
⑤ 《金史》卷24《地理志上》，北京：中华书局，2008年缩印本，第563页。
⑥ ［元］屠寄：《蒙兀儿史记》卷1《世纪第一》，北京：中国书店，1984年，第1页。
⑦ 《金史》卷91《移剌按答传》，北京：中华书局，2008年缩印本，第2023页。

兵万三千”[1]。“设边堡七十”，《金史·阿勒根彦忠传》作“置堡戍七十”[2]，未几而有开壕之议。朝廷对于修不修沿边壕堑，在当时也有争议。纥石烈良弼是金朝以精通汉文化著名的大臣，曾做过金朝的左丞相。他曾上疏建议开榷场市马，还提出了女真等族人任地方官必须知晓汉文。他反对修建沿边壕堑，认为这不能有效抵御敌国的进攻，《金史》记载：“参知政事宗叙请置沿边壕堑。良弼曰：‘敌国果来伐，此岂可御哉？’”[3]

《金史·李石传》中也记载了纥石烈良弼的反对，并记载了这次讨论的结果：“北鄙岁警，朝廷欲发民穿深堑以御之。石与丞相纥石烈良弼皆曰：‘不可。古筑长城备北，徒耗民力，无益于事。北俗无定居，出没不常，惟当以德柔之。若徒深堑，必当置戍，而塞北多风沙，曾未期年，堑已平矣。不可疲中国有用之力，为此无益。’议遂寝。”[4]

关于修沿边壕堑有用还是没用的争议，由“参知政事宗叙请置沿边壕堑”而引发。宗叙是大定十年（1170）召至京师，拜参政事。大定十一年（1171）奉诏巡边。六月到军中，不久就因病而返。七月，病情加重，遗表朝政得失及边防利害，年底病故。所以修筑沿边壕堑之议，应该是大定十年至十一年（1170—1171）。大定十七年（1177），世宗思宗叙言，诏“以两路招讨司、乌古里石垒部族、临潢、泰州等路，分置堡戍，详定以闻”[5]。

大定二十一年（1181），金增筑了泰州、临潢府等路边堡及戍所。大定二十一年，世宗以东北路招讨司在泰州境及临潢路旧设二十四堡障，不足以保障防御需要，派官员前往视察处置。“于是东北自达里带石堡子至鹤五河地分，临潢路自鹤五河堡子至撒里乃，皆取直列置

① 《金史》卷6《世宗本纪上》，北京：中华书局，2008年缩印本，第135页。
② 《金史》卷90《阿勒根彦忠传》，北京：中华书局，2008年缩印本，第2003页。
③ 《金史》卷88《纥石烈良弼传》，北京：中华书局，2008年缩印本，第1952页。
④ 《金史》卷86《李石传》，北京：中华书局，2008年缩印本，第1915页。
⑤ 《金史》卷71《宗叙传》，北京：中华书局，2008年缩印本，第1646页。

堡戍。评事移剌敏言：‘东北及临潢所置，土瘠樵绝，当令所徙之民，始逐水草以居，分遣丁壮营毕，开壕堑以开边。’案世宗欲取直置堡戍者，盖为防敌人侵轶计，而土瘠樵绝，于戍兵不便，故移剌敏建议令戍兵姑逐水草别开壕堑以备边。盖以壕堑取直线，堡戍仍旧参差，以互相剂。四月，遣吏部郎中奚胡失海经画壕堑，旋为沙雪埋塞，不足为御。乃言：‘可筑二百五十堡，堡日用工三百，计一月可毕，粮亦足备，可为边防久计。泰州九堡、临潢五堡之地斥卤，官可为屋外，自撒里乃以西十九堡，旧戍军舍少，可令大盐泺官木三万余，与直东堡近岭求木，每家官为构室一椽以处之。’”①

大定二十一年（1181）大规模修整金界壕，“皆取直列置堡戍”②。长城修建工程的主力是奴隶和庶民。这在金朝东北路界壕及边堡的考古发掘中可以得到考证。夯在长城中的尸骨肢姿各异，无任何的殉葬品。有的尸骨甚至是无头骨的残骸，这些应该是没有人身自由的部曲、奴婢的尸骸。沿金界壕还发现大量的经过火化、用陶瓷器具盛殓、葬在石板墓中的尸骨，很可能是庶民。有墓有室有棺、有殉葬品、选择风水地形而葬的是有官者。

三、金长城大规模修建于章宗时期

金长城主要是修建于金章宗时期，这个阶段既是金发展的极盛阶段，也是金由盛转衰的转折时期。章宗时金的边患日益严重，所以才有了修建边壕军事防御工程的需要。较早对金界壕修建历史进行研究的王国维认为：“金之界壕，萌芽于天眷，讨论于大定，复开于明昌，落成于承安。”③承安三年（1198）修建完成的壕堑，应该是金朝修建的第一条较为完整的长城防御线。

金章宗明昌初年，北部边疆形势越来越紧张，修建壕堑边堡的提议再次被提及。《金史·独吉思忠传》记载：“初，大定间修筑西北

---

① 《金史》卷24《地理志上》，北京：中华书局，2008年缩印本，第564页。

② 《金史》卷24《地理志上》，北京：中华书局，2008年缩印本，第563页。

③ 王国维：《观堂集林》，石家庄：河北教育出版社，2001年，第360页。

屯戍，西自坦舌，东至胡烈么，几六百里。中间堡障，工役促迫，虽有墙隍，无女墙副堤。思忠增缮，用工七十五万，止用屯戍军卒，役不及民。”[①]独吉思忠是章宗承安三年出任西北路招讨使的，修西北路防御工程之举当在其上任后。

明昌三年（1192）三月，金章宗“诏集百官议北边开壕事”，五月“罢北边开壕之役”。[②]《金史·张万公传》记载：“初，明昌间，有司建议，自西南、西北路，沿临潢达泰州，开筑壕堑以备大兵，役者三万人，连年未就。御史台言：‘所开旋为风沙所平，无益于御侮，而徒劳民。’上因旱灾，问万公所由致。万公对以‘劳民之久，恐伤和气，宜从御史台所言，罢之为便’。后丞相襄师还，卒为开筑，民甚苦之。”[③]

承安三年，丞相完颜襄出兵临潢，“因请就用步卒穿壕筑障，起临潢左界北京路以为阻塞。言者多异同，诏问方略。襄曰：‘今兹之费虽百万贯，然功一成则边防固而戍兵可减半，岁省三百万贯，且宽民转输之力，实为永利。’诏可。襄亲督视之，军民并役，又募饥民以佣即事，五旬而毕。于是西北、西南路亦治塞如所请”[④]。丞相完颜襄军民并役所修建的壕堑，就是临潢路的界壕。在临潢路大修壕堑的同时，西北路、西南路也在修建边堡壕堑，工程量也不小。完颜安国以功迁西北路招讨使。“承安二年，以营边堡功，召签枢密院事。”[⑤]

在西南路，这一工作由仆散揆负责。“揆沿徼筑垒穿堑，连亘九百里，营栅相望，烽候相应，人得恣田牧，北边遂宁。……拜参知政事。”[⑥]仆散揆是明昌四年（1193）出任西南招讨使兼天德军节度使，负责守卫边境。承安四年（1199）二月，以西南招讨使仆散揆为参知

① 《金史》卷93《独吉思忠传》，北京：中华书局，2008年缩印本，第2064页。
② 《金史》卷9《章宗本纪一》，北京：中华书局，2008年缩印本，第221—222页。
③ 《金史》卷95《张万公传》，北京：中华书局，2008年缩印本，第2103—2104页。
④ 《金史》卷94《完颜襄传》，北京：中华书局，2008年缩印本，第2090—2091页。
⑤ 《金史》卷94《完颜襄传》，北京：中华书局，2008年缩印本，第2094页。
⑥ 《金史》卷93《仆散揆传》，北京：中华书局，2008年缩印本，第2068页。

政事。所以其率军沿边筑垒挖堑数百里，以防漠北各部之事，应该是在承安三年（1198）。

金临潢、西北、西南三路界壕的修筑时间和负责修筑的官员，史书记载虽简单，但都有记载。东北路界壕的修筑时间和修筑负责人史书少有记载，长期以来多为史学界争论。《金史·宗浩传》记载：“（宗浩）进拜尚书右丞相，超授崇进。时惩北边不宁，议筑壕堑以备守戍，廷臣多异同。平章政事张万公力言其不可，宗浩独谓便，乃命宗浩行省事，以督其役。”[①]宗浩拜右丞相是在泰和三年（1203）正月，张万公也是这年的三月致仕。

又据《金史·万公传》记载，张万公反对修筑壕堑，是因为旱灾。旱灾在承安元年，可见“命宗浩行省事，以督开壕之役”及“北边有警，命宗浩佩金虎符驻泰州便宜从事”，应该是说的同一件事，约在承安元年和承安二年间。王国维也认为，金朝“北部入寇，泰州临潢首当其冲，诸路界壕皆于承安三年竣工，不应最冲要之东北路，独迟至泰和三年始开筑也”[②]。

四、女真移居长城内之后的加速汉化

女真人的传统居住区域，被金人称为“金源内地”，金初年女真人分布于上京、东京和咸平府三路。随着金控制区域的扩大，女真以军事屯田的方式逐步向已占据的辽旧地迁徙猛安谋克。金太宗灭掉北宋，对中原汉地进行直接统治之后，猛安谋克更大规模迁徙到长城以南地区。猛安谋克的大批南迁是促使女真人汉化的因素之一。

天会十一年（1133），“金左副元帅宗维（即宗翰）悉起女真土人散居汉地”[③]。熙宗皇统初，当金朝从南宋手中夺取河南、陕西之后，将大批猛安谋克迁入中原屯田，更加发展了女真人与汉地文化的接触

① 《金史》卷93《宗浩传》，北京：中华书局，2008年缩印本，第2074页。

② 王国维：《观堂集林》，石家庄：河北教育出版社，2001年，第359—360页。

③ ［宋］李心传：《建炎以来系年要录》卷68，北京：中华书局，1956年，第1162页。

与融合，“凡屯田之所，自燕之南、淮陇之北俱有之”[①]。女真人本来就有农业耕种传统，所以很容易适应农耕地区的生活。

海陵王正隆年间，为了加强朝廷对女真贵族的控制力，朝廷“不问疏近，并徙之南”[②]。至此，除少数女真贵族被安置在长城以北的北京路之外，绝大部分女真贵族受命迁入中原地区。大量的女真人进入长城以南地区，给女真族的汉化提供了条件。金朝取消猛安谋克制度之后，这些迁居中原的猛安谋克女真人划归州府县管辖，彻底融入了汉族为主的社会。

从迁徙中原女真人的名字变化，也可以看到其适应和融入中原的变化。女真人有以其所居之山川或地名给自己的后代取名的习俗，入居中原之后，便产生了很多加上中原地名的人名。如完颜燕京、蒲察燕京、蒲察西京、完颜鄯阳、完颜绛山、裴满河西、乌古论兖州、徒单渭河等。说明这个时候，女真人在汉地已经有了新的乡土观念，他们已经视其居住地、出生地为自己的家乡。

金初期曾一度仿效辽的北南二元政体制，在加速汉化的过程中，放弃了女真旧制，彻底实行汉化的一元政治体制。没有在长城内外分别实行二元政体，是女真人汉化比较彻底的原因之一。

对辽金两个王朝的地域中心的差异，金人曾明确指出：“本朝与辽室异，辽之基业根本在山北之临潢……我本朝皇业根本在山南之燕。”[③]“山北之临潢”指的是辽朝始终坚持以秦汉长城之外草原为本位。“山南之燕”指的是秦汉长城之内的农耕地区。金朝以秦汉长城之内为本位的政策，在海陵王时就已经确立。

海陵王称帝后不久，于天德二年（1150）十二月废罢行台尚书省。次年四月，“诏迁都燕京”[④]。贞元元年（1153）三月，正式迁都燕京，

① ［宋］李心传：《建炎以来系年要录》卷138，北京：中华书局，1956年，第2226页。

② 《金史》卷8《世宗本纪下》，北京：中华书局，2008年缩印本，第185页。

③ 《金史》卷96《梁襄传》，北京：中华书局，2008年缩印本，第2136页。

④ 《金史》卷5《海陵本纪》，北京：中华书局，2008年缩印本，第97页。

并改燕京为中都。海陵王迁都的决策，还是遭到了部分女真旧贵族的抵制。面对保守势力的阻挠，海陵王果断采取措施：“命会宁府毁旧宫殿、诸大族第宅及储庆寺，仍夷其址而耕种之。”①

世宗称帝于东京辽阳之后，围绕着国都的选择问题，发生过一次反复。有不少的贵族主张还都于上京，世宗也曾有过犹豫。《金史》记载：“阿琐杀同知中都留守蒲察沙离只，遣使奉表东京，而群臣多劝世宗幸上京者。”②最后在李石等人的力主之下，世宗最终决定进据中都。

金实行以农耕为主的经济模式，大量移居长城以内，改用汉朝政治体制并迁都中都。以汉地为本位的政策，使女真人迅速汉化。后来，同样是女真人的清朝统治者，在总结金朝亡国的经验教训时，指责熙宗和海陵“循汉人之俗”③“效汉人之陋习”④“尽失其淳朴素风”⑤。《金代猛安谋克人口状况研究》一文认为，金章宗泰和七年（1207）长城以南各路的猛安谋克人口为300万左右。⑥

五、猛安谋克与金长城戍防

猛安谋克是金朝特有的一种军政合一的地方政权组织，是由氏族围猎组织发展而成的军事制度。猛安谋克起于长城区域，又驻扎在长城内外，与长城有着密不可分的联系。

婆卢火在长城防御区泰州辖境的屯田，包括金朝东北路界壕辖下各猛安谋克都属于“军民并役”的自给自足式的屯田。婆卢火的泰州屯田与在泰州修建金界壕是同时采取的军事举措。屯田初期规模并不大，耕具较为落后，也不充裕。金朝东北路界壕的始修时间，正是金

① 《金史》卷5《海陵本纪》，北京：中华书局，2008年缩印本，第108页。

② 《金史》卷86《李石传》，北京：中华书局，2008年缩印本，第1912页。

③ 《清太宗实录》卷34崇德二年四月丁酉，北京：中华书局，1986年，第446页。

④ 《清太宗实录》卷32崇德元年十一月癸丑，北京：中华书局，1986年，第404页。

⑤ 《清高宗实录》卷919乾隆三十七年十月癸未，北京：中华书局，1986年，第320页。

⑥ 刘浦江：《金代猛安谋克人口状况研究》，《民族研究》1994年第2期，第88页。

朝灭辽破宋的时期。这一时期金朝的农业、手工业迅速发展，但连年征战致使粮食及制作兵器和生产工具的铁都极为短缺。《金史》记载："天辅五年（1121），以境土既拓……遂摘诸猛安谋克中民户万余，使宗人婆卢火统之，屯种于泰州。"①

为了解决长城线上戍边士卒的给养补充，金"委官劝督田作""分遣使者诸路劝农"②。从各猛安谋克部落中抽调民户或整谋克、整部落携家属带耕具的迁徙，说明这一时期金界壕沿线的农业、垦耕地人力不足、耕力不足，使用的农业耕具也不足。

金长城沿线的猛安谋克组织，有的由辽的熟女真人组编起来，也有的是由生女真故地上京路一带和其他地区迁徙而来。猛安谋克所领的户既有女真人，也有契丹人和奚人。猛安谋克是金的统治基础。

猛安谋克组织在金建立之前，就已经初步形成。金世祖时，肃宗攻桓赧、散达兄弟，世祖"使欢都、冶诃以本部七谋克助之"③。女真人的围猎活动，以同氏族成员为单位。随着女真人发展壮大，在氏族围猎组织的基础上，发展成为猛安谋克的军事组织。猛安谋克的副兵称阿里喜，《金国语解》解释："阿里喜，围猎也。"④证明猛安谋克与围猎活动有关。

猛安谋克初无定数，只是将女真人编入猛安谋克。随着对辽作战的胜利，降金的辽人及一部分降金的奚人也被编入猛安谋克。《金史》记载："继而诸部来降，率用猛安、谋克之名以授其首领而部伍其人。"⑤收国二年（1116）破高永昌，占领辽东京之后，也将汉人和渤海人编入猛安谋克。这年五月，"斡鲁等败永昌，挞不野擒永昌以献，戮之于军。东京州县及南路系辽女直皆降。诏除辽法，省税赋，

① 《金史》卷46《食货志一》，北京：中华书局，2008年缩印本，第1032页。
② 《金史》卷3《太宗本纪》，北京：中华书局，2008年缩印本，第63页。
③ 《金史》卷67《桓赧传》，北京：中华书局，2008年缩印本，第1575页。
④ 《金史》附录《金国语解》，北京：中华书局，2008年缩印本，第2893页。
⑤ 《金史》卷44《兵志》，北京：中华书局，2008年缩印本，第992页。

置猛安谋克一如本朝之制”[①]。

辰州渤海人高彪之父高六哥，金初授为榆河州千户；辽阳渤海人张玄素，授铜州猛安；辰州熊岳人政，授卢州渤海军谋克；独吉义之父秘剌，亦以迎降金兵而授谋克。另外，沈州双城人王伯龙，天辅二年（1118）降金，授世袭猛安[②]。天辅七年（1123），又把猛安谋克制度向更大的范围推广，特别是在金“其后抚定奚部，及分南部边界，表请设官镇守。上曰：‘依东京渤海列置千户、谋克’”[③]。

金在其他民族聚居地推行猛安谋克制度时，也曾遭到抵制。天会元年（1123），在平州实行猛安谋克制度，遭平州汉民的强烈反对，以致不得不于次年停止了这一制度的执行。一些对汉人、渤海人推行的猛安谋克制，到熙宗时也被迫停止执行。此后，金朝恢复了一些地区的州县制。

金在守御长城的同时，“金朝为发展北部边区经济也采取了相应的措施。朝廷通过广泛的移民，把大批女真族猛安谋克等民户迁到中原和河北、山东等地区，而把大批汉族等农业民户迁到北部边区，既有让猛安谋克户定居从事农业生产，也有让汉人传授耕作技术，以促进北部边区农业发展的目的”[④]。

黑龙江甘南县一座小型戍边古城中出土一枚金朝铜制官印，印文为“拜因阿邻谋克之印”，这是一枚富山屯田军民部落长兼戍军百户长的官印。[⑤]这枚金朝官印的出土，说明戍边小古城为金朝长城卫戍中的基层单位。离长城近的小型城堡是谋克级别的城。离长城较远的大型戍边屯军城是猛安城。文物工作者的考察结果证明，大型戍边屯军城，地势多选择在进可攻退可守，随时可驰援所辖每座戍边小古城

---

① 《金史》卷2《太祖本纪》，北京：中华书局，2008年缩印本，第29页。

② 《金史》卷81《王伯龙传》，北京：中华书局，2008年缩印本，第1820页。

③ 《金史》卷77《挞懒传》，北京：中华书局，2008年缩印本，第1763页。

④ 林荣贵：《南宋与金的边疆经略》，《中国边疆史地研究》2001年第2期，第26页。

⑤ 彭占杰：《金代长城遗址出土三方官印考》，《辽海文物学刊》1995年第2期，第97页。

的地方。

文物调查还证明，每座大型屯军城管辖临近的6—8座戍边古城，按长城防御长度估计是70余千米。金东北路界壕就目前普查的结果，有大型屯军城9座，也就是有9个猛安城，可见金东北路界壕卫戍力量还是较为强大的。

第五章

明清时期长城建设与恢复秩序

明清是明朝和清朝的合称，中国历史的最后两个大一统王朝。一个是由汉族建立的王朝，一个是由满族建立的王朝。明清也是古代以君王为核心的中央集权政治体制发展到顶峰的时期。中国多民族统一的国家进一步巩固和发展。明朝是长城修建和使用的鼎盛阶段，清代虽然也修缮增筑并利用长城，但其功能出现了重要转变。

明朝是中国历史上修建长城较长，利用长城的时间也较长的朝代。明长城是长城史上工程最大，防御体系和建筑结构最完善的建筑工程，吸取了此前历代修筑长城的经验，充分体现了工程建筑成就。中国古代多将中原、东北、华北、西北等地与游牧民族相交错的地域称为边地，并在此处修筑长城。明朝将长城称为边墙，并将长城防御体系中的九镇称为九边。

图 11　河北金山岭。长城不属于某个朝代、某个民族的狭小历史，属于全人类宽广而开放的历史。每年数千万的各国游人登上长城，感受人类祖先智慧的结晶，完全跨越了民族与国籍的限定

清朝长城的用途，是利用明朝的长城实行满禁和蒙禁。祁美琴说：“清代的长城作为游牧与农耕、内地与边疆的阻隔作用依然存在，在军事地位下降的同时，长城的民族的、社会的、经济的、文化的分界意义开始凸显出来。”[1]长城已经不是军事防御的手段，而是对经济贸易等进行管理的措施。只有青海的长城依然同明代一样，用于防御蒙古的有关部族。明末社会动荡，农民起义风起云涌之际，清或利用明长城或新修建一些长城，对农牧军进行堵截。如在山东还重新修缮了齐长城，堵截捻军。

清朝以长城分隔内外，对满汉事务和蒙汉事务都制定了严格的规定。如关内“民人”不许越过“柳条边”，不许进入东北满族发祥地和朝廷分封给蒙古王公的牧场垦荒种地；满、汉族和蒙、汉族之间男女禁止通婚；禁止满、蒙古族人学习、使用汉文或用汉文命名等。清朝这样做的目的，是为了保持满、蒙民族的文化和习俗，以巩固大清王朝的统治地位。

① 祁美琴：《论清代长城边口贸易的时代特征》，《清史研究》2007年第3期，第73页。

第一节　明长城的防御对象及指挥系统

元顺帝至正二十八年（1368），朱元璋推翻元朝的统治，在应天（今江苏南京）称帝，国号明。元朝虽然不足百年就被推翻，但与辽、金、西夏等少数民族政权的被推翻有一点不同：元朝被推翻后，元顺帝是在没有受到重创的情况下，率领王室贵族和主力军队退回漠北。这是中国历史上游牧政权创造的一个奇迹，此前从没有来自草原的少数民族政权在入主中原后，还能如此全身而退。

被迫退回到漠北草原的北元政权和蒙古诸部，军事实力仍然很强，随时都会卷土重来。明朝建立之初，便面临着来自北方的强大压力，要加强对北方的军事防御。明中叶以后，女真崛起于白山黑水之间，也不断威胁明朝边境的安全。为了巩固北部边防，朱元璋在当政之初就开始建设北方防御体系。终明一朝276年中，几乎没有停止过对长城的修筑。

明初，朱元璋确定了以“不征”为特征的对蒙古等政权的交往模式。“在洪武朝奠定的，以‘不征’为特征的明代对外关系，在中国历史上史无前例，实际上标志着古代中外关系出现了新的模式和特征，更成为古代中外关系的一个引人注目的转折点。”①

朱元璋的“不征”战略并不是简单的不征，更不是消极的不征。他确定提出：“有为患于中国者，不可不讨。”朱元璋推崇“地广非久安之计，民劳乃易乱之源”的古训，一方面是希望能有一段时间休养生息来恢复战后经济和社会，一方面也是因为明初无力对退居草原的北元进行大规模的军事行动。

明朝长城防御的边政体制经过长期的演变，形成九边总兵镇守制度与都司卫所制度并存的双重体制。都司卫所制度明初即遍行全国，

① 万明：《明代外交模式及其特征考论——兼论外交特征形成与北方游牧民族的关系》，《中国史研究》2010年第4期，第28—29页。

九边镇守制度于明中期才最终确立。总兵由原来的临时派出，逐渐转为镇守，成为地方化、制度化的军事安排，虽然在一定程度弱化了都司卫所制度，但都司卫所制度并没有随之废弃。九边总兵镇守制度与都司卫所制度并存的双重体制，一直实行到明末。

长城九镇的设立是基于长城地区的军事防御需要，攻与守是兵学中的两大战略。明朝人虽然也强调要攻守结合，“攻之中有守，守之中有攻。攻而无守，则为无根，守而无攻，则为无干”①，但实际操作时，随着长城越修越坚固，实际上明军的进攻能力表现得越来越弱。

明初采取守势，利用长城来加强对蒙古等民族的防御。明早期的长城相对简单，在北齐长城的基础上增建一些烽火台和关塞，局部地段将土墙改建为石墙。朱元璋命徐达修建了居庸关、山海关等关隘，命冯胜修建了嘉峪关及西北的部分关隘。永乐时大修烽墩和关隘，宣德时也建了一些军事堡寨。

明中叶为了阻止敌方入塞，在贯彻以守为主的防御战略中，下令大修边墙。“土木之变”后，瓦剌、鞑靼不断兴兵犯边掳掠，迫使明朝把修筑北方长城、增建墩堡作为当务之急，建立起严密的长城防御体系。随着各地边墙的修建，逐渐建成了东起鸭绿江畔，西至嘉峪关的万里长城。为了有效地对长城全线进行防务管理和修筑，明朝将长城全线划分为九个防守区，即辽东镇、蓟镇、宣府镇、大同镇、山西镇、延绥镇、宁夏镇、固原镇、甘肃镇，这就是明长城九镇。每镇设总兵官一人统辖，下设副总兵官、参将、游击将军等分地守御。

隆庆议和之后，蒙古同明朝之间形成互市贸易，互通友好，北方边境稍稍安定。隆庆年间，在谭纶、戚继光的主持下，在蓟镇等地大造砖石空心敌台，增筑山海关石墙至渤海入海口，修缮了环卫京师的内长城以及太行山的险关要隘。

明朝后期的边患，为来自东北的女真族。从此，明长城的防御重

① ［明］郑若曾：《筹海图编》卷12《严城守》，李致忠点校，北京：中华书局，2007年，第803页。

心东移，重点加强蓟镇和辽东镇长城的重建和改造工程。随着辽东大部分地区的陆续失守，明朝几乎将国家全部力量倾注到山海关内外。在山海关外以屏蔽京师为重点，构建了一道坚固的防线。

一、明长城主要防御蒙古

明朝是在推翻元朝后建立起来的全国政权，这就决定了其与蒙古部落相互敌对的关系。“元人北归，屡谋兴复”[①]成为明初的最大忧患。明朝前后大规模修建长城50余次，长城一直被明朝作为防止蒙古各部南下的军事屏障。

明朝是典型的以农为本的王朝，“代表着农业文明在中国的再度崛起，农业文明与游牧文明的关系进入一个新阶段。重要的是，我们不能忽略明帝国与汉唐帝国之间，间隔着诞生于游牧文明的蒙元帝国，这一帝国虽然存在时间不长，其影响却极为深刻”[②]。明朝在其建立之初，就面对来自北方的压力。整个明朝与蒙古部族的关系，都是围绕着长城地区展开。明长城史，就是明蒙关系史的缩影。明蒙关系可以按时间和战与和的形势，分为三个时期。

第一时期，洪武到宣德年间，明朝的政治和军事力量都很强势，压制住了北方蒙古势力对农耕地区的威胁。这个时期虽然也增修居庸关、山海关、嘉峪关等重要关隘，但还未形成完整的长城防御体系。朝廷执行的是以征伐立威的军事战略，对蒙古采取强势的进攻。明成祖朱棣五次亲征漠北，虽然并没有取得歼灭性的胜利，但还是在一定程度上削弱了蒙古势力。

明宣宗时期对明成祖的边疆政策做了大调整。明宣宗认为对蒙古诸部“驭夷之道，毋令扰边”[③]，从而采取了节制用兵、防御为主的策

---

① 《明史》卷91《兵志三》，北京：中华书局，2008年缩印本，第2235页。

② 万明：《明代外交模式及其特征考论——兼论外交特征形成与北方游牧民族的关系》，《中国史研究》2010年第4期，第53页。

③ ［清］谷应泰：《明史纪事本末》卷28《仁宣致治》，北京：中华书局，1977年，第422页。

略。这个时期加强了长城防御建设，北方边境比较平静。在永乐帝的征讨下，蒙古部落之间造成的严重对立仍在起作用。阿鲁台领导东蒙古人，脱欢领导西面的瓦剌诸部落，东西蒙古部落之间连年发生战争。此时，阿鲁台还受到东部的兀良哈诸卫蒙古人的挑战。

第二时期，正统到嘉靖年间，蒙古各部族经过几十年的整合，军事力量有了很大的恢复，甚至在一些时候对明朝构成极大的威胁。宣宗之后，明长城地区“老将宿兵消亡过半，武备渐不如初”①。正统年间皇帝昏庸，宦官揽权，贪赃枉法，滥杀无辜，一些官吏逢迎权势，夺占良田，朝政日趋混乱和黑暗。与之相应，体现在国家边防上为“正统以后，边备渐弛”②，“天下无事，民不知兵，而武备尤废，所以十四年有土木之厄”③。

至宪宗继位，明朝积弊日深，边备日趋紧张，军队战斗力越来越弱，只好以“守为长策”作为朝廷的国防战略。自此以后，长城越修越多，发生在长城各镇的战争也是明朝最多的时期。明长城就是在这样的军事压力下，长城防御体系渐趋完善，到万历年间达到了顶峰。

在蒙古族的力量有了较大的发展时，明朝针对国势日衰的形势，为遏阻剽悍、勇猛的蒙古骑兵南下，投入了更大的力量来修缮和加固长城，使原先不相连接的关隘和长城连接起来。明朝全线连接的长城防御体系，就是在这期间形成的。

嘉靖二十二年（1543）达延汗死后，蒙古重新陷入了分裂、割据的状态。达延汗的长孙卜赤虽继承蒙古可汗位，但实际上只能统治他自己的割据范围——蒙古左翼地区。达延汗的第三个儿子阿勒坦汗势力日盛，成为蒙古族中有影响的人物，中原史书上多称其为俺答汗。

---

① ［明］陈子龙等选辑：《明经世文编》卷63《为修饬武备以防不虞事疏（马文升）》，北京：中华书局，1962年，第529页。

② ［清］龙文彬：《明会要》卷38《职官十·行太仆寺》，北京：中华书局，1956年，第675页。

③ ［明］陈子龙等选辑：《明经世文编》卷63《为修饬武备以防不虞事疏（马文升）》，北京：中华书局，1962年，第529页。

俺答汗是长城史上一个极重要的人物。他执政的前期是明蒙战争激烈的时期，他在政的后期是明蒙走向休战的时期。战与和围绕着俺答的求贡与明朝的开市和闭市而展开。俺答主政后认为，只有走通贡互市之路，才能稳定而大量获取中原的农业及手工业物资，保证稳固的畜产品销售市场，进而巩固统治。

嘉靖十三年（1534）四月，“俺答挟众欲入贡”[①]，嘉靖二十年（1541），俺答汗派石天爵、肯切两人至大同阳和要塞，要求通贡，并保证今后“令边民垦田塞中，夷众牧马塞外，永不相犯”[②]。嘉靖皇帝和严嵩武断地以“寇情多诈”为名，拒绝了俺答汗通贡互市的合理要求。此外，他们还悬出赏额，购俺答汗的首级。[③]

在俺答求贡而不得获准、双方军事冲突日趋严重的情况下，翁万达向朝廷提出加强防务、修缮长城的请求，得到嘉靖皇帝的批准。[④]翁万达于嘉靖二十五年（1546）至二十八年（1549）这四年间，大兴土木，重新修筑了大同镇、宣府镇长城，北边却并未因此安定。

俺答汗的领地原在河套以北大青山一带，后来乘明王朝衰弱之机，占据了河套地区作为放牧之地。河套地区东面紧接大同镇，南面为榆林镇和固原镇，西面为宁夏镇。俺答汗占据河套后，严重地威胁着明朝长城防御线的安全。明廷拒绝与俺答汗的互市，除了想从经济上控制蒙古族俺答部的发展外，与俺答部给明朝造成的军事压力也有关系。

第三时期，是隆庆议和到明末为止。这一时期，明朝和蒙古方面达成和解。在经济方面互市交流，在军事上保持相对和平。隆庆四年（1570）冬，明蒙关系终因俺答汗之孙把汉那吉投奔明朝而出现转变。

---

① ［明］瞿九思：《万历武功录》卷7《中三边·俺答列传上》，《续修四库全书》，上海：上海古籍出版社，1999年，第416页。

② 《明世宗实录》卷251嘉靖二十年七月丁酉，台北：“中央研究院”历史语言研究所，1962年影印本，第5030页。

③ 《明史》卷327《鞑靼列传》，北京：中华书局，2008年缩印本，第8479页。

④ 《明史》卷91《兵志三》，北京：中华书局，2008年缩印本，第2241页。

宣大总督王崇古和大同巡抚方逢时对把汉那吉以礼相待，并迅速上报朝廷。

在给皇帝的奏疏中，他们提出：把汉那吉归附明朝，应该封官晋爵。如俺答汗来要还孙子，则以投靠俺答汗的汉人赵全等作为交换条件。在内阁大学士高拱、张居正的积极支持下，隆庆皇帝批准了王崇古等人的建议，授予把汉那吉指挥使的官职。

隆庆四年（1570）十二月，俺答汗将赵全等人缚送明朝，又一次提出通贡互市的要求。明朝则命王崇古派人护送把汉那吉返回蒙古部落。隆庆五年（1571）三月二十八日，隆庆皇帝下诏封俺答汗为顺义王，其子弟亦各封官职。此外，明朝还批准了双方的通贡互市。历史上称这件事为“隆庆议和”。

此后，在俺答汗和三娘子的主持下，蒙古各部很少再对长城以内进行扰掠。明蒙矛盾虽有所缓解，但对明朝来说加强北部边地的防御依然十分重要。为加强长城防御线的防务，明朝调原两广总督谭纶和福建总兵戚继光先后到北方。戚继光到任后，完善了长城防御体系，其措施是在长城上骑墙建筑了大量空心敌楼，加强了长城防御体系的稳定性。[①]

蒙文《俺答汗传》对这件事的记载，所站角度、立场虽然都不同，但也充分肯定了这是双赢：“可汗为首三万户诺延提其所好时，给予多种奇异的封赏不可数计，年年月月不断贡我所需，令人满足称心如意”，“此次会盟中为消弭对和局的疑虑，蒙汉两大国一再聚会，洒酒祭祀共同说誓于长生天，从此和局确立之情如此这般。”[②]自隆庆议和后，蒙古族从未大举南下攻打明朝，强固后的长城防御线并未受到明蒙之间战争的考验。

---

① 《明史》卷212《戚继光传》，北京：中华书局，2008年缩印本，第5614—5615页。

② 转引自曹永年：《蒙古民族通史》第三卷，呼和浩特：内蒙古大学出版社，2002年，第343页。

二、明末长城防御后金的血与火

明朝时，居住在东北的女真族有建州、海西、东海三大部。建州女真分布在抚顺以东的浑河、苏子河流域一带，土地肥沃，禾谷丰茂，渔牧业发达。明朝初年，王朝对于居住在东北女真族的统治，通过设置地方军事行政机构即卫所来实现。

万历十年（1582），辽东镇总兵官李成梁出兵支持图伦城主尼堪外兰所在的古埒城。李成梁的部下为邀功，反而把帮助明朝进城劝降的努尔哈赤的祖父觉昌安、父亲塔克世二人一起误杀。努尔哈赤的祖父、父亲二人，先后任明朝的建州左卫都指挥使等职，是为明朝出过力、立过功的女真族首领。他们被明军误杀，明朝以努尔哈赤袭父职，为建州左卫指挥。

万历十一年（1583），25岁的努尔哈赤以“为报父、祖之仇”为名，以“遗甲十三副”起兵百人，借助明朝力量讨伐图伦城城主，从而开始了征伐女真各部的军事活动。努尔哈赤采取的策略是“恩威并用，顺者以德服，逆者以兵临”[①]。

明万历十六年（1588），努尔哈赤确定建州本部的统领地位，二十一年（1593）统一建州各部，四十四年（1616）完成了包括建州女真、海西女真和野人（东海）女真在内的女真各部的统一。这些行动推动了女真社会的发展，促进了满族共同体的形成。就在这一年努尔哈赤以赫图阿拉（今辽宁省新宾县西）为中心，建立地方割据的大金政权，史称“后金”，改元天命。

万历四十六年（1618），努尔哈赤以“七大恨”为名誓师，向明朝正式宣战。“七大恨”激起女真族反对明朝统治的民族情绪，抚顺之战打响了后金进攻明长城的第一炮。明长城辽东镇的一些城堡，甚至重要的城池先后失陷。

为了反明，努尔哈赤除积极修备战事外，对蒙古族和汉族也采取了相应的措施。对于蒙古族，努尔哈赤实行团结的政策，用以壮大自

---

① 《清太祖实录》卷1，北京：中华书局，1986年，第25页。

己的力量，巩固后方。努尔哈赤从起兵反明开始，就面临如何对待汉族民众的问题，特别是居住在辽东境内的汉族民众。当时的官吏总结历史经验时曾说：金朝、元朝时，一个少数民族之所以能入主中原，与他们“皆能用汉人”大有关系[①]。

后金向辽沈进军时，又招服明朝抚顺游击李永芳，收为额附，“结为心腹”，有军政大事都参与谋划。当时有相当数量断绝功名之路、不满明朝腐败统治的汉族知识分子投奔后金，情愿辅佐努尔哈赤，共谋大业。努尔哈赤这种对汉人的养民政策和对汉官、汉族知识分子的笼络政策，极大程度地化解了汉满两族的矛盾，大大削弱了来自汉族方面的敌对力量，从而使他在反明的战争中减少了不少阻力。

努尔哈赤死后，皇太极即帝位，改国号为大清[②]。皇太极（1592—1643）是后金第二代君主，清朝第一代皇帝。他年轻时便成为随父兄从征的骁将，参与后金的各项重大决策，是努尔哈赤开创基业的得力助手。努尔哈赤晚年对辽东汉人的反抗多有屠杀，皇太极即位以后承认屠杀汉人是一种错误，表示“良用自悔”，决心“图治更新”。改正对汉人的政策是后金统治者民族政策的重大转变，也为清朝的建立及发展成为全国统治政权奠定了政策基础。

皇太极登基不久，曾率领15万大军再次攻打锦州城，遭到明军的坚决抵抗。此后，皇太极又率军攻宁远，取得对明军的作战胜利后，才开始进入与明朝的议和阶段，议和对巩固后金政权有积极意义。皇太极在与明朝的多次议和及书函来往中，政治上要求封王位，经济上要求礼尚往来。关于明朝与后金的分界，皇太极提出：以宁远、双树堡中间土岭为明界，以塔山为后金界，以连山为适中之地，双方俱于此互市。但是，明朝上下对于皇太极提出的“议和”，始终未给予积极回应，致使议和毫无结果。

---

① 罗振玉编：《天聪朝臣工奏议》，潘喆、孙方明、李鸿彬编：《清入关前史料选辑》，北京：中国人民大学出版社，1989年，第84页。

② 《明神宗实录》卷572万历四十六年七月己未，台北：“中央研究院”历史语言研究所，1962年影印本，第10794页。

皇太极与明军在短短几年里交战频繁，战场多在辽东长城之内。此时，辽东长城防线已经为清军所据。在清军军事压力下，明朝的防御只能退守山海关长城一线。皇太极于是制定战略，把摧毁明朝的宁锦防线、占领山海关、进取中原作为军事行动的政治目标。

明末，许多名臣良将、封疆大吏被朝廷派往山海关督师、经略，调动重兵，加强防务。兵部尚书熊廷弼、孙承宗都曾先后两次出任辽东督师经略。天启元年（1621），孙承宗在山海关城东墙之上建“新楼”，以加强东部防线。天启二年（1622），孙承宗在南海设立龙武营，加强海上防御力量。为了向辽东、辽西转运大量的军需物资，孙承宗重新修复利用南海码头港，疏浚海口河道。孙承宗在职4年，练兵屯田，修筑宁远等大城9座，堡49座，练兵11万。

天启七年（1627），后金皇太极率军攻打宁远、锦州，兵败而还。皇太极于是改变战法，决定采取扰关内蔽关外，迂回攻明的方略，避开宁远至山海关防线。崇祯二年（1629）十月，皇太极亲率大军5万向西进发，取道蒙古草原分三路攻明长城。左路攻龙井关，右路攻大安口，皇太极自率主力中路军攻洪山口。二十六日，左路军突破龙井关。史载：“（崇祯二年冬十月）戊寅，大清兵数十万分道入龙井关、大安口。十一月壬午朔，京师戒严，大清兵临遵化。”①

清军攻进长城直趋遵化，右路军进抵大安口时遭明军迎击。在清军分进合击下，马关营、马兰口、大安营三城失守。山海关总兵赵率教领兵四千驰援，也全军覆没。各路后金军会师遵化后，一路势如破竹，兵临北京城下。十一月十八日，攻德胜门。崇祯帝急调袁崇焕增援，将后清军阻止在广渠门外。

后来，皇太极巧施反间计，崇祯帝信以为真，处死袁崇焕，明朝军心动摇。总兵祖大寿率军出山海关，回锦州城。皇太极乘机夜袭卢沟桥，在永定门外大败明军，明朝总兵满桂被杀。皇太极认为明朝仍

---

①［清］陈鹤：《明纪（下）》卷52《庄烈纪一》，［清］陈克家补，台北：世界书局，1984年，第533页。

有实力，下令分兵回掠。于崇祯三年（1630）正月，皇太极挥师东进，从冷口（今河北迁安东北）返回沈阳。这是皇太极第一次越过长城，明称“己巳之变”。

崇祯九年（1636）五月，皇太极命贝勒阿济格率八旗兵10万人，突入长城独石口，进逼京畿。七月，大败明军师抵延庆。又入居庸关，直奔昌平。七月初三日，京师宣布戒严，兵部紧急征调各路勤王兵入援京师。八月，清军猛攻昌平，明守军力不能支，昌平城被焚毁。随后清兵连续攻陷良乡、清河、顺义、怀柔、宝坻、房山、涿州、文安、永清、雄县等城。

清兵这次突破长城关隘直逼京师，使得明朝举朝震惊。自从己巳之变以后，东北边防相对较为平静，这次清兵竟以迅雷不及掩耳之势打到京城。崇祯帝急令京师戒严，速调各路大军勤王。九月一日，清军携带所虏大批财物由冷口出长城。清军此次攻入长城，历时4个多月。在京畿地区，打了大小50余仗全部告捷，俘获大批人畜。这是皇太极第二次攻入长城，明称“丙子虏变”。

崇祯十一年（1638）八月，皇太极采用声东击西的战法，命令多尔衮、岳托率师分道出征。岳托率右路军先抵长城关口墙子岭，从长城豁口处突入。墙子岭守将吴国俊率部仓促迎战，战败逃往密云。蓟辽兵部右侍郎吴阿衡率骑兵相援，战败被杀。多尔衮率左路军由董家口和青山口之间毁长城而入，由于青山口明军已增援墙子岭，多尔衮得以乘虚攻入青山口，直抵通州。十月，京师戒严。明朝急调各路兵马勤王，入卫京师。

明帝朱由检意欲与清议和，又顾虑重重，在命令宣大总督卢象升统率各路军抵抗清军的同时，又密令大臣杨嗣昌、宦官高起潜暗中牵制卢象升。卢象升战败阵亡，高起潜不但坐视不救，反而在得知卢军兵败的消息后仓皇逃跑。清军长趋深入，连下畿辅州县43座。清军绕过明军德州防线，直指山东，攻陷济南，俘虏了德王朱由枢。崇祯帝急调在河南、陕西镇压农民军的洪承畴、孙传庭各率5万兵入援。

皇太极为牵制明军，策应关内作战，亲自率清军进攻锦州、松山。明崇祯十三年（1640）三月，清军才经长城青山口返回沈阳。此次清军入关历时8个月，深入内地2000余里，攻掠河北、山东城邑70余座，明军始终处于被动挨打的地位。这是皇太极第三次进关，明称“戊寅虏变”。同年三月，皇太极命令多尔衮、济尔哈朗围困锦州。次年三月，加强锦州攻势，并占领外城。明朝派洪承畴率13万大军救援锦州。清军在松山、杏山之间歼灭明军5万余人。崇祯十五年（1642）二月，清军攻下松山，俘虏总督洪承畴，锦州陷落。

崇祯十五年（1642）十月，皇太极命阿巴泰为将，率师10万攻明关内，进一步削弱明朝国力。两军分别攻破长城后，很快会师蓟州（今天津蓟县），然后杀向山东，沿途城堡相继失守。清军大掠山东后又入直隶，第二年五月，清军在攻破明朝88座城邑之后，从墙子岭出长城，返回关外。这是皇太极第四次入关，明称“壬午之变”。

清军四次攻入长城，长驱直入河北、山东、山西等地，几次进逼京郊。终因山海关长城防线控扼其间，内可断其归路，使清军内外声势不接，不得不在骚扰掳掠之后退出长城。皇太极先后多次派大军攻进长城，甚至深入到中原地区造成巨大的破坏。“计五次所掠，人口达百余万，牲畜无数，掠黄金、白银更以千万两计，致使京师以南地区‘民亡十之九’，行程千里，‘一望荆榛’。”[①]清军发动的是以破坏和掠夺为目的的战争，极大地消耗了明朝的经济实力和有生力量。皇太极将这一战略比喻成“伐大树”。他说：“取燕京如伐大树，须先从两旁斫削，则大树自仆。”[②]

从神宗后期至崇祯朝，明朝为加强辽东长城的防御，阻止后金的进攻，筑城堡，修工事，运粮饷，派重兵，几乎耗尽了国家的财政。为支付辽东巨额军费开支，明朝屡次向全国额外加派税额，名曰“辽饷”。“辽饷”“剿饷”“练饷”，合称“三饷”，是明末向百姓的摊派，是对社会经济破坏极大的虐政。明末农业生产急剧下降，加速了社会

① 李治亭：《努尔哈赤与皇太极亡明辨》，《社会科学战线》1997年第3期，第189页。

② 《清太宗实录》卷62崇德七年九月壬申，北京：中华书局，1986年，第853页。

经济的崩溃。这些正是农民起义军得到各方面支持的社会基础。

清军在长城沿线的对明作战，对李自成农民军客观上起到了很大的帮助作用，甚至可以说生死攸关。明军分内外两线作战，内线是对李自成等农民军，外线是对清军。正当李自成的农民军溃败之时，皇太极发动的几次对明长城的进攻，都不同程度地缓解了农民军的压力。

崇祯十七年（1644）三月十九日，李自成统率农民军攻占北京，结束了明朝276年的统治。清朝摄政王多尔衮在明朝宁远总兵吴三桂的请求下，以“除暴救民，灭贼以安天下”①为号召，四月二十二日与李自成的20余万农民军在山海关附近激战。五月二日，多尔衮率领清军进入北京城。十月初一，清顺治帝从盛京迁都北京，建立了统治全国的政权。

三、大将、塞王镇守边关制度

明初在征讨北元势力的同时，朱元璋占领了新的地区之后，即委派塞王并任命随军将领镇守战略要地。北方基本平定后，北元对明朝的威胁仍然很大。明朝建立之初，在北疆地区以大将充任最高军政长官，负责边地的安全和正常社会秩序的建立。这种军政合一的大将镇守制度，在明初起到了很重要的作用。

这个时期的镇守将领，基本上是跟随朱元璋一起打江山的重要将领。他们并不在地方上担任职务，朝廷一般都是根据军事任务，对这些镇守将领实行极为频繁的调遣。明初在北平、山西与辽东三地，实行的大将镇守制度时间较长，人员也较为固定，分别由徐达、李文忠、郭英三员大将担任镇守。

即便是徐达等镇守大将，也是因防御蒙古之需要而设置，具有很明显的临时性。任职的将领虽地位较高，权力也较大，但都属于临时

① ［清］赵尔巽等：《清史稿》卷218《多尔衮传》，北京：中华书局，1977年，第9025页。

派出执行任务的性质。大将镇守制度的典型是明朝建立之初的徐达，“诏大将军徐达置燕山等六卫以守御北平”①。徐达虽位高权重，统率全军，实为北边最高军政长官，但朱元璋并不任命徐达等充任行都督职官。

图 12　条石城墙内部结构。所有能够超越时间、跨越地域而被珍惜的事物，都是因凝聚了人类的创造力而存在的

洪武十四年（1381）以后，徐达虽然经常镇守北平，但“每岁春出，冬暮召还，以为常”②。明初遇有战争，由兵部秉承皇帝旨意，委派都督府官，或与侯伯出任总兵官，事后还任。“凡各省、各镇镇守总兵官、副总兵，并以三等真、署都督及公、侯、伯充之。有大征讨，则挂诸号将军或大将军、前将军、副将军印总兵出，既事，纳之。其各府之掌印及佥书，率皆公、侯、伯。”③

这个时期，对战时军队的调动有极其严格的限制。据洪武四年（1371）规定，各都司卫所军队的调动，都要凭朝廷所造金符和走马

① 《明太祖实录》卷34洪武元年八月癸未，台北：“中央研究院”历史语言研究所，1962年影印本，第619页。

② 《明史》卷125《徐达传》，北京：中华书局，2008年缩印本，第3729页。

③ 《明史》卷76《职官志五》，北京：中华书局，2008年缩印本，第1857页。

符牌。随着长城防线的军事活动越来越多，朝廷采取了一种敕书制，将领凭着皇帝所发的敕书，到军队驻地调兵。这种做法，到永乐七年（1409）废止，原因是“上以边戍调遣，止凭敕书，虑或有诈，乃以‘勇敢锋锐神奇精壮强毅克胜英雄威猛’十六字，编为勘合。有事调发，比对相合，方准发兵”①。

洪武中、后期，边地防御体制发生了由大将守边向诸王守边的转变。洪武二十三年（1390）以前，北边防御体系中武将起着主导作用。②朝廷担心诸将拥兵自重，威胁明朝统治，朱元璋抑制将领、抬高塞王，逐渐将边防大权转移到诸王。以诸王守边，拱卫的是朱家皇室的天下，可以确保明朝的长治久安。在塞王镇守制度的框架下，以中级将领充任总兵官，就不会发生统兵将领背叛朝廷的危险。

为抵御随时可能南下的蒙古侵扰，明太祖在边塞地区，分封了九个塞王，分别为：北平的燕王、大宁的宁王、广宁的辽王、宣府的谷王、大同的代王、太原的晋王、宁夏的庆王、西安的秦王、甘州的肃王。“此九王者，皆塞王也。莫不傅险狭、控要害。佐以元侯宿将，权崇制命，势匹抚军。肃清沙漠，垒帐相望。”③

塞王各负其责，统率总兵官镇守一方。其中燕王居中，镇守北平最为重要。整个长城地区基本上都控制在九王之下，辖区既是明军的前军事沿防区，又是明军北上征伐的重要基地。诸塞王守边，加强了北部地区的边防，能够较为有效地防御蒙古的南下。同时，“建藩屏，上卫国家，下安生民”④，对明朝的稳定起到了很大的作用。

洪武后期，朱元璋一度试图赋予藩王以地方军队的调兵权，使诸

---

① ［清］龙文彬：《明会要》卷60《兵志三·调发》，北京：中华书局，1956年，第1155页。

② 赵毅、胡凡：《论明代洪武时期的北部边防建设》，《东北师大学报（哲学社会科学版）》1998年第4期，第53页。

③ ［明］何乔远：《名山藏》卷36《分藩记一》，张德信、商传、王熹点校，福州：福建人民出版社，2010年，第926页。

④ 《明太祖实录》卷51洪武三年四月辛酉，台北：“中央研究院”历史语言研究所，1962年影印本，第999页。

王特别是北边诸王的权力得到进一步的扩大。洪武二十五年（1392）九月戊申，朱元璋谕右军都督府臣曰："都司乃朝廷方面，凡奉敕调兵不启王知不得辄行，有王令旨而无朝命亦不擅发，如有密旨不令王知亦须详审覆而行。此国家体统如此。"①

诸塞王除差遣本府护卫外，在特殊情况下还可以节制地方诸级文武官员。出兵征伐或御敌时，更是全面参与军事指挥。燕王、晋王的地位要高于其他藩王。其属地的一般事都由他们直接处理，只有军中大事才向皇上报告。

受封于北边的塞王都握有兵权，对朱元璋之后的朝廷构成严重威胁。建文帝即位之后，为了解决这个威胁，就决定着手削藩。由于操之过急，各种准备不充分，引起了"靖难之役"。燕王朱棣的起兵反叛，最后推翻了建文帝。

建文削藩与靖难之役的先后发生，二元调兵制度宣告破产。明成祖以藩王即帝位后，深知塞王拥兵对朝廷所构成的威胁有多大。把原来拥兵镇抚北方边境的藩王内迁，是明成祖的既定方针。

朱棣即皇帝位之后，首先把驻在宣府的谷王调离边塞地区，徙往湖广长沙。接着又于永乐元年（1403），将宁王徙于江西南昌。此后，他还相继削弱了代王、辽王等藩王的军事力量。这些原来的塞王，不管是离开边疆地区的，还是没有离开的，基本上都没有了兵权。

明成祖对军事领导体制做了重要调整，向各镇派出军事统帅，担任负责北边防务的镇守总兵官。这些军事将领由皇上派出，直接对皇帝负责。明成祖将建文四年改称为洪武三十五年（1402），以示继承其父皇位的合法性。

这年的八月，明成祖"命右军都督府左都督何福佩征虏前将军印充总兵官，往镇陕西、宁夏等处，节制陕西都司行都司、山西都司

---

①《明太祖实录》卷221洪武二十五年九月戊申，台北："中央研究院"历史语言研究所，1962年影印本，第3237页。

行都司、河南都司官军”[①]。洪武三十五年（1402）八月，明成祖“命左军都督府左都督刘贞镇守辽东，其都司属卫军马听其节制”[②]。江阴侯吴高在永乐元年（1403）三月初三受命“镇守山西大同，防御胡寇，节制山西行都司诸卫”[③]。《明史》在《吴良传》中介绍吴高的情况说：“子高嗣侯，屡出山西、北平、河南练兵，从北征，帅蕃军讨百夷……永乐初，复召高镇守大同，上言备边方略。”[④]适足以互相印证。洪武三十五年（1402）十二月，明成祖命成安侯郭亮镇守永平、山海。[⑤]

明成祖朱棣在委任靖难功臣的同时，对原来驻守在长城地区、与靖难之役没有任何冲突的将领依然予以重用。甘肃总兵官左都督宋晟，在洪武年间就已经镇守甘肃，“成祖即位，入朝，进后军左都督，拜平羌将军，遣还镇”。“晟凡四镇凉州，前后二十余年，威信著绝域。帝以晟旧臣，有大将才，专任以边事，所奏请辄报可。”[⑥]这一处置稳定了边疆，使整个长城防线并未因靖难之役而发生太大的变动。

削藩有利于皇权的巩固，但也容易造成北部边防的空虚。朱棣登基后最初的几年，为稳定全国，长期居住南京，所以在不同程度上仍继续实行了洪武时期塞王守边制度。

永乐前期，为了稳定边疆形势，也曾有过诸王与武臣协同守边的短暂时期。比如，朱棣三子赵王就曾被派负责镇守北京。永乐十一年（1413）以后，明成祖将都城迁至北京，以天子守边和总兵镇守制，

---

① 《明太宗实录》卷11洪武三十五年八月己未，台北：“中央研究院”历史语言研究所，1962年影印本，第178页。

② 《明太宗实录》卷11洪武三十五年八月壬子，台北：“中央研究院”历史语言研究所，1962年影印本，第175页。

③ 《明太宗实录》卷18永乐元年三月庚辰，台北：“中央研究院”历史语言研究所，1962年影印本，第319页。

④ 《明史》卷130《吴良传》，北京：中华书局，2008年缩印本，第3815页。

⑤ 《明太宗实录》卷15洪武三十五年八月丁卯，台北：“中央研究院”历史语言研究所，1962年影印本，第280页。

⑥ 《明史》卷155《宋晟传》，北京：中华书局，2008年缩印本，第4246页。

正式取代了藩王守边。

永乐三年（1405）二月癸未，“赵王高燧居守北京”[①]。永乐三年（1405）秋七月丙申谕赵王：“尔即于马军内兼选汉鞑六十人，令的当指挥二人率往西北以观虏情，降者招之。若其入寇则与边将筹议相机袭之。所遣官军令昼伏夜行。”[②]永乐四年（1406）二月丙子，谕赵王曰：“尔速遣人驰报武安侯郑享等，令坚壁清野以待……隘口可塞者塞之，不可塞则凿深壕以断其路……尔居守北京，一切边务皆当究心。”[③]这些史料都证明，赵王在完全负责北京一带的边防。

朱高隧是永乐二年（1404）四月甲戌被封为赵王，明成祖即位后第一次回北京是在永乐七年（1409）。这年二月壬午明成祖离开南京，三月壬戌到达北京。永乐八年（1410）二月到七月，明成祖亲征蒙古，也不在北京。这一年，明成祖七月结束北征，十月丁酉就返回了南京。《明太宗实录》记载：“命皇长孙留守北京，命户部尚书夏原吉等议留守北京事宜。”[④]可见，永乐八年（1410）北征期间，北京的行政由皇太孙负责，军事则由赵王负责。在这一阶段中，主要靠赵王负责北京防务。

明成祖第二次再来北京，已经是永乐十一年（1413）四月己酉。其间又有两年半的时间，赵王主持北京防务。永乐十二年（1414）三到八月明成祖第二次亲征蒙古，皇太孙从征。明成祖命皇太子监国于南京，北京“留守事宜一循永乐八年之制”[⑤]。

永乐十二年（1414），皇太孙从征漠北，北京的军事甚至包括行

---

① 《明史》卷6《成祖本纪二》，北京：中华书局，2008年缩印本，第82页。

② 《明太宗实录》卷44永乐三年七月丙申，台北：“中央研究院”历史语言研究所，1962年影印本，第689页。

③ 《明太宗实录》卷51永乐四年二月丙子，台北：“中央研究院”历史语言研究所，1962年影印本，第764—765页。

④ 《明太宗实录》卷100永乐八年二月戊戌，台北：“中央研究院”历史语言研究所，1962年影印本，第1311页。

⑤ 《明太宗实录》卷149永乐十二年三月丙戌，台北：“中央研究院”历史语言研究所，1962年影印本，第1739页。

政都由赵王朱高燧负责。明成祖不仅用其子封王守边，他即位之初谕侄子晋王曰："西北重镇，资尔控驭，尔居国年久令誉，已着抚安藩屏，方有望焉。"[①]

明初的塞王镇守制度实行得很短暂，基本上是大将镇守制度与总兵镇守制度中的过渡性制度。随着塞王镇守制度的瓦解，总兵镇守制度成为日趋完善的边疆军事管理制度。九边总兵镇守制度是在大将镇守制度和塞王镇守制度的基础上继承和发展起来的一种制度。

四、总督、巡抚、总兵的权力大小

长城防御体系军事组织的管理层级，是从制度方面确保完成军事作战任务的规定。总督、巡抚、总兵等将领，一镇或几镇的军事指挥权虽然都是皇帝所赋予，但职权范围内对辖区管理的权力和权限还是很大的。有的时候皇帝在给总督、巡抚的敕书，还会有"听尔便宜行事"的批示，这就给了这些文武官员更大的授权。

嘉靖二十五年（1546）蒙古俺答军队由宣府攻入长城，威胁到隆庆卫，"总督翁万达发大同周尚文兵拒却之"[②]，这样的军事行动说明，地方军政大员有了较大的军事指挥权。万历六年（1578）二月，明神宗还专门明令："其防秋、春汛非实在用兵及事体无甚关系，不必牍奏。"[③]不过，这条文献从另一方面也说明，皇帝对督、抚、总兵等"听尔便宜行事"的权力空间，还是做出了很严格的限制。春秋例行战备等小规模军事行动可以免奏，大一些的事情还是要报的。

重要的战略部署，比如长城每镇的及镇内防区的划分、镇戍将领的增置及升降等，都要由皇帝决定，总督不得擅自做主。较大规模的

---

① 《明太宗实录》卷11建文四年八月癸亥，台北："中央研究院"历史语言研究所，1962年影印本，第181页。

② ［明］陈子龙等选辑：《明经世文编》卷332《北虏始末志（王世贞）》，北京：中华书局，1962年，第3547页。

③ 《明神宗实录》卷72万历六年二月丙申，台北："中央研究院"历史语言研究所，1962年影印本，第1553页。

进攻性军事行动，也要由朝廷决策。万历六年（1578）神宗诏令“蓟镇、宣、大诸边各镇守总兵官分统沿边官军出境外四五里烧荒”[①]。烧荒对游牧经济的打击很大，自永乐年间开始执行，本来在隆庆议和之后已经基本中断了。所以，万历年间不是皇帝下令诸将一般不敢擅自行动，否则会以挑起“边衅”而治罪。

总兵官成为镇守长城的军队统帅后，遇有战事或重要事项，朝廷又派大臣到地方巡抚，完成规定任务后回朝复命。需要处理的事情太多，时间长了巡抚也成为固定的官职，长驻长城地区。巡抚多以都御史或副佥都御史充任，开始时主要是行政方面的管理，基本职能是监察和考核地方官吏，督理税粮和抚安百姓等。后来又增加甚至更偏重于军事管理，包括控扼险要、固守城池、整饬边备、提督关隘等等。

成化八年（1472）巡抚余子俊于榆林镇督修长城约1770里。巡抚为一省或一镇的文臣，在没有设总督的地方，巡抚就是朝廷任命的最高级别官员。在设有总督的地方，巡抚听命于总督，巡抚之下还设有兵备。总督、巡抚、兵备都是文官，是负责军事事务的文臣。兵备之下负责一路的军、政事务的文官，还有府同知、通判等。

明朝不是所有的巡抚都负责军事指挥，朝廷规定巡抚兼军务者要加提督军务，有总兵的地方要加赞理、管粮饷者加总督兼理等名义。到这个时候，巡抚实际上已经成为地方的最高领导，掌握着一方的民事和军务大权，不管是总兵官还是都、布、政三司，都已经成为听命于巡抚的下属。

再到后来，长城防线的军事对峙日趋紧张，修筑长城或调兵遣将时常常涉及几个镇。朝廷为调节、辖制各镇，形成统一的指挥机制，又开始添设总督军务或总制或总理。这些由朝廷派出的重臣，渐渐又成了地方常设之官，成了大权在握的一路诸侯。

弘治十年（1497）诏令在长城防线设置延绥、甘肃、宁夏三边总

① 《明神宗实录》卷77万历六年七月壬申，台北：“中央研究院”历史语言研究所，1962年影印本，第1664页。

制，总兵、巡抚以下文武官员皆听节制。至此，总督成为一方军政之首，所有行政、军政、司法、监察之权，都要由总督决断。到了明末，辽东局势成为明朝的生死所在，朝廷为了加强统领作战的能力，又派兵部尚书外出经略，后来还曾派大学士出来督师。这些官员的品级比总督高，权力自然也在总督之上。

长城戍守军事管理体制和职级的这种转变，首先是将战时体制转变成为平战结合的体制。平时负责训练军队的将领，就是战时指挥作战的军官。所以操练部队的责任心，比卫所军的管理者相对要好一些。战时这些熟悉所属部队情况的将领，也可以更好地指挥军队作战。

设巡抚、总督之后，更是变成文官直接管理军队，加强了朝廷对军队的控制。范中义认为文官参与军队管理“这种政策有两面性。一方面使将领地位下降，不能充分发挥将领的才能。将领中并不都是一介武夫，其中也有的既有政治头脑，又有军事才干，但由于他们处处受文官制约，才干受到压抑，甚至导致战争的失败。另一方面，文官管理部队，有利于部队的稳定和贯彻朝廷的意图。由于文官受过较多的文化熏陶，比武官更能忠实地执行朝廷的命令，其中也不乏具有军事才干者。因此，他们参加军事决策，对稳定部队，使部队真正成为统治阶级的工具更有利”①。

到明末，明军的指挥系统已经处于较为混乱的局面。崇祯年间，礼部侍郎蒋德璟曾经就这个问题奏称：“祖制，三协只一督一抚一总兵，今增二总督三巡抚六总兵，又有副总兵数十余人，总兵太多，不相统摄，督师亦提掇不灵，故皆不用命，宜裁之。”②他认为，这是造成军事溃败原因之一，如果不加裁撤，后果非常严重。

在这种情况下，军事行动混乱低效，各级军官各自为政不遵循统一的指挥。“刘辅宇亮自请督兵，至军中，诸将皆不奉约束，无如之

① 范中义：《论明朝军制的演变》，《中国史研究》1998年第2期，第135页。

② ［明］李清：《三垣笔记》附识中《崇祯》，北京：中华书局，1982年，第199页。

何。于是召诸将前，设席拜之，激使力战，然骄懦如故。盖总兵不能令偏裨，偏裨不能令士卒故也。”①

五、徘徊在军中的太监

派太监做监军，这就是明朝镇守中官监军系统，也是明朝军队的一大特色。皇帝认为宦官比将领更忠诚，委派宦官直接参与指挥军队，皇上才放心。这是镇守中官监军系统，能够长期存在的基础。认识明朝在长城防御区的管理，除了解文武两大系统之外，还要对各镇监军系统有深入的认识。

监军有两类，有实权和无实权的。有实权的为巡按御史和镇守内臣（宦官）等监军。特别是镇守内臣，实为皇上的耳目，有着非常重的实权。另一类服务于总督的监军道，只负责随军记功，没有多少实际的权力。

明代宦官监军，代表的是皇帝对军队的控制。明朝的历史上，之所以能长期控制军队，始终未出现武将专军乱政的局面，宦官监军应该说起到了重要作用。为预防将领背叛朝廷，皇帝派宦官对京营军队层层监视。遇到战争，皇帝委派总兵官统兵出征的同时，派宦官随军监军。随军宦官监视总兵官的行动，随时密奏。总兵官如与监军不和，不仅事事受制于人，而且可能被诬告陷害甚至丧命。如与监军太监搞好关系，融为一体，战胜可升官封爵，战败时亦无罪可责。

《明会典》记载：“其镇守内臣，自永乐初，出镇辽东开原及山西等处，自后各边，以次添设，而镇守之下，又有分守、守备、监枪诸内臣。”②《明史·成祖本纪》也做了相应的记载，永乐元年“是年，始命内臣出镇及监京营军”③。宦官协赞军事行动，始于永乐八年（1410），朱棣“敕内官马靖往甘肃巡视，‘如镇守西宁侯宋琥处事有

① 李清：《三垣笔记》上《崇祯》，北京：中华书局，1982年，第15页。

② 申时行等：《明会典》卷126《兵部九·镇戍一·将领上》，北京：中华书局，1989年影印万历朝重修本，第648页。

③ 《明史》卷6《成祖本纪二》，北京：中华书局，2008年缩印本，第80页。

未到处，密与之商议，务要停当，尔却来回话’”。

靖难之役后，朱棣出于稳定的考虑，并没有大量裁换长城地区的军事将领。建文时期任命的地方镇守总兵、镇守武将基本上都留任在原岗位。但实际上朱棣对这些建文帝的旧将，并不放心，这是其开始派遣心腹宦官，以为监军身份直接参与军事行动和军队管理的原因之一。永乐时期明朝开始派遣马靖、王安、王彦之等人负责监察地方军队。

永乐时“出镇”的中官，“被派往边镇协助或监督军事将领镇守，属临时性差遣”，“永乐以后明代地方政治体制的全面调整，中官的出镇也由临时性差遣逐渐演变为正式任命，即在各地正式设置‘镇守中官’（或称“镇守内臣”）”。[①]

仁宗时以王安镇守甘肃，由此开了宦官镇守体制的先河，此后宦官便普遍参与到明朝军事的指挥和管理。宣德十年（1435）正月“敕浙江等处都司、布政司、按察司曰：‘比遣内官张达等往彼镇守，特为抚安军民，提防贼寇，近闻军民皆已宁贴，今取达等回京’”[②]。《国榷》也记载了“撤各省镇守内臣，仍敕各三司加意抚绥军民”[③]。《御批历代通鉴辑览》也有“罢十三布政司镇守中官。其守备南京、镇守诸边，收粮徐州、临清，巡盐淮浙者如故”[④]的记载。

正统时期，宦官监军京营更为严重，史载正统中“添设提督坐营监枪大监”[⑤]。曹吉祥、刘永诚负责保卫长城及以外地区之安全，辽

---

① 方志远：《明代的镇守中官制度》，《文史》第40辑，北京：中华书局，1994年，第132页。

② 《明英宗实录》卷1宣德十年正月庚寅，台北：“中央研究院”历史语言研究所，1962年影印本，第23页。

③ 谈迁：《国榷》卷23《宣宗宣德十年》，张宗祥校点，北京：中华书局，1958年，第1485页。

④ 傅恒等：《御批历代通鉴辑览》卷103，《景印文渊阁四库全书》，台北：商务印书馆，1983年，第300页。

⑤ 王世贞：《凤洲杂编》卷5《兵制》，《丛书集成初编》，北京：中华书局，1985年，第133页。

东亦失哈则招抚部落，这一时期北边宦官似乎自由地干预各种军事权力。[①]

土木之变明全军覆没，英宗被俘。发生这样事情的一个重要原因，就是宦官王振擅权。土木之变后，裁撤宦官监军的呼声一度很高，宦官的地位不但没有受到削弱，反而得到了加强。景帝重申："朝廷委任内臣各处镇守备御监军行事，皆是祖宗旧制，不可更改。"[②]景泰三年（1452），京军除受宦官总节制外，且每三营设一名宦官监军。

中官对将领公私事务皆予监督，随时劾奏，某种程度上影响着朝廷对军事将领的生杀予夺。正统初，大同镇守太监郭敬劾奏巡抚李仪、参将石亨败坏边事，使李仪下狱。[③]成化年间，宁夏镇守太监王清奏劾总兵李杲不法，致使李杲下狱。汪直奏劾大同副总兵朱鉴，朱鉴下狱。[④]这样的例子，终明一朝有很多。

明朝便有人已深谙宦官监军之弊。正德间孙磐指出："今日弊政，莫甚于内臣典兵。……唐、宋季世始置监军，而其国遂以不永。今九边镇守、监枪诸内臣，恃势专恣，侵克百端。有警则拥精卒自卫，克敌则纵部下攘功。武弁借以夤缘，宪司莫敢讦问。所携家人头目，率恶少无赖。吞噬争攫，势同狼虎，致三军丧气，百职灰心。"[⑤]

成化间，贺钦针对内臣擅权于朝、监军于外、沆瀣一气的弊病指出："各边将官，既有巡按，凡有奸宄，足以关防矣。今乃处处设立内官，果何益乎？徒使蠹坏兵政，残虐军民。将官之贤而知兵者，为

---

① 蔡石山：《明代宦官》，黄中宪译，台北：联经出版事业股份有限公司，2011年，第84—85页。

② 《明英宗实录》卷187景泰元年正月甲辰，台北："中央研究院"历史语言研究所，1962年影印本，第3805页。

③ 陈子龙等选辑：《明经世文编》卷15《辨方政被诬疏（杨士奇）》，北京：中华书局，1962年，第108页。

④ 谈迁：《国榷》卷39《宪宗成化十八年》，张宗祥校点，北京：中华书局，1958年，第2465页。

⑤ 《明史》卷189《孙磐传》，北京：中华书局，2008年缩印本，第5011页。

其拘制，当进而不得进，当止而不得止，往往有丧败之患；将官之庸愚奸贪者，则以贿赂相交，结成私党，肆为奸恶，愈无忌惮。盖镇守将官，既赂镇守内官，而镇守内官，则常以良马金宝，贿其在朝擅权之党类，一有言将官之不职者，则主上左右前后之人，谁不为其斡旋？”[①]内臣监军，抑制了武将的积极性，导致政风、军风日趋败坏，将士离心，上下解体。

针对明朝边防体制的弊病，王鏊在《边议八事疏》中指出：“其在边将之盛，内臣则有太监，武臣则有总兵，文臣则有都御史。都御史欲调兵，总兵不可而止者有矣；总兵欲出兵，太监不可而止者有矣。大同有急，欲调宣府之兵而不能；延绥有急，欲调大同之兵而不可。权分于多，威夺于位，欲望成功，难矣。”[②]

明朝宦官监军甚至宦官直接参与军事指挥虽有一定的弊端，也并非一点积极作用都没有。辽东战场监军宦官与袁崇焕同舟共济，就是很成功的一个例子。袁崇焕提出了三个相结合的防御战略，分别为：战与守相结合、筑城与屯种相结合、坚壁清野与乘虚出击相结合。

执行这个战略时，申请经费修复被战火毁坏的城池是其中一项重要内容，受到有些朝臣的质疑。监军太监刘应坤在向熹宗所上的密奏中，充分肯定了袁崇焕采用筑城的方法，提高防御能力，他说：“今设备更严，城势增高，堡垒更固，著著皆实，毫无粉饰。”[③]

天启七年（1627）五月，皇太极率军进攻锦州，总兵赵率用与监军太监纪用等同心协力固守锦州。监军太监纪用甚至与赵率用一起身披甲胄，战斗在第一线力督官兵拼力抵抗。后金军在攻打锦州无法取胜的情况下，改为攻打宁远时，也被袁崇焕及监军太监刘应坤击退。

---

① 陈子壮：《昭代经济言》卷5《陈言治道疏（贺钦）》，《丛书集成初编》，北京：中华书局，1985年，第94—95页。

② 陈子壮：《昭代经济言》卷6《边议八事疏（王鏊）》，《丛书集成初编》，北京：中华书局，1985年，第108页。

③《明熹宗实录》卷70天启六年九月庚午，台北：“中央研究院”历史语言研究所，1962年影印本，第3693页。

这次战役，前后毙伤后金军数千人，史称“宁锦大捷”，是继“宁远大捷”之后的一次胜利，对鼓舞明军士气起到了非常重要的作用。镇守太监纪用，在向皇上奏报时称：“初四日，奴贼数万，蜂拥以战。我兵用火炮、火罐与矢石，打死奴贼数千，中伤数千，败回贼营，大放悲声。”[1]

---

① 王在晋：《三朝辽事实录》卷17，《四库禁毁书丛刊》，北京：北京出版社，2000年，第749页。

第二节　明长城的修建史册

明代九边长城的修建是一个发展的过程，九边各镇的长城在不同的年代，其军事防御的需要不一样。所以，不同年代长城修建的重点地区也就不同，长城墙体的建筑形式和关隘及城堡的布局也有很大的变化。

一、辽东镇长城的修建

辽东都指挥使司和辽东镇，在明长城防御体系处于最东端。辽东镇长城的军事地位到了明末，为长城防御最重要的地方。《九边图说》议论辽东镇地理形势时写道："辽东全镇，延袤千有余里，北拒诸胡，南扼朝鲜，东控福余真番之境，实为神京左臂。"①

明辽东镇长城，大致可分为辽河西长城、辽河套长城、辽河东长城三大部分。明辽东镇长城始建年代，历史文献所载多有不同，其顺序为先辽河西而后辽河套，最后辽河东部分。

辽河西长城，是明辽东镇长城中最早建筑的一段。《明宪宗实录》记载："自永乐中罢海运后，筑边墙于辽河之内，自广宁东抵开原七百余里。"②

《读史方舆纪要》亦载："永乐筑边墙于辽河内，东西旷绝。自广宁至辽阳以辽河为津要，秋冬冰结，人马可以通行，易于应援。冰开时为敌所据，则两城势孤，虽有渡船，不能猝济。天顺十一年边臣马文升请复浮桥以联声援，从之。自是常加修治。"③

① 陈子龙等选辑：《明经世文编》卷323《九边图说·辽东镇图说（霍冀）》，北京：中华书局，1962年，第3441页。

② 《明宪宗实录》卷290成化二十三年七月丁未，台北："中央研究院"历史语言研究所，1962年影印本，第4917页。

③ 顾祖禹：《读史方舆纪要》卷37《山东八》，贺次君、施和金点校，北京：中华书局，2005年，第1705页。

永乐之后，再筑辽河西部长城，为正统七年（1442）之事。《全辽志·宦业志》在“毕恭”条载：“巡抚王公翱荐恭有文武才，由百户举升流官指挥佥事。图上方略，开设遆西边堡墙壕，增置烽堠。兵威大振，虏人畏服。进署都指挥佥事。”①

王翱于正统“七年冬，提督辽东军务。翱以军令久弛，寇至，将士不力战，因诸将庭谒，责以失律罪，命左右曳出斩之。皆惶恐叩头，愿效死赎。翱乃躬行边，起山海关抵开原，缮城垣，浚沟堑。五里为堡，十里为屯，使烽燧相接”②。

辽河套长城，为明正统二年始筑。《明孝宗实录》记载：“辽东边墙，正统二年始立。自后，三卫夷人……假以放牧，潜入河套。且边墙阻辽河为固，濒河之地，延垒八百余里。”③又载：“辽东边墙自山海关抵开原，延亘二千余里，河西一带随山起筑，多用石砌。”④这里的延亘二千余里，显然已经包括了明长城辽河套部分。

也有学者认为，辽河套长城始建于正统七年王翱荐举毕恭为指挥佥事之后。依据是《全辽志·边防志》的有关记载：“国初，毕恭守辽东，始践山因河，编木为垣。久之，乃易以版筑，而墩台城堡稍稍添置。”⑤同书所载，弘治年间的巡抚御史李善在奏折中亦说：“宣德年间，本镇初无边畴时，唯严瞭望，远烽堠。……自毕恭立边后，置之境外，迩来三卫夷人肆意南侵，渐入猪儿山、老虎林、辽河套等处，假牧潜行，伺隙入寇，方为害甚于昔时。……臣虑及此，不能不为之寒心也。计今开复旧路墩、空城堡，瞭守官军往来道里，可减三

---

① 李辅等修：《全辽志》卷4《宦业志》，《辽海丛书》，沈阳：辽沈书社，民国二十三年（1934）据明嘉靖十六年（1537）传钞本校印，第617页。

② 《明史》卷177《王翱传》，北京：中华书局，2008年缩印本，第4700页。

③ 《明孝宗实录》卷72弘治六年二月庚戌，台北：“中央研究院”历史语言研究所，1962年影印本，第1351页。

④ 《明孝宗实录》卷195弘治十六年正月甲午，台北：“中央研究院”历史语言研究所，1962年影印本，第3602页。

⑤ 李辅等修：《全辽志》卷2《边防志》，《辽海丛书》，沈阳：辽沈书社，民国二十三年（1934）据明嘉靖十六年（1537）传钞本校印，第553页。

之二。”[①]

辽河西长城及辽河套长城，自正统之后，弘治、正德、嘉靖年间都曾较大规模地修筑过。张鼐于弘治十五年（1502）进按察使，是年秋擢右佥都御史，巡抚辽东，“筑边墙自山海关迄开原叆阳堡凡千余里”[②]。

正德初年，李承勋“以右副都御史巡抚辽东。边备久弛，开原尤甚。士马才十二，墙堡墩台圮殆尽。将士依城堑自守，城外数百里悉为诸部射猎地，承勋疏请修筑。会世宗立，发帑银四十余万两”[③]。

李承勋巡抚辽东时，“边垣圮废，夷虏猖獗。题请修筑边墙，自辽阳三汊河北直抵开原，延亘五百余里。崇墉深壕，虏莫敢犯”[④]。

《开原县志》记载：“嘉靖二十八年（1549），巡抚蒋应奎自山海直抵开原，每五里设台一座。历任巡抚吉澄、王之诰于险要处增设加密。每台上盖更楼一座，黄旗一面，器械俱全。台下有圈，设军夫五名，常川瞭望，以便趋避。”[⑤]

辽河东长城，为明成化四年（1468）始筑。成化三年（1467），“自抚顺而南四十里，设东州堡；东州之南三十里，设马根单堡；马根之南九十里，设清河堡；清河之南七十里，设碱场堡；碱场之南一百二十里，设叆阳堡。烽堠相望，远近应援，拓地千里焉”[⑥]。

宽甸县灌水乡柏林川村，立有2米多高的一块石板，当地称其为

---

① 毕恭等修，任洛等重修：《辽东志》卷7《艺文志·奏议·巡按御史李善奏复辽东边事疏》，《辽海丛书》，沈阳：辽沈书社，民国二十三年（1934）据明嘉靖十六年（1537）传钞本校印，第456—457页。

② 《明史》卷186《张鼐传》，北京：中华书局，2008年缩印本，第4942页。

③ 《明史》卷199《李承勋传》，北京：中华书局，2008年缩印本，第5264页。

④ 李辅等修：《全辽志》卷4《宦业志》，《辽海丛书》，沈阳：辽沈书社，民国二十三年（1934）据明嘉靖十六年（1537）传钞本校印，第612页。

⑤ 李毅修，王毓琪纂：《开原县志》卷7《边防》，《中国地方志集成》，南京等：凤凰出版社等，2006年据民国十八年（1929）铅印本影印，第270—271页。

⑥ 毕恭等修，任洛等重修：《辽东志》卷7《艺文志·经略·韩斌辽东防守规画》，《辽海丛书》，沈阳：辽沈书社，民国二十三年（1934）据明嘉靖十六年（1537）传钞本校印，第456页。

"老人名"，石上有记事刻文，虽大部分文字因石面风化而不可辨，但尚有"钦差镇守辽东……"字样残存，落款年号"成化五年二月五日"，字迹十分清楚。这与开始修建辽河东长城的文献记载一致。

辽河东长城，自成化四年始建之后，于明万历元年（1573），巡抚张学颜、总兵李成梁又一次大规模地修建。这次修筑长城为辽河西、辽河套、辽河东三大部分同时进行。关于万历初年所筑长城，《明神宗实录》载有万历元年兵部批复了阅视传郎汪道昆移建孤上等六堡和修筑墙台"自锦州迤东抵三岔河，又自三岔直抵旧辽阳"①的建议，拨银"四千一百二十两"②。万历二年（1574），兵部又答应了蓟辽总督刘应节继续修筑辽东长城的请求，"先举台工，计地百丈建台一座，如昌平镇之制，空心实下，庶可经久。两台之间，止用砖与乱石为墙"③。

辽东镇长城最后一次较大规模地修缮，是在万历四十七年（1619），熊廷弼以兵部右侍郎兼右佥都御史经略辽东的时候。熊廷弼一直认为防边以守土为上。早在万历三十六年（1608）巡按辽东后，熊廷弼就曾为防边事宜写了缮垣建堡十五利，上奏皇帝。经略辽东之后，他继续贯彻执行着守土防边策略。④

另外，辽东镇还有一个任务，就是海防的抗倭。说起抗倭都会想起戚继光，明初永乐十七年，在辽东明军就打了一场抗倭胜仗，歼敌1500多人。明长城辽东镇所管辖海岸是渤海，多属于沙软潮平之地。明朝辽东卫所的防御任务就有海防，东部沿海的烽燧及边堡的任务是抗倭。

辽东镇长城，分布在辽宁省境内。国家长城资源调查认定，明长

---

① 《明神宗实录》卷16万历元年八月丁巳，台北："中央研究院"历史语言研究所，1962年影印本，第482页。

② 《明神宗实录》卷22万历元年八月戊辰，台北："中央研究院"历史语言研究所，1962年影印本，第487页。

③ 《明神宗实录》卷22万历二年二月丁卯，台北："中央研究院"历史语言研究所，1962年影印本，第589页。

④ 《明史》卷147《熊廷弼传》，北京：中华书局，2008年缩印本，第6691—6692页。

城分布于丹东市振安区、宽甸满族自治县、凤城市、本溪满族自治县，本溪市明山区、南芬区、平山区、溪湖区，新宾满族自治县、抚顺县，抚顺市东洲区、望花区、顺城区，开原市、铁岭市清河区、西丰县、昌图县、铁岭县、法库县，沈阳市沈北新区、东陵区、苏家屯区、于洪区，辽中县、灯塔市、辽阳县，辽阳市辖区、太子河区，海城市、鞍山市千山区、台安县、岫岩满族自治县、盘山县、盘锦市兴隆台区、大洼县、阜新蒙古族自治县、阜新市清河门区、彰武县、黑山县、北镇市、义县，锦州市古塔区、凌河区，凌海市、锦州市太和区、北票市、葫芦岛市连山区、兴城市、绥中县。①

二、蓟镇长城的修建

洪武六年（1373），“命大将军徐达等备山西、北平边，谕令各上方略。从淮安侯华云龙言，自永平、蓟州、密云迤西二千余里，关隘百二十有九，皆置戍守”②。这应该算是明朝经营北京东西长城防御线的开始。

图13 蓟镇砖砌长城。面对长城的自然残损，我们要学会欣赏长城的残缺美，在安详和忧伤气氛中感受快乐

① 《关于辽宁省长城认定的批复》，国家文物局网，2012年6月5日。

② 《明史》卷91《兵志三》，北京：中华书局，2008年缩印本，第2235页。

《永平府志》记载："洪武十四年（1381），徐达发燕石等卫屯兵一万五千一百人修永宁、界岭等三十二关。"[①]著名的山海关城及山海之间的长城，就是这次所修建。此后，这一带的军事防御工程一直在不断地完善。

英宗正统之后，没有了明朝强大的军事压力，蒙古族势力得以较大的恢复。随着蒙古骑兵南下抢掠的次数越来越多，修筑长城防御体系的事越来越为朝廷所重视。《明史·兵志》记载："正统元年（1436），给事中朱纯请修塞垣。总兵官谭广言：'自龙门至独石及黑峪口五百五十余里，工作甚难，不若益墩台瞭守。'乃增赤城等堡烟墩二十二。"[②]

正统十四年（1449）八月"土木之变"，明蒙之间的对立加剧。景帝即位后，下令加强长城防御工程建设。正统十四年"十一月癸未，修沿边关隘"[③]。《抚宁县志》亦有相应的记载："景帝景泰元年（1450），提督京东军务、右佥提督御史邹来学修喜峰迤东至一片石各关城池。"[④]英宗于景泰八年（1457）发动"夺门之变"后，于天顺年间多次诏令蓟、辽、宣、大总兵，修筑城堡、边垣、台堑。

弘治十一年（1498），洪钟"擢右副都御史，巡抚顺天。整饬蓟州边备，建议增筑塞垣。自山海关西北至密云古北口、黄花镇直抵居庸，延亘千余里，缮复城堡二百七十所"[⑤]。《畿辅通志》亦有记载："宏（弘）治十一年，（洪钟）擢都御史，巡抚顺天，整饬蓟州边备，建议增筑塞垣，自山海关西北至密云古北口黄花镇，直抵居庸，延亘

① 游智开修，[清]史梦兰纂：《光绪永平府志》卷42《建置志十一·关隘》，《中国地方志集成》，南京等：凤凰出版社等，2006年据光绪五年（1879）刻本影印，第124页。

② 《明史》卷91《兵志三》，北京：中华书局，2008年缩印本，第2237页。

③ 《明史》卷11《景帝本纪》，北京：中华书局，2008年缩印本，第142页。

④ 张上龢修，史梦兰纂：《光绪抚宁县志》卷3《前事》，《中国地方志集成》，南京等：凤凰出版社等，2006年据清光绪三年（1877）刻本影印，第47页。

⑤ 《明史》卷187《洪钟传》，北京：中华书局，2008年缩印本，第4957页。

千余里。缮复城堡二百七十所，悉城沿边诸县。”[①]

嘉靖十八年（1539），巡抚都御史戴金在巡蓟州边时认为，内边诸山险处亦多，但山外攀缘易上，山空水道处所，每年虽修垒二次，皆碎石干砌，遇水则冲，虏过即平。因此建议，应将山外可攀缘之处堑崖凿壁，山顶以内严令禁长树木，仍补砌山口水道使连亘如城，亦如陕西各边之制，更添墩堡以备防守。由此可知，那时的蓟镇长城大都过于简单。蓟镇长城较大规模的修筑，特别是在长城上砌筑砖石和修建空心敌台，多是从隆庆至万历初由戚继光完成。

戚继光是隆庆二年（1568）被命以都督同知总理蓟州、昌平、保定三镇练兵事务，次年朝廷中止练兵计划，命戚继光担任蓟镇总兵。《明史》记载：“自嘉靖以来，边墙虽修，墩台未建。继光巡行塞上，议建敌台。略言：‘蓟镇边垣，延袤二千里，一瑕则百坚皆瑕。比来岁修岁圮，徒费无益。请跨墙为台，睥睨四达。台高五丈，虚中为三层，台宿百人，铠仗糗粮具备。令戍卒画地受工，先建千二百座。……’督抚上其议，许之。……五年秋，台功成。精坚雄壮，二千里声势联接。”[②]《天下郡国利病书》所载的空心敌台，全部标注为隆庆三年（1569）至万历元年（1573）所建。[③]

蓟镇长城分布在河北、北京、天津。东起河北秦皇岛市山海关区，经抚宁县、青龙满族自治县、卢龙县、迁安市、迁西县、遵化市，进入天津市蓟县。继续向西经北京市的平谷区、密云县、怀柔区至延庆县。[④]

昌镇长城，经北京怀柔区、昌平区进入河北的怀来县，出怀来县

---

① 李鸿章等修，黄彭年等纂：《同治畿辅通志》卷187《宦绩录五》，《中国地方志集成》，南京等：凤凰出版社等，2010年据清光绪十年（1884）刻本影印，第671页。

② 《明史》卷212《戚继光传》，北京：中华书局，2008年缩印本，第5614—5615页。

③ 顾炎武：《天下郡国利病书》之《北直隶备录上》，黄坤、戴扬本、严文儒校点，上海：上海古籍出版社，2012年，第141—147页。

④ 《关于北京市长城认定的批复》，国家文物局网，2012年5月24日。《关于河北省长城认定的批复》，国家文物局网，2012年6月18日。《关于天津市长城认定的批复》，国家文物局网，2012年6月5日。

经北京市门头沟区至河北唐县、涞水县、易县、涞源县、涿鹿县。[1]

真保镇长城，多处于河北山西两省交界处。经河北阜平县、灵寿县、平山县、鹿泉市、井陉县、赞皇县、内丘县、邢台县、沙河市、武安市，西迄涉县。涉及山西省的灵丘县，经五台县、盂县、阳泉市郊区、平定县、昔阳县、和顺县、左权县、黎城县。[2]

三、宣府镇长城的修建

靖难之役使中原处于战乱状态的几年里，边地防务松弛，蒙古族势力得以增长。明成祖刚刚登基后，又无力马上开始像后来那样出塞北征。所以只好在对蒙古贵族采取怀柔和亲政策的同时，加强边地防务。

明成祖要求长城沿线各地，一定要“于边备甚谨。自宣府迤西迄山西，缘边皆峻垣深濠，烽堠相接。隘口通车骑者百户守之，通樵牧者甲士十人守之。武安侯郑亨充总兵官，其敕书云：‘各处烟墩，务增筑高厚，上贮五月粮及柴薪药弩，墩傍开井，井外围墙与墩平，外望如一’”[3]。永乐十年（1412）“敕边将自长安岭迤西迄洗马林筑石垣，深濠堑”[4]。

正统年间，蒙古族瓦剌部兴起，明朝边地紧张，长城之筑屡被提出，《明史·兵志》记载：“正统元年（1436），给事中朱纯请修塞垣。总兵官谭广言：‘自龙门至独石及黑峪口五百五十余里，工作甚难，不若益墩台瞭守。’乃增赤城等堡烟墩二十二。”[5]正统十四年（1449）八月，土木之变英宗被俘，宣府镇边关所遭破坏十分严重。景帝即位后，明军收复了所失边关。正统十四年“十一月癸未，修沿边

① 《关于北京市长城认定的批复》，国家文物局网，2012年5月24日。《关于河北省长城认定的批复》，国家文物局网，2012年6月18日。

② 《关于河北省长城认定的批复》，国家文物局网，2012年6月18日。《关于山西省长城认定的批复》，国家文物局网，2012年6月18日。

③ 《明史》卷91《兵志三》，北京：中华书局，2008年缩印本，第2236页。

④ 《明史》卷6《成祖本纪一》，北京：中华书局，2008年缩印本，第90页。

⑤ 《明史》卷91《兵志三》，北京：中华书局，2008年缩印本，第2237页。

关隘”[①]。

宣府镇长城较大规模的修筑，主要是在嘉靖年间，特别是翁万达任宣大总督之时。《宣化府志》引《宣镇志》的记载道：“嘉靖二十三年（1544），都御史王仪请筑宣府北路之龙门、许家冲，中路之大小白阳，西路之膳房、新开、新河口、洗马林诸要冲垣墩，配兵乘守，从之。”[②]

同书还引《两镇三关志》的记载道：“嘉靖二十五年（1546），总督侍郎翁万达以王仪所筑塞垣半已溃圮，诸要冲垣墙亦多未备。请先于西路急冲张家口、洗马林、西洋河为垣七十五里有奇，削垣崖二十二里有奇，堑如之。次冲渡口柴沟，中路葛岭、青边、羊房、赵川，东路永宁、四海冶为垣九十二里有奇，堑十之二，敌台月城九十一。”[③]

“嘉靖二十六年（1547），万达又请自西阳河镇西界台起，东至龙门所灭狐墩止，为垣七百一十九里，堑如之，敌台七百一十九，铺屋如之，暗门六十，水口九。”[④]

“嘉靖二十八年（1549），万达又请自东路新宁墩北历雕鹗、长安岭、龙门卫至六台子，别为内垣一百六十九里有奇，堑如之，敌台三百有八，铺屋如之，暗门一十有九，以重卫京师，控带北路。又请补筑东路，镇南墩与火焰山中空，而镇南而北而西历永宁至新宁墩，塞垣以成全险，俱从之。”[⑤]

嘉靖以后，隆庆和万历年间皆对宣府镇长城进行过修复。《宣化

---

① 《明史》卷11《景帝本纪》，北京：中华书局，2008年缩印本，第142页。

② 吴廷华修，王者辅等纂：《察哈尔宣化府志》卷14《塞垣》，台北：成文出版社，1968年据清乾隆八年（1743）修、二十二年（1757）订补重刊本影印，第286页。

③ 吴廷华修，王者辅等纂：《察哈尔宣化府志》卷14《塞垣》，台北：成文出版社，1968年据清乾隆八年（1743）修、二十二年（1757）订补重刊本影印，第286—287页。

④ 吴廷华修，王者辅等纂：《察哈尔宣化府志》卷14《塞垣》，台北：成文出版社，1968年据清乾隆八年（1743）修、二十二年（1757）订补重刊本影印，第287页。

⑤ 吴廷华修，王者辅等纂：《察哈尔宣化府志》卷14《塞垣》，台北：成文出版社，1968年据清乾隆八年（1743）修、二十二年（1757）订补重刊本影印，第287页。

府志》引《宣镇志》的记载："明穆宗隆庆元年（1567），兵部请浚边壕，从之。隆庆二年（1568），总督方逢时请筑北路龙门所外边，起龙门所之盘道墩，迄靖虎堡之大衙口，俾北路之兵由此以入援南山、东路之兵由此以出援独石。从之。"[①]又载："神宗万历元年（1573），从宣大督抚所请，修南山及中北二路诸边墩营寨。"[②]

直到明王朝最末一代，思宗崇祯年间，朝廷仍十分重视宣府镇长城的修筑。据崇祯十年（1637）卢象升给皇帝的《确议修筑宣边疏》中记载，崇祯帝在蓟辽督臣张福臻的奏疏中钦批："宣边修墙事宜，该督监抚详画速奏。"[③]

卢象升经过实地考察，在奏疏中写道："勿论宣府一镇一千三百里之边，即就宣镇陵后一带而言，东至火焰山，西至合河口，凡二百二十余里，若迂回曲折，因高就险以议兴工，几于三百里。筹其经费，每筑边墙一丈，虽甚省，约须工料食米等银五十两。其中或有旧墙并乱石土垣可因，通融计算，每丈必须银三十两。通计三百里，总该银一百六十二万两。加以三里一墩，五里一台，计墩一百，计台六十。墩以土为之，每座约二百金；台以砖石为之，每座约六百金，并墩台守御等具，壕堑等类，又约该十余万两。"[④]费用如此之高，明王朝已无力承担，况且明末之际战争此起彼伏，增兵边塞更不可能，全修宣府镇长城之议只好作罢。卢象升在《南山修筑墩台疏》载："微臣前疏请发三万金，以二万济宣，以一万济云，已经兵部先发其

① 吴廷华修，王者辅等纂：《察哈尔宣化府志》卷14《塞垣》，台北：成文出版社，1968年据清乾隆八年（1743）修、二十二年（1757）订补重刊本影印，第287页。

② 吴廷华修，王者辅等纂：《察哈尔宣化府志》卷14《塞垣》，台北：成文出版社，1968年据清乾隆八年（1743）修、二十二年（1757）订补重刊本影印，第287页。

③ 卢象升：《卢象升疏牍》卷8《确议修筑宣边疏》，杭州：浙江古籍出版社，1985年，第177页。

④ 卢象升：《卢象升疏牍》卷8《确议修筑宣边疏》，杭州：浙江古籍出版社，1985年，第178—179页。

半，抚道诸臣得以措手，大有造于严疆矣。”[①]依靠兵部拨款，卢象升对宣府镇长城的个别地段做了一些修补。

关于宣府镇长城分守情况，据《宣化府志》引《续宣镇志》的记载，又可分为六路。“东路：永宁东起四海冶，北至靖安堡，边垣一百二十三里，边墩一百五十二座，冲口二十处。下北路：北起牧马堡东际大边，西抵样田，南至长安岭，边垣二百一十三里，边墩一百九十座，冲口二十一处。上北路：东至镇安堡边，北至大边，西至金家庄，边垣二百六十一里。边墩三百六十三座，冲口四十七处。中路：东起赤城，西至张家口，边垣一百七十九里，边墩二百二十九座，冲口一十三处。上西路，东起羊房堡，西至洗马林，边垣二百一十四里，边墩一百五十三座，冲口七十四处。下西路：东起新河口，西至山西大同府平远堡止，边垣一百一十六里，边墩一百八十七座，冲口一十七处。”历史文献记载，宣府镇合计，边垣1106里，边墩1274座，冲口192处。[②]

宣府镇长城，分布在河北的北部，与今内蒙古自治区交界。经河北赤城县、宣化县、张家口市宣化区、桥东区、桥西区、沽源县、崇礼县、万全县。涉及内蒙古自治区的兴和县、丰镇市、凉城县、和林格尔县、清水河县、准格尔旗等。[③]

四、大同镇长城的修建

大同镇“是从蒙古高原南下中原的必经之地，具有很高的军事地位”[④]。因此，大同镇城堡的分布较多，长城的修建次数也不少。

洪武二十八年（1395）正月，命“周王橚、晋王棡率河南、山西

---

① ［明］卢象升：《卢象升疏牍》卷8《南山修筑墩台疏》，杭州：浙江古籍出版社，1985年，第209页。

② 吴廷华修，王者辅等纂：《察哈尔宣化府志》卷14《塞垣》，台北：成文出版社，1968年据清乾隆八年（1743）修、二十二年（1757）订补重刊本影印，第286页。

③《关于河北省长城认定的批复》，国家文物局网，2012年6月18日。《关于内蒙古自治区长城认定的批复》，国家文物局网，2012年6月5日。

④ 景爱：《长城》，北京：学苑出版社，2008年，第91页。

诸卫军出塞，筑城屯田”[①]。当然这里所说的筑城屯田，并不一定专指修长城，亦可能指修驻兵的城堡，但由此时起，即开始经营大同边地防务无疑。

成化二十一年（1485）余子俊以户部尚书兼左副部御史，总督大同、宣府军务时，由“大同中路起，西至偏头关接界去处止，东西地远六百余里，地势平坦，无可据，应调集中、西二路，征操马步官军并屯种官军舍余人等做与墩样，从中路起，随小边故址，每二里筑立墩台一座，每座四面根脚各阔三丈，高三丈，对角做悬楼二座，长阔各六尺。空内挑壕堑，阔一丈五尺，深一丈许”[②]。

成化二十一年，“督军务余子俊请筑长城。五月，都指挥顾纲以京营兵六千助役”[③]。由此可见，成化二十一年筑墩台，并挑壕堑，筑城墙，将墩台连成一线是无疑了。但文中所谈“随小边故址”，其“小边”肯定是成化二十一年以前所筑长城。余子俊在向朝廷请修宣大边墙时说：“东起四海冶，西抵黄河，延袤千三百余里，旧有墩百七十，应增筑四百四十。”[④]同样说明这个问题。但具体为哪年所建呢？既有明洪武至成化年间所建的可能，亦有沿袭明以前所遗存旧长城的可能。

大同镇长城是在明嘉靖年间修筑。据《大同县志》记载：“（嘉靖二十一年，1542）壬寅七月，廷推（翟鹏）总督宣、大、偏、保并节制山东、河南。公乃挑修大同壕墙一道，深广各二丈，且垒土为墙，高复倍之，延袤三百九十余里，添筑新墩二百九十二座，护墩堡一十四座。”[⑤]“嘉靖二十三年（1544），巡抚詹荣以大同无险，乃筑东

① 《明史》卷3《太祖本纪三》，北京：中华书局，2008年缩印本，第52页。

② 黎中辅纂修：《道光大同县志》卷6《关隘》，《中国地方志集成》，南京等：凤凰出版社等，2005年据道光十年（1830）刻本影印，第79页。

③ 黎中辅纂修：《道光大同县志》卷15《武事》，《中国地方志集成》，南京等：凤凰出版社等，2005年据道光十年（1830）刻本影印，第210页。

④ 《明史》卷178《余子俊传》，北京：中华书局，2008年缩印本，第4738页。

⑤ 黎中辅纂修：《道光大同县志》卷6《关隘》，《中国地方志集成》，南京等：凤凰出版社等，2005年据道光十年（1830）刻本影印，第80页。

路边墙百三十八里，堡七，墩台百五十四。”[①]

“嘉靖二十五年（1546），总督翁万达及都御史詹荣、总兵周文议曰：‘堑可填渡，且不利拒守，故必成长城。长城必有台，利于旁击；台必置屋，以处戍卒；近城必筑堡，以休伏兵；城下留数暗门，以便出哨。’又曰：‘自阳和至宣府李信屯旧无城，自了角山至阳和旧有堑或城而不固，三月令通筑长城，补故创新，凡三百余里。敌台暗门称是增筑，保安堡设兵戍守，又多筑土堡于内，以屯伏兵。’”[②]

《明史·兵志》还记载：“翁万达之总督宣、大也，筹边事甚悉。……乃请修筑宣、大边墙千余里，烽堠三百六十三所。后以通市故，不复防，遂半为敌毁。至是，兵部请敕边将修补。”[③]这里所说的两次修边，第一次当在嘉靖二十五年，第二次是在万历年间。《中国历史大事年表》中有“明万历二年（1574）四月户部发二十六万二千余金，修大同边墙，岁费五万”，“明万历七年（1579）二月，筑大同镇屯堡二百五十七，敌台千二十八所”[④]等相关记载。

根据《三云筹俎考》所载，大同镇长城又分为八路镇守，由东到西依次为：新坪路，边墙沿长四十九里。东路，边墙沿长九十六里。北东路，边墙沿长九十六里。北西路，边墙沿长七十七里。中路，边墙沿长一百二十四里。威远路，边墙沿长二十九里九分。西路，边墙沿长四十七里六分。井坪路，边墙沿长三十一里。[⑤]

大同镇长城，东起于山西省天镇县经阳高县、大同县、大同市新荣区、城区、南郊区、左云县、右玉县、朔州市平鲁区，西迄河

---

① 黎中辅纂修：《道光大同县志》卷6《关隘》，《中国地方志集成》，南京等：凤凰出版社等，2005年据道光十年（1830）刻本影印，第77页。

② 黎中辅纂修：《道光大同县志》卷6《关隘》，《中国地方志集成》，南京等：凤凰出版社等，2005年据道光十年（1830）刻本影印，第80页。

③ 《明史》卷91《兵志三》，北京：中华书局，2008年缩印本，第2240—2241页。

④ 冯君实：《中国历史大事年表》，沈阳：辽宁人民出版社，1984年，第544—545页。

⑤ ［明］王士琦：《三云筹俎考》卷3《大同镇总图》，《中华文史丛书》，台北：华文书局，1969年据明万历刻本影印，第316—327页。

曲县。[①]

五、山西镇长城的修建

山西镇的偏关、宁武、雁门三关长城，同宣、大二镇一样，都是在明嘉靖年间修筑的工程量最大。《宁武府志》载："嘉靖十三年（1534）都御史任洛自雕窝梁至达达墩，筑边八里二十八步，砌以石。"[②]

又载："（嘉靖）十八年（1539）都御史陈讲乃寻王野梁废迹修复之。东起阳方，经温岭大、小水口，神池、荞麦川至八角堡，悉筑长城凡百八十里，且筑且斩，因山为险，土石相半，外为壕堑。二十三年，都御史曾铣以边墙高厚勿称雁门，乃复增筑之。三关中路之备，于是始壮焉。"[③]

《山西通志》载："嘉靖十九年（1540）都御史刘臬请城雁门隘塞三百里，高阔以一丈五尺为式。"[④]据《明史·翟鹏传》载，嘉靖二十一年（1542）翟鹏接樊继祖任宣、大总督。这正是俺答汗大犯明边的时期，翟鹏向皇帝奏请"调陕西、蓟、辽客兵八支，及宣、大三关主兵，兼募土著，选骁锐者十万，统以良将，列四营，分布塞上，每营当一面。寇入境，游兵挑之，诱其追，诸营夹攻"。皇帝批准了他的奏请，"鹏乃浚壕筑垣，修边墙三百九十余里，增新墩二百九十二，护墩堡一十四，建营舍一千五百间……疏请东自平刑，西至偏关，画地分守。增游兵三支，分驻雁门、宁武、偏关。寇攻墙，戍兵拒，游兵出关夹攻"[⑤]。

---

① 《关于山西省长城认定的批复》，国家文物局网，2012年6月18日。

② 魏元枢、周景桂纂修：《乾隆宁武府志》卷1《形势》，《中国地方志集成》，南京等：凤凰出版社等，2009年据清乾隆十五年（1750）刻本影印，第39页。

③ 魏元枢、周景桂纂修：《乾隆宁武府志》卷1《形势》，《中国地方志集成》，南京等：凤凰出版社等，2009年据清乾隆十五年（1750）刻本影印，第39页。

④ 觉罗石麟等监修，[清]储大文等编纂：《山西通志》卷15《关隘七》，《景印文渊阁四库全书》，台北：商务印书馆，1983年，第482页。

⑤ 《明史》卷204《翟鹏传》，北京：中华书局，2008年缩印本，第5382—5383页。

山西镇各府、州、关、县志中有关曾铣加筑边墙的记载很多。《偏关志》载：“嘉靖二十三年（1544），巡抚曾铣自了角而南，历老营、野猪沟、利民一带，增筑旧边一百四十里，望台一百二十又八。”①

嘉靖二十五年（1546），翁万达代翟鹏职，总督宣、大、保定军务。他认为宣、大两镇长城，皆逼巨寇，险在外，是极边；而内外三关长城皆峻山层岗，险在内，是次边。他又将内长城和外长城各自做了划分：外边，大同最难守，次宣府，次山西之偏关；内边紫荆、宁武、雁门为要，次居庸、倒马、龙泉、平型。基于这样的分析，在他任职期间修筑了大同西路及宣府东路的长城，同时也修筑了山西镇宁武、雁门一带的长城。

《山西通志》及山西各镇、府、州、关、县志中，对翁万达修长城之事均有很多记载。如《山西通志》载：“翁万达疏，自水峪鸦儿崖起，东至马兰口霍家坡止，为垣五十三里有奇，增添敌台九十六，铺屋二百八十八，品窑五万四千八百。”②又载：“翁万达疏，自凌云口菜树沟起，至大安口阎家岭止，为垣四十五里有奇，石堑三十之一，增添敌台一十八，铺屋五十四。自凌云口黄沙坡起，东至大安岭尽境及葫芦头横墙地止，为垣二十丈五尺，削崖垣二里有奇，增添敌台五十四座，铺屋一百二十六，品窑六千九百二十四。”③

《代州志》载：“（万历）三十三年（1605），巡抚李景重筑雁门关边墙，绵亘十五里。”④李景重筑的这段长城，便是雁门关外白草口至新广武段长城。这段长城是山西镇长城之精华。

---

① 卢承业编：《偏关志》卷上《地理志·边隘》，［清］马振文等增修，［民国］王有宗校订，台北：成文出版社，1968年据民国四年（1915）铅印本影印，第26页。

② 觉罗石麟等监修，［清］储大文等编纂：《山西通志》卷15《关隘七》，《景印文渊阁四库全书》，台北：商务印书馆，1983年，第488页。

③ 觉罗石麟等监修，［清］储大文等编纂：《山西通志》卷15《关隘七》，《景印文渊阁四库全书》，台北：商务印书馆，1983年，第489页。

④ 杨笃纂，［清］俞廉三修：《光绪代州志》卷12《大事记》，《中国地方志集成》，南京等：凤凰出版社等，2005年据清光绪八年（1882）岱山书院刻本影印，第532页。

山西镇长城，东起山西省灵丘县，经广灵县、浑源县、怀仁县、应县、山阴县、繁峙县、代县、原平市、朔州市朔城区、宁武县、神池县，西迄偏关县。[①]

六、榆林镇长城的修建

明朝初年，因在黄河南北设防，榆林地区还不是首冲之地。明英宗正统年间开始了榆林地区边备的经营。《榆林府志》载："正统二年（1437），守将都督王祯始请榆林城堡往北三十里之外，沙漠平地则筑瞭望墩台，虏窥境即举烟示警。往南三十里之外则埋军民种田界石，多于硬土山沟立焉。界石外开创榆林一带营堡，累增至二十四所，岁调延安、绥德、庆阳三卫官军分戍。"[②]

从正统末年失东胜卫后，北部防线渐废，但据《皇明九边考》

图14　榆林镇北台长城考察。30多年来我一直与长城为伴，感受长城、保护长城已是生活中最重要的内容

① 《关于山西省长城认定的批复》，国家文物局网，2012年6月18日。

② 李熙龄纂修：《道光榆林府志》卷21《兵志·边防》，《中国地方志集成》，南京等：凤凰出版社等，2007年据清道光二十一年（1841）刻本影印，第333页。

载：“至成化七年（1471），虏遂入套抢掠，然犹不敢住牧。八年，榆林修筑东、西、中三路墙堑，宁夏修筑河东边墙，遂弃河守墙。”①

成化初年，“毛里孩扰边，命（王）复出视陕西边备。自延绥抵甘肃，相度形势，上言：‘延绥东起黄河岸，西至定边营，接宁夏花马池，萦纡二千余里。险隘俱在内地，而境外乃无屏障，止凭墩堡以守’”②。由此可见，榆林镇长城沿线的墩堡在成化以前即已修建，但明朝第一次大规模地修建榆林镇长城，则为宪宗成化七年以后。《明史·兵志》记载：“（成化）七年，延绥巡抚都御史余子俊大筑边城。”③又载：“子俊乃徙治榆林。由黄甫川西至定边营千二百余里，墩堡相望，横截套口，内复堑山堙谷，曰夹道，东抵偏头，西终宁、固。”④

《榆林府志》载：“成化十年（1474）闰六月，余子俊奏修筑边墙之数，东自清水营紫城寨，西至宁夏花马池营界牌止……修边墙东西长一千七百七十里一百二十三步，守护壕墙崖寨八百一十九座，守护壕墙小墩七十八座，边墩一十五座。”⑤

榆林镇第二次较大规模的修边是世宗嘉靖年间。《榆林府志》载：“世宗嘉靖十年（1531）闰六月，王琼奏：计度榆林东、中二路大边六百五十六里，当修者三百十里，二边六百五十七里，当修者二百四十八里。因言二边乃成化中余子俊所修，因山为险，屯田多在其外；大边宏（弘）治中文贵所修，防护屯田，中间率多平地，筑墙高厚不过一丈，可坏而入。今当先修大边，必使崖堑深险，墙垣高

---

① ［明］魏焕：《皇明九边考》卷7《榆林镇·经略考》，《中华文史丛书》，台北：华文书局，1969年据明嘉靖刻本影印，第307—308页。

② 《明史》卷177《王复传》，北京：中华书局，2008年缩印本，第4717页。

③ 《明史》卷91《兵志三》，北京：中华书局，2008年缩印本，第2237页。

④ 《明史》卷91《兵志三》，北京：中华书局，2008年缩印本，第2237—2238页。

⑤ 李熙龄纂修：《道光榆林府志》卷21《兵志·边防》，《中国地方志集成》，南京等：凤凰出版社等，2007年据清道光二十一年（1841）刻本影印，第335页。

厚。计用丁卒万八千人，乞发帑金十万，从之。”①

又载：“嘉靖二十四年（1545），总督曾铣言，自定边营至黄甫川，连年虏入，率由是道，当亟为修缮，分地定工，次第修举。西自定边营，东至龙城堡，计长四百四十余里，为西段，所当先筑；自龙城堡东至双山堡，计长四百九十余里，为中段；自双山堡东至黄甫川，计长五百九十余里，为东段。岁修一段，期以三年竣事。”②

这以后，嘉靖四十三年（1564）和穆宗隆庆三年（1569），榆林镇长城都曾有所修筑，但第三次较大规模地修筑榆林镇长城是在明神宗万历年间。《榆林府志》载：“万历二年（1574），题准延绥墩台一墩台止军十名，不能固守边内险阻，可建墩院者，仍行增筑。又千十里之间，酌量缓急以为城寨。又题准修建延绥一镇三段边墙六百七十一里，墩台七十五座，墩院八座，寨城七座，石砌大川河口一处，土筑大川河口四处，石砌河口水洞连台一座，石券关门一座，石砌并土筑沟口一十七处，砖石券砌小大水洞暗门八十三处，水口四十五处，水眼五十一处，水道四百二十五处。”③

“（万历）三年（1575），题准延绥榆林、神木、定边、靖边四道筑空心敌台，见存城垣六十二座，民寨堡城一百四十九座，寨城五十五座，空心敌台二百三十九座，敌台一百一十六座，墩台一千三百一十六座。”④

榆林镇长城分布在今陕西，东起府谷县，经神木县、榆林市榆阳

① 李熙龄纂修：《道光榆林府志》卷21《兵志·边防》，《中国地方志集成》，南京等：凤凰出版社等，2007年据清道光二十一年（1841）刻本影印，第336页。

② 李熙龄纂修：《道光榆林府志》卷21《兵志·边防》，《中国地方志集成》，南京等：凤凰出版社等，2007年据清道光二十一年（1841）刻本影印，第336页。

③ 李熙龄纂修：《道光榆林府志》卷21《兵志·边防》，《中国地方志集成》，南京等：凤凰出版社等，2007年据清道光二十一年（1841）刻本影印，第337—338页。

④ 李熙龄纂修：《道光榆林府志》卷21《兵志·边防》，《中国地方志集成》，南京等：凤凰出版社等，2007年据清道光二十一年（1841）刻本影印，第338页。

区、横山县、靖边县、吴起县，西迄定边县。[①]

七、宁夏镇长城的修建

秦汉长城防御的是内蒙古河套平原，明朝退守宁夏之后，黄河以东地势较为开阔的今盐池、灵武一带，成为蒙古族南下进攻的一个重要方向。而且这一带既有粮食可抢，又有上好的食用盐。《明史·史昭传》记载："正统初，昭以宁夏孤悬河外，东抵绥德二千里，旷远难守，请于花马池筑哨马营，增设烽堠，直接哈剌兀速之境。边备大固。"[②]

许成将宁夏境内长城，按历史记载和长城所处方位，分为东长城、北长城、西长城三部分。这三部分长城的修建，大体情况如下：

1. 东长城由陕西定边进入盐池县，向西抵黄河边横城。《北虏事迹》记载："成化十年（1474），巡抚宁夏都御史徐廷璋、镇守都督范瑾奏筑河东边墙，自黄沙嘴起，至花马池止，长三百八十七里。"[③]《嘉靖宁夏新志》亦载："自黄沙嘴起至花马池止，长三百八十七里。成化十年，都御史余子俊奏筑，巡抚都御史徐廷章、总兵官范瑾力举而成之者。"[④]

《北虏事迹》又载："正德元年（1506），总制陕西边务左副都御史杨一清建议大发丁夫，宁夏并西安等二十四卫所四万名，西安等七府五万名，共九万人，帮筑先年都御史徐廷璋等所修旧墙，高厚各二丈，墙上修盖暖铺九百间，用军四千五百人守之。挑浚旧堑，亦深阔各二丈。"[⑤]这次修筑长城于正德二年（1507）四月开始施工，但"仅

---

① 《关于陕西省长城认定的批复》，国家文物局网，2012年6月5日。

② 《明史》卷174《史昭传》，北京：中华书局，2008年缩印本，第4632页。

③ ［明］王琼：《北虏事迹》，［明］袁褧：《金声玉振集》第11册，北京：中国书店，1959年，第17页。

④ ［明］胡汝砺编：《嘉靖宁夏新志》卷1《宁夏总镇》，［明］管律重修，陈明猷校勘，银川：宁夏人民出版社，1982年，第19页。

⑤ ［明］王琼：《北虏事迹》，［明］袁褧：《金声玉振集》第11册，北京：中国书店，1959年，第18页。

自东而西只筑了三十里长城，九万丁夫因聚集汲爨艰难，又皆露宿，风雨无所避，多生疾病，至有死者，人心怨怼，遂折竿悬旗，呼噪欲溃散。管工官会骑兵，周而射之，乃止”。结果九万丁夫只修了花马池城，便各回各处了。

嘉靖十年（1531），三边总制王琼认为，宁夏河东长城因年久失修，圮塌严重，又离军营较远，于作战不利，所以将兴武营以东的长城南移，并在墙外挖挑壕堑，称之为“深沟高垒”。这次施工完成于嘉靖十四年（1535）[1]。后来王琼将“深沟高垒”的修筑办法，上表奏请继续向东推广至榆林镇。

2. 北长城有两道。由灵武横城沿黄河向北至内蒙古巴音陶亥农场北，过黄河抵石嘴山境东北贺兰山脚下，为旧北长城；北长城在旧北长城南，宁夏平罗县境。《皇明九边考》记载：“宁夏北，贺兰山、黄河之间，外有旧边墙一道。嘉靖十年，总制王琼于内复筑边墙一道，官军遂弃外边不守，以致边内田地荒芜。”[2]这条旧边的修筑年代应是明初至弘治年间。

另外，在北长城与东长城之间，沿黄河东岸修有一道较为简易的防御工程，当时称为长堤，其实也是宁夏长城的一个组成部分。嘉靖十五年（1536）“与外边对岸处筑长堤一道，顺河直抵横城大边墙，为截套虏自东过河以入宁夏之路”[3]。

3. 西长城起于石嘴山市境，沿贺兰山由北向南进入中卫后，改沿黄河向西到甘肃靖远县。由石嘴山市东北扁沟循贺兰山麓向南至青铜峡市广武乡芨芨沟一带，大部分记载都是嘉靖至万历年间所修筑。这中间只打硙口、赤木口，旧有防御工程遗址的记载。贺兰山“沿

---

① ［明］胡汝砺编：《嘉靖宁夏新志》卷3《所属各地》，［明］管律重修，陈明猷校勘，银川：宁夏人民出版社，1982年，第249页。

② 魏焕：《皇明九边考》卷8《宁夏镇·保障考》，《中华文史丛书》，台北：华文书局，1969年据明嘉靖刻本影印，第325页。

③ 魏焕：《皇明九边考》卷8《宁夏镇·保障考》，《中华文史丛书》，台北：华文书局，1969年据明嘉靖刻本影印，第325页。

山诸口，虽通虏骑，尚有险可凭；北则惟打硙，南则惟赤木，旷衍无碍。打硙旧有三关，自正德五年（1510）以来，渐至颓圮”[①]。嘉靖十九年（1540），都御史杨守礼镇守宁夏时，在给朝廷的一封奏折中亦说打硙口“旧设有石砌关墙三道”。

关于赤木口，“嘉靖丙申，大司马刘公总督三边军务，深以宁夏失险为忧，命修贺兰山上边墙时。乃著安夏录示前巡抚吴公，二载渐复其旧。其不能修者，赤木关也。盖山势到此散缓，蹊口可容百弓，其南低峰仄径通虏窟者，不可胜塞。山麓有古墙，可蹴而倾也”[②]。青铜峡广武乡芨芨沟一带至中卫与甘肃靖远县交界处的天关墩，为成化至隆庆年间所筑。

《读史方舆纪要》记载：“成化十三年（1477）镇臣请修宁夏西路永安墩至西沙嘴一带边墙。”[③]《明会要》记载：“成化十五年（1479）十一月，筑宁夏沿河边墙。”[④]宁夏中卫在弘治年间所管辖的长城在今中卫县城以北，从“镇关墩起至天关墩止，长二百一十里”[⑤]。

宁夏镇长城分布在今宁夏回族自治区，东起盐池县，经吴忠市利通区、红寺堡区，青铜峡市、同心县、石嘴山市惠农区、平罗县、石嘴山市大武口区、贺兰县、灵武市、银川市兴庆区、永宁县、银川市西夏区，西讫中卫市沙坡头区。[⑥]

---

① 胡汝砺编：《嘉靖宁夏新志》卷1《宁夏总镇》，［明］管律重修，陈明猷校勘，银川：宁夏人民出版社，1982年，第16页。

② 胡汝砺编：《嘉靖宁夏新志》卷1《宁夏总镇》，［明］管律重修，陈明猷校勘，银川：宁夏人民出版社，1982年，第85页。

③ ［清］顾祖禹：《读史方舆纪要》卷62《陕西十一》，贺次君、施和金点校，北京：中华书局，2005年，第2963页。

④ ［清］龙文彬：《明会要》卷75《方域五·边墙》，北京：中华书局，1956年，第1468页。

⑤ ［明］张雨：《边政考》卷3《宁夏卫》，《中华文史丛书》，台北：华文书局，1969年据明嘉靖刻本影印，第135页。

⑥《关于宁夏回族自治区长城认定的批复》，国家文物局网，2012年6月5日。

八、固原镇长城的修建

明固原镇长城为弘治十四年（1501）设镇之后，户部尚书兼右副都御史秦纮，总制三边军务时始建。《皇明九边考》记载："弘治间，总制秦纮筑内边一条，自饶阳界起西至徐斌水三百余里，系固原地界；自徐斌水起，西至靖虏花儿岔止，长六百余里。"①

其实固原镇由榆林镇定边向南至甘肃环县境内的长城，设固原镇之前于成化初年便有所建筑。成化初，兵部尚书王复出视陕西边备及经略宁夏边备时，给皇帝的奏疏中道："自安边营接庆阳，自定边营接环州，每二十里筑墩台一，计凡三十有四。随形势为沟墙，庶息响相闻，易于守御。"②"中路灵州以南，本无亭燧。东西二路，营堡辽绝，声闻不属，致敌每深入。亦请建置墩台如延绥，计为台五十有八。"③

弘治十四年秦纮筑长城之后，武宗正德元年（1506），杨一清被任命为延绥、宁夏、甘肃总制三边军务前后，亦修筑过固原镇长城。《明史》载有杨一清所奏修边建议："总制尚书秦纮仅修四五小堡及靖虏至环庆治堑七百里，谓可无患。不一二年，寇复深入。是纮所修不足捍敌。"④

杨一清提出防边之策："修浚墙堑，以固边防；增设卫所，以壮边兵；经理灵、夏，以安内附；整饬韦州，以遏外侵。"⑤其中，前两条最重要。朝廷批准了他的修边建议，发帑金数十万筑长城，其中就包括固原镇石涝池至定边营的一百六十三里长城。这段长城，平衍宜墙者一百三十一里，险崖峻阜可铲削者三十二里。⑥

杨一清本来是要认真地搞一下长城防御的，但因其不愿加入武宗

---

① ［明］魏焕：《皇明九边考》卷10《固原镇·保障考》，《中华文史丛书》，台北：华文书局，1969年据明嘉靖刻本影印，第406页。

② 《明史》卷177《王复传》，北京：中华书局，2008年缩印本，第4717页。

③ 《明史》卷177《王复传》，北京：中华书局，2008年缩印本，第4717页。

④ 《明史》卷198《杨一清传》，北京：中华书局，2008年缩印本，第5226页。

⑤ 《明史》卷198《杨一清传》，北京：中华书局，2008年缩印本，第5226页。

⑥ 《明史》卷198《杨一清传》，北京：中华书局，2008年缩印本，第5227页。

宠信的宦官刘瑾的私党而遭排斥，诬以“冒破边费”逮下锦衣狱，其修长城的计划并未得到全部实施。关于杨一清修长城，《固原州志》记载：“嘉靖四年（1525），总制杨公一清，筑修东北堑山，增筑关城；岿然山巅崖堞，称天险焉。”①“弘治十八年（1505），总制杨公一清修四十余里。”②

固原镇由环县北境向西的长城，则为嘉靖年间修筑。这次是固原镇长城的第二次较大规模修筑，为嘉靖九年（1530）王琼任三边总制时所做。

王琼《北虏事迹》记载：“自环县萌城西响石沟至靖虏卫地名花儿岔，长六百三十六里，系陕西固原镇该管边界。弘治十五年，总制尚书秦纮修理墙堑低浅，日久坍坏填塞，套虏节年过花马池，分道深入，不能阻隔。是年八月，王琼令镇守固原署都督佥事刘文统领官兵八千四百余员名，巡行响石沟等处，防御套贼。挑挖响石沟至下马房旧堑长三十里，俱深二丈、阔二丈五尺，南面堑上筑墙；连沟共高三丈。又修理下马房西接平虏、镇戎，经古城、海剌都、西安州，五堡坍塌边墙一百二十五里，随山就崖，铲削陡峻，至九月初三日次第修完。又于干盐池，地名青沙岘，铲崖挑沟长四十里，深险壮固以绝胡虏西入临、固之路，及干盐池以西栅塞崖堑二十九里，令靖虏守备都指挥赵昶修理完备。”③

第三次较大规模的修筑固原镇长城是嘉靖十六年（1537），兵部左侍郎刘天和总制三边军务时，固原镇总兵官任杰所筑徐斌水至鸣沙州新边。嘉靖十五年（1536），三边总制刘天和在分析固原镇边备形势时说：“固原为套部深入之冲，前尚书秦纮修筑边墙，延袤千里，

① ［明］刘宽敏：《万历固原州志》上卷《建置志第二》，牛达生、牛春生校勘，银川：宁夏人民出版社，1985年，第139页。

② ［明］刘宽敏：《万历固原州志》上卷《建置志第二》，牛达生、牛春生校勘，银川：宁夏人民出版社，1985年，第144页。

③ ［明］王琼：《北虏事迹》，［明］袁褧：《金声玉振集》第11册，北京：中国书店，1959年，第40页。

然彼大举入寇，尚不能支。及杨一清筑白马城堡，而后东路之寇不至。王琼筑下马房关，而后中路之患得免。唯西路自徐斌水至黄河岸六百里，地势辽远，终难保障。今红寺堡东南起徐斌水，至鸣沙州河岸可二百二十里。总兵任杰议于此地修筑新边一道，迁红寺堡于边内，撤旧墩军士使守新边。”①

朝廷在议此事时，以弃地扰民为由没有批准这次长城修建行动。但万历四十四年所修《固原州志》又记载：“嘉靖十六年（1537），总制刘公天和修干沟干涧六十余里，挑筑壕堤各一道，复自徐斌水迄鸣沙州黄河岸，修一百二十五里，增葺女墙，始险峻。”②看来此段长城确实需要，虽然嘉靖十五年（1536）上报未准，但于次年还是修了一部分。

固原镇长城分布在今宁夏固原市原州区、西吉县、中宁县、海原县等地。③

九、甘肃镇长城的修建

明初，朝廷对长城的建筑力量集中于榆林以东的六镇。到成化后，蒙古鞑靼部屡犯延绥、固原等地；后来，吐蕃也开始进攻明廷边地。此后，明廷才开始加修延绥至甘肃一带的墙、壕、墩、堡。

明自平定河西以后，便开始经营河西防务，但甘肃镇长城修筑于明嘉靖、隆庆、万历年间。嘉靖二十五年（1546），杨博“超拜右佥都御史，巡抚甘肃。大兴屯利，请募民垦田，永不征租。又以暇修筑肃州榆树泉及甘州平川境外大芦泉诸处墩台”④。

《肃镇志》记载：“自东乐大口，于迤北人祖山至破山等口十三

---

① ［清］顾祖禹：《读史方舆纪要》卷58《陕西七》，贺次君、施和金点校，北京：中华书局，2005年，第2803页。

② ［明］刘宽敏：《万历固原州志》上卷《建置志第二》，牛达生、牛春生校勘，银川：宁夏人民出版社，1985年，第144页。

③ 《关于宁夏回族自治区长城认定的批复》，国家文物局网，2012年6月5日。

④ 《明史》卷214《杨博传》，北京：中华书局，2008年缩印本，第5656页。

处，虏骑出没无常，尤为要害，嘉靖二十七年（1548），巡抚都御史杨博，巡历诸险，于诸口各设壕堑、柞垒以扼寇害。”[①]《重修肃州新志》记载：“东、西、南、北四路，嘉峪关起，镇夷千户所止，边墙、崖柞一万三千六百三十丈，计七十五里二百六十步。”[②]《肃镇志》又载：“镇城西、北、东、南四路，板桥堡起至明沙堡止，边墙、壕柞柞二千八百一十二丈，计一十五里二百二十四步。”[③]这两段长城由都御史廖逢节议题，同于隆庆六年（1572）修完。

另据甘肃各镇、府、州志载，由都御史廖逢节议题，于隆庆六年修完的边墙、壕柞，还有很多地方。由此以后，甘肃镇长城各段始终在修筑之中。《肃镇志》记载：“万历元年（1573），修完东乐、洪水、尾窑、甘峻、梨园、平川、明沙等堡墙、壕崖、柞垒水四百九十五丈，内边墙底阔九尺，顶阔五尺，实台一丈二尺，朵墙三尺，共高一丈五尺。壕口阔深各二丈，底阔一丈，崖柞高、阔、深各三丈，俱不支钱粮。”[④]

《重修肃州新志》亦载：“自新城儿东，长城西头起，嘉峪关北边墙新腰墩止，边墙一万九百八十四丈，底阔八尺，顶阔二尺五寸，实台高一丈，垛墙二尺，共高一丈二尺，随墙大、中墩二座，万历元年（1573）修完。”[⑤]“自下古城迤北、东长城角墩起，靖虏墩东壕头、临水河北岸止，又自嘉峪关起，镇夷所止，边墙、崖柞二千六百四十六丈。内：边墙底阔一丈，顶阔六尺，实台高一丈

① 高弥高、李德魁等修纂:《肃镇志》卷3《宦师志·名宦》，台北：成文出版社，1970年据清顺治十四年（1657）抄本影印，第77页。

② 黄文炜纂修:《重修肃州新志》，酒泉：甘肃酒泉县博物馆，1984年影印，第215页。

③ 高弥高、李德魁等修纂:《肃镇志》卷3《宦师志·名宦》，台北：成文出版社，1970年据清顺治十四年（1657）抄本影印，第78页。

④ 高弥高、李德魁等修纂:《肃镇志》卷3《宦师志·名宦》，台北：成文出版社，1970年据清顺治十四年（1657）抄本影印，第78—79页。

⑤ 黄文炜纂修:《重修肃州新志》，酒泉：甘肃酒泉县博物馆，1984年影印，第215页。

二尺，垛墙三尺，共高一丈五尺；崖柞高三丈，阔二丈。万历二年（1574）修完。”[①]

万历年初，除修筑墙、崖柞之外，还加宽了以前所筑的夯土长城。“万历二年修完平川、三坝、孤山儿、平虏等墩塘起，帮接边墙长一千一百八十七丈。”[②]新加厚、加高部分边墙“底阔五尺，顶阔三尺，实台高三尺或四尺，朵墙三尺。连旧墙共底阔九尺，顶阔五尺，高一丈七尺”[③]。

《兰州府志》记载：“万历二十六年（1598），以松山平定，议筑新边。府同知冯询等踏看，得松山双墩子以东至红水河西四十里，有水可以筑墙。红水河以东三十里俱石，山无土，不堪挑筑，应砌石墙。自硷滩墩至永安堡索桥三十里，川险间断，或筑墙，或挑壕，各相便宜。五边考云，新边自靖虏卫界黄河索桥起至庄浪界土门山，共长四百里，而兰靖、庄浪千四百里之冲边始安。第芦塘、三眼井等处，土疏易圮，时费修筑。若按明初旧址，自镇番直接宁夏中卫。”[④]

另外，这一带防御建筑的组成部分还有墩台。墩台又分为兵墩与田墩两种，田墩又叫屯庄墩。据《甘州府志》记载：“凡墩有兵墩，有田墩，兵墩司守望，田墩备清野。”[⑤]

兵墩多随边墙而建，田墩则为另建。《甘州府志》记载：“闻警清野固为守边常法，然零星小寨归入城堡，动辄一二十里，远至

① 黄文炜纂修：《重修肃州新志》，酒泉：甘肃酒泉县博物馆，1984年影印，第215页。

② 高弥高、李德魁等修纂：《肃镇志》卷3《宦师志·名宦》，台北：成文出版社，1970年据清顺治十四年（1657）抄本影印，第79页。

③ 高弥高、李德魁等修纂：《肃镇志》卷3《宦师志·名宦》，台北：成文出版社，1970年据清顺治十四年（1657）抄本影印，第79页。

④ 陈士桢修，涂鸿仪编辑：《兰州府志》卷1《地理上·形胜·关堡附》，台北：成文出版社，1976年据清道光十三年（1832）刊本影印，第87—88页。

⑤ 钟赓起纂修：《乾隆甘州府志》卷8《墩铺》，《中国地方志集成》，南京等：凤凰出版社等，2008年据清乾隆四十四年（1779）刻本影印，第309页。

四五十里，汗漫奔驰，卒难毕至，敛之不豫，则虏已入境，而仓皇莫及；敛之太早，则虏未必来，而生物困毙。……故议以屯种附近之乡或二三十家，或四五十家，督令共筑一墩，每墩设一总甲提调，如警报一至大城，四路各发柴烽、信炮传示各乡，即敛。”[①]明嘉靖年间，巡抚杨博增置屯庄墩三百六十五，以后廖逢节、石茂华等巡抚都筑过这种田墩。

甘肃镇长城分布在今甘肃，东起环县，经白银市平川区、靖远县、白银市白银区、景泰县、榆中县、皋兰县、兰州市城关区、七里河区、安宁区、西固区，永靖县、永登县、天祝藏族自治县、古浪县、武威市凉州区、民勤县、永昌县、金昌市金川区、山丹县、民乐县、张掖市甘州区、临泽县、肃南裕固族自治县、高台县、金塔县、酒泉市肃州区，西迄嘉峪关市。[②]

图15　甘肃嘉峪关。从第一次想要徒步走长城，直到最后一步走完嘉峪关，我始终是怀着对长城的崇敬在行进。我是在向长城敬礼，我投向长城是投向母亲的怀抱

① 钟赓起纂修：《乾隆甘州府志》卷8《墩铺》，《中国地方志集成》，南京等：凤凰出版社等，2008年据清乾隆四十四年（1779）刻本影印，第309页。

② 《关于甘肃省长城认定的批复》，国家文物局网，2012年6月5日。

十、西宁卫长城的修建

明西宁卫长城又称西宁边墙，虽然并不隶属于明长城九边管辖，但同样是修建在农牧分界线，防御对象是西海蒙古部族。西宁卫长城始建于明代中叶，从明世宗嘉靖二十五年（1546）始建到明神宗万历二十四年（1596）完成，历时28年。分布在西宁卫的西部，呈半月形环绕。建筑形式，由边墙、边壕、水关、水柞和斩削土、石山崖组成。

明初分封了西宁16家土司，令其安土司民。洪武至英宗正统四年（1439）的140年间，这一带一直相对比较安定，故于正德二年（1507）罢西宁兵备官。好景不长，正德四年（1509）和正德七年（1512），河套蒙古部族两次较大规模地西入青海湖地区，并诱发一些藏族部落反明。

为了提高西宁卫的军事防御能力，明正德五年（1510）恢复了西宁兵备官。嘉靖三十二年（1553）为加强防御，又将其升格为西宁参将。万历十八年（1590）更是派兵部尚书“经略青海”，分别改碾伯、古鄯操守为游击和守备。因为北川和西川是防御重点，还增设了北川守备和西川游击将军。万历二十三年（1595），将西宁参将升格为西宁副总兵。

西宁卫长城的修建分为三个阶段：

第一个阶段是嘉靖二十五年（1546）所修建三段边墙，即“嘉靖丙午，兵备副使周安（京）、王继芳偕守备薛卿，缮治城堑，延属五十余里，西宁始就枕席云。撒儿山口，城东北一百五十里，有边一道，延二十里。北石硖口，城北一百里，自靖边墩起，抵草人山，新筑边一道，延二十里”[①]。西宁兵备副使王继芳倡修的边墙是西宁卫最早的长城，位于今大通东峡地区长25千米的黑松林插把峡边墙。稍后兴修的边墙，可能是撒儿山口和北石峡两段，各长20千米。这三

① ［清］苏铣纂修：《顺治西镇志》之《兵防·隘口》，《中国地方志集成》，南京等：凤凰出版社等，2008年据清顺治十四年（1657）抄本影印，第31页。

段边墙均位于西宁卫北部，封锁了北边的主要通道。

第二个阶段是从隆庆元年（1567）到万历二年（1574），西宁卫继续修建了北川、南川、西川，近“四万七千丈”的边墙。其中隆庆年间所修建的有：“哈喇只沟边壕一道，长五百丈。……自娘娘山沙儿岭起，札板山下止，边墙、水关、山崖共四千四百三十丈。……又沙塘川西石峡黄草墩起，插把峡山墩止，边墙、山崖共二千九百六十一丈。……又碾伯、冰沟、巴暖三川、南川等地方，峡柞、边壕、沟涧、斩断石路二万二千六百六十九丈。”①

第三个阶段是万历二十三年（1595）“海寇”大犯西宁南川、西川，明朝于万历二十四年（1596）取得西宁南川、西川大捷后，西宁兵备使刘敏宽等修建了西石峡口到娘娘山南麓的边墙，使西宁北部与西南部边墙连成一线。至此，西宁卫边墙建设得以最终完成。

《西宁府新志》记载：“万历二十四年，兵备按察使刘敏宽、副将达云、同知龙膺、通判高第遍历荒度，增筑广堑，于是大备。”②这次除对原有的边墙整修加固外，还新筑了西宁西石峡口至娘娘山麓的边墙。万历二十四年最后修建的这段边墙，最终使西宁卫的边墙连为一体。

国家长城调查工程将明西宁卫长城，称为青海省长城。这条长城，主线东起乐都县，西经互助土族自治县、大通回族土族自治县，向南经湟中县、西宁市城中区、湟源县，向东经平安县，止于民和回族土族自治县。还有数条各自独立的长城墙体或壕堑，分布在西宁市城北区、民和回族土族自治县、化隆回族自治县、乐都县、互助土族自治县、贵德县、门源回族自治县、湟中县、大通回族土族自治县。③

① ［清］苏铣纂修：《顺治西镇志》之《兵防·隘口》，《中国地方志集成》，南京等：凤凰出版社等，2008年据清顺治十四年（1657）抄本影印，第31页。

② ［清］杨应琚纂修：《乾隆西宁府新志》卷13《建置·关隘》，《中国地方志集成》，南京等：凤凰出版社等，2008年据清乾隆十二年（1747）刻本影印，第212页。

③ 《关于青海省长城认定的批复》，国家文物局网，2012年6月18日。

第三节　清朝长城的纷乱与杂陈

继元朝之后，清是历史上由另一个少数民族统治全中国的朝代。清顺治元年即明崇祯十七年（1644）三月，李自成军队推翻了明朝。而14万清军在吴三桂迎降后，进入长城并且在石河大战中打败了李自成的大顺军，五月初二进入北京。

从后金到清，女真族在与明朝对峙的近30年的时间里，虽然多次突破明长城防线，但一直都没能攻下山海关。对山海关之外长城防线发动的每次军事行动，清军都会受到明军的强烈反击。但明政权后期日益腐朽，军政败坏，在风起云涌的农民起义打击下，对清军的抵御处于艰难的状态。

清朝建国后，长城作为“汉夷”民族分界的标志意义依然存在。清朝统治者是文化上与游牧民族有密切关系的北方少数民族，所以更加理解其他的少数民族。康熙曾对大臣们说：“昔秦兴土石之工，修筑长城。我朝施恩于喀尔喀，使之防备朔方，较长城更为坚固。”①康熙虽然也曾多次强调“边墙以外，无异腹里”②。但另一方面，清王朝作为华夏共主的中原王朝统治者，也继承了中原汉族王朝的很多民族观念。

明朝称长城为“边”，而不叫长城，清朝同样称长城为“边”。清朝户部所做户口统计，就只是统计内地直省和八旗人口，并不将长城之外藩部的人口计算入内。“边外蒙古”之类的提法，经常出现在清王朝的政府文书中。文献记载：“边外蒙古地方种地民人设立牌头、总甲及十家长等，如有偷窃为匪及隐匿内地逃人者责令查报。”③

---

① 《清圣祖实录》卷151康熙三十年五月壬辰，北京：中华书局，1986年，第677页。

② 黎中辅纂修：《道光大同县志》卷6《关隘》，《中国地方志集成》，南京等：凤凰出版社等，2005年据道光十年（1830）刻本影印，第75页。

③ 清高宗敕撰：《清朝文献通考》卷19《户口一》，《万有文库》第二集，上海：商务印书馆，民国二十五年（1936），第5030页。

康熙时期，依然将长城之外的鄂尔多斯蒙古之地视为“界外”。虽然其已归附清朝，但朝廷并不允许其随意游牧。鄂尔多斯蒙古王爷在向朝廷提出，要在察罕托灰之地暂行游牧的请求时，朝廷遣尚书穆和伦等往勘查，拟定以黄河西河之间柳墩等四台为界。虽然允许了鄂尔多斯蒙古游牧，但还是设立了理事官二员，就地稽查游牧的蒙古人，以防止其生事。

宁夏总兵官范时捷，对此做法还提出了自己的不同意见。他为此专门上疏提出：察罕托灰系版图内地，今蒙古游牧，多致越界行走，与宁夏居民，蒙混樵采，实属不便。请以黄河为界，停止蒙古游牧，则民生有益，即地方亦易防守。朝廷批准了范时捷的意见，“得旨，从前原以黄河为界，著照后议行”[①]。清廷对鄂尔多斯蒙古辖地的这种区分，说明在这个时候，朝廷对长城外的蒙古族还是采取内外有别的政策。

康熙五十三年（1714）六月十七日，康熙谕大学士等：“朕幸宁夏，过鄂尔多斯地方，谓松阿喇布王云，‘尔等祖宗不过欺侮汉人，遂据河套耳。若朕则自横城坐船带粮从鄂尔多斯之后抄出据守，尔等将若之何？’松阿喇布王瞿然奏云，‘今内外一家，皇上奈何出此可畏之言。’”[②]从这段对话中，可以看到在清朝皇帝的认识中也并不全是“边墙以外，无异腹里”[③]。

雍正时期多次发起对西北地区与准噶尔征伐的“平定准噶尔”战争。雍正多次称准噶尔为“逆夷”[④]，驻守长城的将军也多以“夷”称呼鄂尔多斯蒙古。如陕西延绥总兵官米国正上奏朝廷：“榆林边城之外，即系河套夷民杂处，交易为生。鄂尔多斯一部落，风气素称浑

---

① 《清圣祖实录》卷256康熙五十二年八月丁丑，北京：中华书局，1986年，第530页。

② 《清圣祖实录》卷259康熙五十三年六月丙子，北京：中华书局，1986年，第556—557页。

③ 黎中辅纂修：《道光大同县志》卷6《关隘》，《中国地方志集成》，南京等：凤凰出版社等，2005年据道光十年（1830）刻本影印，第75页。

④ 《清世宗实录》卷103雍正九年二月癸卯，北京：中华书局，1986年，第361页。

朴，近日多有内地民人，指引进口夷人，偷盗牲畜，窝藏分利。”①

“总理事务王大臣议准，大学士仍管川陕总督查郎阿议大通之流移蒙古安插事宜。据称大通虽在口外，然既安营设汛，不便汉夷杂处，请查明分晰安插。”②这里讲的“汉夷杂处”是指大量汉族移民迁徙到长城之外，形成了蒙汉杂居、农牧兼营的局面。

乾隆时期的满汉大臣，常在奏章中称长城为“边”、以蒙古为“夷”。皇帝的谕令中及清王朝的正式公文里，也经常出现这样的称呼。如：乾隆七年（1742）五月，长城外的蒙古人与长城内的汉人发生的冲突和矛盾，“吏部议准，山西巡抚喀尔吉善疏请，酌定夷汉章程，以重边圉各款”③。这里所谓的“夷汉章程”，就是指规范蒙古人与汉人行为的规定，以避免双方发生冲突。

一、清军入关初期加强长城防御

清军入关之时，明军已经毫无战斗力可言。清王朝入关后，据有了长城内外，觉得没有继续在山海关布兵设防的必要，就在顺治元年（1644），撤除了山海关的建制。清很快发现在中原要面对很多的压力，使他们决定把山海关以东作为根据地，若无法在中原立足，便退还东北。正是在这样的指导思想下，立即复设山海关防御体系，修复关城及边墙防御设施。

清复原了山海关的防御安排的同时，由驻守京畿的八旗军队在宣大到山海关一线，利用明长城进行了布防。顺治四年（1647）十二月，“自张家口起，西至黄河止，察得张家口关门迤西，黄河迤东，共一千四十五里。其间险峻处约六七里一台，平坦处，约四里一台。共应留台二百四十四座，每台设军丁三名，共军丁七百三十二名。其余台一千三十二座，应不用”④。

① 《清世宗实录》卷154雍正十三年四月己未，北京：中华书局，1986年，第890页。

② 《清高宗实录》卷26乾隆元年九月癸巳，北京：中华书局，1986年，第572页。

③ 《清高宗实录》卷166乾隆七年五月己巳，北京：中华书局，1986年，第104页。

④ 《清世祖实录》卷35顺治四年十二月庚寅，北京：中华书局，1986年，第289页。

持续一年的姜瓖之乱，加之北方严重的饥荒、水灾和南明的复兴活动，对于初建全国统治政权的清朝来说形势非常紧张。陈协的《大同边备疏》中就说："夫天下事防于已然，不如防于未然，则虽有修葺迁运之劳，形势屹然。边民知警，若待已然，则烦费又当何如？臣愚以为沿边设险，莫如大同。……以边务重大，不宜轻忽故也。其他属在宣云，如口北等处，皆当严加修备，以待不虞。"[①]《钦定大清会典则例》记载顺治十五年，"又题准修完边墙五十丈至百丈者，纪录一次"[②]。这两条史料讲的即是此后为加强军事防御，对原来的明长城进行必要的修缮。这个时期清修缮长城加强防御之目的非常的清楚，就是巩固其统治地位。

二、长城新作用：清朝实行满禁、蒙禁

清朝非常重视位于长城以外的东北地区，称其为"龙兴之地"，故而利用明朝修建的长城保护满洲地区，长城的作用由此发生了根本性的转变。从康熙朝起，东北就成了禁地，中原汉人被严格限制前往，史称"满禁"。在山西、陕西长城沿线实行的封禁，史称"蒙禁"。"满禁"经过雍正朝至乾隆初年更为严厉，在东北区域执行全面彻底的封禁。清王朝的边禁手段，对于边境贸易进行控制，商贾和普通民众进出边疆地带，均须批准获颁"部票"才能通行。

清朝实行边禁政策的同时，对长城各关隘的贸易，采取了很多积极措施。"乾隆十四年（1749），谕军机大臣等，据马灵阿奏称，宁夏沿边一带，向令蒙古进口交易，迨乾隆九年，经原任督臣庆复查办，因道员与驻扎之员外郎各持己见，至今案尚未结，以致久行之例，遽行禁革，多有未便。请查照旧例遵行等语。宁夏沿边口隘六十处，所向曾发给印牌，交该台吉等收执，遇有进口执持查验，立法原为严

---

① 贺长龄辑：《皇朝经世文编》卷80《兵政十一·大同边备疏（顺治十年）》，《近代中国史料丛刊》，台北：文海出版社，1972年，第2853页。

② 刘炘等：《钦定大清会典》卷127《工部·营缮清吏司·城垣》，《景印文渊阁四库全书》，台北：商务印书馆，1983年，第5页。

明，行之数十年，并无疏忽，今乃以查办之故，致使永远遵行之例，一旦禁革，有妨蒙古生计，殊非国家柔远之道。在边疆固宜防范，亦惟令该地方员弁于进口出口之时，详加盘验，弊端自可永除，可传谕尹继善、鄂昌等查照旧例妥协办理。”①

据《最新蒙古鉴》记载，杀虎口以西开放给蒙古的入口道路有十条：“（一）自归化城土默特进长城之新平堡达直隶宣化县。（二）自河套入塞达陕西神木县。（三）自河套入塞达陕西榆林县。（四）自河套入塞达陕西靖边县。（五）自定远入塞经贺兰山之都鲁树口达甘肃平罗县。（六）自定远入塞经贺兰山之墨石口达甘肃宁夏县。（七）自甘肃中卫县西之达尔孙霍托东渡黄河入塞。（八）自达尔孙霍托南沿黄河入塞。（九）自额济纳土尔扈特进长城之金塔寺达肃。（十）进嘉峪关达肃州县。”②

清王朝所执行的边疆民族策略，与先前诸朝相比更为成功，其中的因素是清朝起源于长城之外，对边疆地区少数民族的思想感情，有比较到位的理解。但是，清朝的边疆策略也有重大的失误，突出表现在片面追求社会政治的稳定，而在一定程度上牺牲了社会的发展。清朝君主将天下的安宁当成首要的目标，并把边疆地区军事和政治上的安宁放在第一位，而把发展建设边疆地区放到了次要的位置上。因此，清王朝对于长城以外地区执行了封禁手段。

清军入关以后，在战争还在持续的过程中，就开展了一系列社会经济恢复措施。为促进东北地区的发展，推行的措施是支持关内汉族出山海关，至辽东一带垦荒。清王朝在顺治六年（1649）首次发布命令：“山海关外荒地甚多，民人愿出关垦荒者，令山海道造册报部，

① 席裕福、沈师徐辑：《皇朝政典类纂》卷116《市易四·藩部互市》，《近代中国史料丛刊续编》，台北：文海出版社，1974年，第1037—1038页。

② 卓宏谋：《最新蒙古鉴》卷3《实业》，北京：北京西城丰盛胡同四号卓宅，民国八年（1919），第38页。

分地居住。”[①]

顺治十年（1653），清王朝发布了《辽东招民寻荒授官条例》，其中设立了依据招民数量给予的奖励措施。若在“在盛京招民一百名者，文授知县，武授守备；百名以下，六十名以上者，文授州同州判，武授千总；五十名以下者，文授县丞主簿，武授把总。若数外多招，每百名加一级。其辽东地方广阔，田地最多。招去官民，任意耕种，俱照开荒之例，一百名每户给播种牛一只，并犁具等，给银五两，雇觅人工银二两，不论旗民，文授知县，武授守备”[②]。能够招揽一定数量的垦荒民众就给予官职，愿意前往垦殖者还给予口粮、种子和牛具等支持。劝民开垦的手段执行以后，辽东一带的社会经济渐渐有了起色，诗云：“昔转天下粟，辽东常苦饥。今开沈阳田，谷运关以西。民力莫教弛，地利莫教遗。筹边无善策，农战相维持。”[③]

顺治十一年（1654）和康熙二年（1663），又先后发布了《辽东招民开垦奖励条例》和《辽东招民令》，对于招民开垦继续给予奖励。不过，这些政策措施并没有持续下去。至康熙七年（1668），清王朝出于维持满洲固有风俗及保护八旗营生的需要，在山海关长城以东的广阔区域执行封禁。

清在康熙七年（1668）闭锁了中原通向东北地区的门户，下令于山海关和喜峰口等九处长城关隘，设置关卡，开展稽查，对出行者进行严格的管制。并且在以后的数年中，多次修建柳条边。乾隆皇帝登基以后，继续坚持前两朝的政策，还加强了对东北地区的封禁力度。在东北地区执行的封禁措施，基本是对边外的吉林和黑龙江一带，位于边内的盛京一带还可以网开一面，只是进行限制。

清朝在东北地区实施的封禁有不少理由。关东一带出产人参，大

---

① 清高宗敕撰：《清朝文献通考》卷1《田赋一》，《万有文库》第二集，上海：商务印书馆，民国二十五年（1936），第4858页。

② 刘献廷：《广阳杂记》卷3，汪北平、夏志和点校，北京：中华书局，1957年，第123—124页。

③ 转引自李兴盛：《东北流人史》，哈尔滨：黑龙江人民出版社，1990年，第114页。

量拥入的流民上山偷采，屡禁不止，影响到了旗民的生计。另外，东北一区设有皇家狩猎围场，可是“游民借开荒之名，偷越禁地，私猎藏牲”[①]。清王朝既担心流民太多，“私垦地亩，致碍旗人生计”[②]，也顾虑：“旗人咸图安逸，不知力作，必致生计日蹙，且耳濡目染，习成汉俗，不复知有骑射本艺，积重难反，其害岂可胜言！”[③]

其实，后者才是清朝闭锁山海关的实际理由，康熙皇帝说：“我满洲人等，因居汉地，不得已与本习日以相远，惟赖乌喇、宁古塔等处兵丁不改易满洲本习耳。今若崇尚文艺，则子弟之稍颖悟者俱专意于读书，不留心于武备矣。……将朕所降谕旨……晓谕乌喇、宁古塔等处人等知悉，并行知黑龙江将军，共相勉励，但务守满洲本习，不可稍有疑贰。”[④]清王朝为了确保满人尚武之风持续下去，保持满族的风俗习惯，避免满人“习成汉俗”，把该区域封闭起来就顺理成章了。

清朝为了使“禁关令”得到贯彻，由顺治年间起，在满洲境内分段修建起柳条边，其长度达2000余里。清王朝虽然一直坚持实施“禁关令”，但并没有止住北方流民越过长城的步伐。从中原前往东北一带谋生的民众仍然不绝。在康熙五十一年（1712），上谕中称，仅山东流民进入满禁之地，就有10余万人[⑤]。估计乾隆四十一年（1776）时，由华北越长城迁移到东北地区者（含已经变更流民身份定居关东者）多达180万[⑥]。

清朝严禁汉族民众越过长城至东北地区进行垦殖，同时规定明朝

① 刘锦藻：《清朝续文献通考》卷3《田赋三·田赋之制》，《万有文库》第二集，上海：商务印书馆，民国二十五年（1936），第7525页。

② 《清仁宗实录》卷113嘉庆八年五月乙未，北京：中华书局，1986年，第496页。

③ 《清宣宗实录》卷102道光六年八月乙卯，北京：中华书局，1986年，第677页。

④ 长顺、讷钦修，李桂林、顾云纂：《光绪吉林通志》卷1《圣训志一》，《中国地方志集成》，南京等：凤凰出版社等，2009年据清光绪十七年（1891）刻本影印，第30—31页。

⑤ 乾隆帝敕撰：《圣祖仁皇帝圣训》卷8《圣治》康熙五十一年五月壬寅上谕，《近代中国史料丛刊三编》，台北：文海出版社有限公司影印，2005年，第96页。

⑥ 葛剑雄等：《简明中国移民史》，福州：福建人民出版社，1993年，第454页。

修筑的长城以北，是蒙古贵族的驻牧地带，以此限制汉人到其地垦殖或进行贸易，这就是“蒙禁”。在“蒙禁”的具体规定中，不允许蒙古各部进行越界交流，相互间不能进行贸易和通婚。蒙古人不能学习汉族文化，亦不可与汉族民众通婚。汉人至蒙地进行贸易或垦荒种地都受限制。不过，清王朝所实行的“蒙禁”，并没有“满禁”那样严格。

清朝之前的蒙古区域一直把畜牧业作为生产形式，农业很弱。由此存在的粮食供给问题，曾经引发过蒙古与明朝方面的激烈冲突。清朝成立并且政权稳定下来后，为解决粮食供应，很重视发展口外蒙古区域的农业。蒙古王公也要求发展本地区的农业经济，喀尔喀蒙古土谢图汗在康熙年间上疏言道：“思得膏腴之地，竭力春耕，以资朝夕。”①

解决好北部边疆区域的粮食供给，对于边地防御的意义重大。在康熙和雍正年间，准噶尔部少数上层贵族多次发动叛乱，北部边疆战事连连。清朝只好由内地把军用粮草，经过长途运输，送到农业极不发达的战地。故而康熙皇帝说“边外积谷，甚属紧要”②。在当地解决好粮食供应，可以促使边疆稳固。

清明令限制汉族民众大量迁徙至边疆少数民族地区，以免影响该地区原有秩序。在东北地区，清朝作为一个全国性的政权，没有坚持从全局利益出发，从早期的“招民授官”至后来的“永著停止”，使得东北这片土地上丰富的经济资源被封禁起来，使整个国家的利益蒙受损失。封禁阻碍了长城以外地区的经济发展，使北方农业危机加剧。弛禁是清不得已的选择，继续利用长城实行满禁和蒙禁已经行不通。弛禁时期山东流民“闯关东”和晋陕流民“走西口”的发展，对长城内外的农业、手工业、商业都产生了很大的影响。

---

① 《清圣祖实录》卷152康熙三十年七月丙午，北京：中华书局，1986年，第683—684页。

② 《清圣祖实录》卷153康熙三十年十二月丁亥，北京：中华书局，1986年，第695页。

三、修缮长城防御青海蒙古各部

清朝在辽东修建柳条边，修缮并利用明朝山海关到嘉峪关的长城实行满禁和蒙禁。这种对长城的利用已经不是原来长城防御方向的初衷。为实行区域隔离和管理，清朝对其部分修缮和利用。而修缮青海、甘肃某些区段的长城，则是出于防范青海蒙古各部以及汉、苗、回等族农民起义的目的。

康熙元年（1662），吴三桂、尚可喜和耿精忠各据一地，拥兵自重。清朝获知吴三桂打算联合青海多尔济谋划反清时，就预先做出部署。令张勇屯守甘州进行防御，就是这种安排之一。康熙六年（1667），张勇到任后上奏朝廷提出重新修缮明代西宁卫边墙。

清朝在青海修建边墙，源于蒙古准噶尔部贵族首领噶尔丹发动的叛乱。这场持续了70年的战乱对清朝西北部边疆地区构成了严重的威胁。

17世纪后期，噶尔丹掌握准噶尔部的统治权，进一步拓展本部的势力，控制了厄鲁特蒙古的另外三部。康熙十七年（1678），乘天山南路伊斯兰教“黑山派”同“白山派”发生教派争端，准噶尔部夺取了叶尔羌政权。噶尔丹势力占据天山南北之后，继续图谋割据西北，统治蒙古各部，威胁着青海、西藏和喀尔喀蒙古地区。针对这样的形势，清朝力图和平解决纷争，派遣使者至准噶尔部抚慰。噶尔丹也表达了“与中华一道同轨”，不敢“自外于中华皇帝”①的态度。

实际上，噶尔丹并没有听从清王朝的号令，仍然向喀尔喀蒙古各部发动攻击。康熙三十五年（1696），康熙皇帝率清军亲征噶尔丹，取得了决定性的胜利。次年，康熙再次于宁夏一带消灭了噶尔丹残余力量。噶尔丹虽被剿灭，但平定准噶尔的战争并未结束。噶尔丹之后的策妄阿拉布坦父子、达瓦齐和阿睦尔撒纳，继续坚持割据，并向西藏和青海等地发起攻击，使清朝西部边疆区域的稳定发生动摇。康熙二十九年（1690）起，清王朝继续对准噶尔部作战，在乾隆二十二年

---

① 温达等：《亲征平定朔漠方略》卷5，北京：中国藏学出版社，1994年，第117页。

（1757），彻底平定了准噶尔武装割据势力，确保了西北边陲的安定。

居于青海的蒙古贵族罗卜藏丹津等势力，于雍正元年（1723），发动了叛乱。这次叛乱的规模并不大，历时也较短，却依然给青海地区造成了很大的混乱。清朝于雍正二年（1724）三月，以年羹尧为抚远大将军，岳钟琪为奋威将军发兵征伐。迅猛而至的清朝军队向叛乱武装发起攻势获得了大胜，罗卜藏丹津只带极少残部仓皇逃离。

叛乱势力被消灭以后，清王朝对居于青海地区的蒙古各部进行了具体安排。“总理事务王大臣等据年羹尧所奏，确定了青海善后事宜：青海各部头目分别赏功罚罪。各部游牧地划分地界，按扎萨克制……贡期自明年始，分三班进京请安进贡，三年一次，九年一周。四季贸易应在指定地点，擅进边墙者惩治。”[①]其中提到了不得擅进边墙，表明该时期青海地区的长城，仍然发挥着军事和政治作用。

清朝重臣年羹尧在战事平息以后上奏朝廷，要求修筑边墙，以隔离青海蒙古各部同准噶尔蒙古部的沟通。雍正二年（1724），“请于西宁北川边外上下白塔等处，自巴尔托海至扁都口筑城堡，令蒙古等勿妄据”[②]。同年，年羹尧请求在“西宁北川边外上下白塔处，自巴尔托海至扁都口一带创筑边墙，悉建城堡”[③]。此处所用“创筑边墙”之语，表现其工程形式并非只是对前朝边墙进行简单的修缮，而是希望根据实际情况有所增筑。

在青海地区，针对蒙古族各部的边墙，之后又经过了多次修筑。陕西固原提督范时捷到任后，即于“（雍正）十年（1732）六月，奏修西宁镇边墙”[④]。此段边墙至乾隆年间仍然发挥着作用，并且加以续修。在《西宁府新志》中有记载，“乾隆十年（1745），应琚率同知县

① 《清世宗实录》卷20雍正二年五月戊辰，北京：中华书局，1986年，第331页。

② 赵尔巽等：《清史稿》卷522《青海额鲁特部》，北京：中华书局，1977年，第14458页。

③ 傅恒等：《平定准噶尔方略》前编卷14，《清代方略全书》，北京：北京图书馆出版社，2006年据清朱丝栏抄本影印，第443页。

④ 李洵、赵德贵、周毓方、薛虹主点校：《钦定八旗通志》卷192《人物志七十二·范时捷》，长春：吉林文史出版社，2002年，第3410页。

张渡于残缺处复捐俸葺理，虽垣堑时有损益，而规模仍旧”[①]。

四、修建长城防御农民军的是与非

清朝到乾隆后期，开始由鼎盛阶段走向衰弱。乾隆朝曾经治理一批贪官，但无法从根本上改变统治阶层的腐朽和社会秩序的混乱。社会秩序动荡的加剧，使人民的生产生活受到严重的影响，导致清朝中期开始出现的民变，到清末越演越烈。

图16　甘肃山丹峡口。如果说我对长城有一种无法抗拒和割舍的爱，那么很大一部分是缘自这种创造历史的悲壮和顽强

（一）修缮长城防御白莲教武装

清嘉庆元年到九年（1796—1804），湖北、四川和陕西等地发生了白莲教起义。嘉庆皇帝于四年（1799）初亲政后，调动川陕楚豫甘五省清军，对农民武装进行围剿。同时，实施团练和保甲制度，通过修建堡寨，建筑起边墙坚壁清野的方法，对农民武装进行围堵。

① 杨应琚纂修：《乾隆西宁府新志》卷13《建置·塞垣》，《中国地方志集成》，南京：凤凰出版社据清乾隆十二年（1747）刻本影印，2008年，第212页。

《白河县志》记载，嘉庆五年（1800）六月，陕西省白河县署为加强应对白莲教“令增修寨堡，并将与川楚交界地方挖壕筑垒等”，“拟于此三百余里之地尽筑边墙，则一面依恃山险，一面隔断汉江，河山带砺，可以永远固守。予随劝谕居民兴工修筑自黄龙洞至紫木树垭一带界岭，业于前四月兴工，已修十分之七八；其水磨河以北一带界岭，洵阳居民恐碍禾苗，迟至七八月方行兴筑，约修十之五六；其黄龙洞以东，俱系郧县地方，予又派白河居民帮助工作，亦约修十之四五”。这项工程规划得比较大，但没有完工就已经进入冬季，施工被迫停止。“如无时届隆冬，雪重冰凝，未竟其事。”①

在《白河县志》里，对于营筑边墙进行了比较详细的记述：“其修筑之法，垒石为堵，无石之处始用土筑，俱上为堵堞，下削城身。高或丈余或七八尺不等。其有通大路之处，俱修筑城门，以通出入小路。僻径概行挖断。惟冀筑成之后，当可同心固守，以保无虞。”②

清朝筑寨团练和坚壁清野的措施渐渐取得了成效，农民军在战略上逐渐转入被动，粮源和兵源趋于匮乏，战略战术行动亦时常受阻，难以实施大范围流动作战。嘉庆九年（1804）九月，历时九年的白莲教起义以失败告终。

（二）修缮长城防回民武装

陕西回民起义活动从同治元年（1862）始，至同治十二年（1873）止，涉及陕西、甘肃、宁夏、青海、新疆等地，影响很大。营筑城堡和修缮边墙，是清朝防御和围攻回民武装的一项举措。

同治七年（1868），郑敦谨在报告了官军围剿回民军的情况后，向朝廷建议“旧有边墙已多坍塌，今拟补葺并挑壕、筑垒，修建垛卡堵御较为得力。当饬该州县等劝督民团分段承修，务于冬月以前

---

① 严一青纂修：《嘉庆白河县志》卷首《志序四》，《中国地方志集成》，南京等：凤凰出版社等，2007年据清嘉庆六年（1801）挹汉亭刻本影印，第299页。

② 严一青纂修：《嘉庆白河县志》卷7《寨堡附修边墙》，《中国地方志集成》，南京等：凤凰出版社等，2007年据清嘉庆六年（1801）挹汉亭刻本影印，第337页。

竣事”[①]。

朝廷批准了郑敦谨的建议，“上命军机大臣传谕左宗棠、库克、泰定安、郑敦谨、李鹤年、刘典、桂成曰：晋省保德、河曲一带河岸绵长，冬令冰桥凝结，贼骑处处可行。该署抚拟于保德之天桥修筑石卡石垒，并于下游各隘口分派官兵驻扎，添募炮勇，为上下应援。其河曲，旧有边墙亦拟补葺，挑壕、筑垒、修建垛卡以资凭守，所筹尚属周妥，即昭所拟办理”。朝廷对这次修建长城，要求务于黄河未冻之前完成，不可延缓贻误。

在同治七年（1868）九月，清朝重臣左宗棠也奏称：“窃臣钦奉谕旨，令将给事中陈廷经所奏各条，统筹全局具奏。臣查山西河防，自河曲保德以南，夹岸山谷，迤逦有险可据。前据陈湜缄称已一律修砌垒卡，设险增防，该处尚可无虞。”[②]

同治九年（1870）十一月，清山西巡抚何璟也上奏道：“臣于闰十月二十日行抵河曲县，周视营垒边墙。次日，即循河北行。二十三日，行抵保德州，逐一履勘。窃维河保情形，以河曲为最要。上自马连口起至石梯隘止，计八十里，中结冰桥约六十里。两岸沙滩平衍，径路纷歧。边墙坍塌处所虽经随时修补，究未完整。”[③]

同治九年（1870）十二月，何璟又奏请修建山西和陕西交界处黄河沿线的原明代长城。“吉乡两处仅驻陆师十营，赖有旧筑卡垒、长墙，经张树声李庆翱酌量增修，得以凭墙扼守，藉可稍省兵力。”[④]朝廷基本上都批准了这些封疆大吏们的奏请。清朝通过修缮明长城，提高了防范陕甘回民武装的能力。

---

① 奕䜣等：《钦定平定陕甘新疆回匪方略》卷182戊辰年，《清代方略全书》，北京：北京图书馆出版社，2006年据清光绪二十二年（1896）铅印本影印，第439页。

② 奕䜣等：《钦定平定陕甘新疆回匪方略》卷184戊辰年，《清代方略全书》，北京：北京图书馆出版社，2006年据清光绪二十二年（1896）铅印本影印，第534页。

③ 奕䜣等：《钦定平定陕甘新疆回匪方略》卷231庚午年，《清代方略全书》，北京：北京图书馆出版社，2006年据清光绪二十二年（1896）铅印本影印，第110—111页。

④ 奕䜣等：《钦定平定陕甘新疆回匪方略》卷235庚午年，《清代方略全书》，北京：北京图书馆出版社，2006年据清光绪二十二年（1896）铅印本影印，第301—302页。

（三）修缮长城防捻军

咸丰二年（1852）皖北聚众万余人的捻军，攻克河南永城等地。咸丰三年（1853）太平军北伐进入黄河、淮河流域，捻军积极响应。已经发展有5万余人的捻军，转战于皖、豫、鲁、苏、鄂交界地区，对清军和地主武装构成巨大威胁。捻军逐渐形成十余支相对独立的队伍，总人数迅速发展至10万多人。史料中有这样的记载，咸丰二年“捻匪入境，于济宁牛头河滨筑战墙，北岸六千三百丈，南岸八千六百丈，赖以守御”①。

咸丰三年（1853）②，咸丰五年（1855）③，咸丰七年（1857）④，清朝分别对前朝边墙、城堡防御设施进行的修缮，对维护地方秩序起到了一定的作用。此前，对捻军以剿为主的做法，清军追着捻军跑，结果越剿捻军越壮大。采取防御性的堵截措施，对捻军强劲的发展势头，还是起到了很好的遏制作用。

当然，靠着修建边墙防御，不可能彻底解决捻军的问题。同治三年（1864）春，就有官员奏报，对这样做法的有效性提出质疑：“督师年余，捻驰突如故。将士皆谓不苦战而苦奔逐，乃起张秋抵清江筑长墙，凭运河御之，未成而捻窜襄、邓间，因移而西，修沙河、贾鲁河，开壕置守。分地甫定，而捻冲河南汎地，复突而东。时议颇咎国藩计迂阔，然亦无它术可制捻也。”⑤

① ［清］赵尔巽等：《清史稿》卷423《宋櫰辰传》，北京：中华书局，1977年，第12201页。

② ［清］赵尔巽等：《清史稿》卷390《周祖培传》，北京：中华书局，1977年，第11731页。

③ ［清］赵尔巽等：《清史稿》卷426《王庆云传》，北京：中华书局，1977年，第12239页。

④ ［清］赵尔巽等：《清史稿》卷421《郑敦谨传》，北京：中华书局，1977年，第12166页。

⑤ ［清］赵尔巽等：《清史稿》卷405《曾国藩传》，北京：中华书局，1977年，第11915页。

（四）修缮长城防马贼

东北马贼是明末袁崇焕杀了辽东守将毛文龙后，一些毛文龙的部将，怕受牵连逃到山区为“绿林”。随着东北社会的变迁，金贼、矿匪、惰农、兵痞、亡命赌徒充斥绿林。到清末，马贼已经大规模出山为患，并经常向长城内发起进攻。同治初年，清朝积极安排对明长城的修缮，延续其部分功能，以满足防御马贼的需要。

同治三年（1864）三月，朝廷在布置对马贼的会合围剿的同时，亦安排“边墙颓坏处所，并著赶紧修整，以防窜逸。原片著钞给阅看，将此各谕令知之”①。

同治四年（1865），“以直隶北境沿边关口五十余处，兵数甚单，调拨京师火器营、威远队、提标马步队，分驻喜峰口、铁门关、滦阳、丽河桥、遵化、罗文峪迤西等处”②。

同治四年八月到十月，仅三个月的时间，马贼就多次进入长城之内抢掠。清军虽然极力进行围堵，但没有办法彻底解决问题。朝廷也只能是要求“务当督率弁兵，严防关隘。并于附近一带地方，多设侦探，遇贼即击。所有边墙倒塌地方各小口，著刘长佑、麒庆、长善派员查勘，设法堵御，为一劳永逸之计”③。

在严防与追剿的同时，还“即著饬令荣禄等带队回京，至所称蓟东一带酌留兵队，沿边各口添兵守御，使该匪不敢再来窥伺，所筹甚合机宜。本日据麒庆奏，查明马贼入口情形，现派佐领穆济楞带兵赴喜峰口扼截。已严饬该都统督率各营，认真堵剿。并令刘长佑添派官兵，将边墙一带各隘口严密设防矣”④。又谕“将边墙一带各关口，如遵化之鲇鱼池、冷水岭、山查峪、沙宝峪、马头峪、罗文峪，迁安之喜峰口、铁门关等处，以及不甚著名歧出边口，择要堵扼，严加

① 《清穆宗实录》卷97同治三年三月壬子，北京：中华书局，1986年，第120页。

② ［清］赵尔巽等:《清史稿》卷137《兵志八·边防》，北京：中华书局，1977年，第4079页。

③ 《清穆宗实录》卷150同治四年八月丁酉，北京：中华书局，1986年，第515页。

④ 《清穆宗实录》卷150同治四年八月丁酉，北京：中华书局，1986年，第514页。

备豫”[1]。

在这三个月里，清廷连续多次下令修缮明长城。同治四年（1865）九月，又谕“刘长佑查勘边墙，已否周历，应如何择要设防，并赶紧兴修之处，著据实具奏”[2]。可见清朝皇帝，对这件事情的重视程度非常之高。

在同治四年（1865）十月，又谕“将雁门关及边墙倒塌处所，设法重修，以固北路锁钥。前因甘省逆匪有北窜磴口之信，当经谕令德勒克多尔济等督饬在防兵弁，设险固守”[3]。

对同治四年修建明代长城防御马贼一事，《清史稿》也有明确记载：“以直隶北境沿边关口五十余处，兵数甚单，调拨京师火器营、威远队、提标马步队，分驻喜峰口、铁门关、滦阳、丽河桥、遵化、罗文峪迄西等处。”[4]

五、清结束大规模修筑长城的原因

康熙二十九年（1690），康熙征伐准噶尔之后，于次年率诸王贝勒大臣至多伦诺尔（今内蒙古多伦），约内外蒙古来此“会盟”，为其定疆界，制法律。为喀尔喀蒙古诸部编制盟旗，标志着北部蒙古接受了清朝的管辖，并开始走向牧业定居化管理的历史时期。

“会盟”之后，康熙三十年（1691）五月，古北口总兵官蔡元上疏请求整修古北口一带有所损坏的长城时，康熙明确提出：“帝王治天下，自有本原，不专恃险阻。秦筑长城以来，汉、唐、宋亦常修理，其时岂无边患？明末我太祖统大兵，长驱直入，诸路瓦解，皆莫敢当。可见守国之道，惟在修德安民。民心悦则邦本得而边境自固，所谓众志成城者是也。如古北、喜峰口一带，朕皆巡阅，概多损坏，今

① 《清穆宗实录》卷150同治四年八月丁酉，北京：中华书局，1986年，第515页。

② 《清穆宗实录》卷154同治四年九月丙子，北京：中华书局，1986年，第603页。

③ 《清穆宗实录》卷157同治四年十月丙午，北京：中华书局，1986年，第661页。

④ ［清］赵尔巽等：《清史稿》卷137《兵志八·边防》，北京：中华书局，1977年，第4079页。

欲修之，兴工劳役，岂能无害百姓。且长城延袤数千里，养兵几何，方能分守？蔡元见未及此，其言甚属无益，谕九卿知之。”[①]

康熙的这个观点，在不同的场合还做过多次相同的表达。他说过：“昔秦兴土石之工，修筑长城。我朝施恩于喀尔喀，使之防备朔方，较长城更为坚固。”[②]“本朝不设边防，以蒙古部落为之屏藩。”[③]

关于在德不在险的议论，从战国时期就有，宋人在《周易口义》中的一段议论非常有见地，他说：“‘在德不在险’，盖一时之权言耳，非万世之大法也。且五帝而下，尧都于冀，舜都于蒲，今之河中府是也。禹都于安邑，汤都于亳，今之河南是也。周都于酆镐，今之洛京是也。是皆其所都之地，所处之国，未有不以山河之险而守其国也。圣人之戒治天下者，安不忘危，治不忘乱，则可以永有其泰也。”[④]实际上康熙废修长城，不仅是统治者的认识问题，而且是历史发展到这个阶段的必然。

明末清初，长城外靠近长城的蒙古草原地区，重新走上了农业化的发展之路。游牧经济不再是单一的经济形态，并且还逐渐地走向了定居化。长城内外的民间贸易也得到深入的发展，农耕和商贸使草原上出现越来越多的定居区。随着草原地区社会经济形态的变化，草原与中原的经济的联系也越来越密切。儒、道、佛教在蒙古地区的广泛传播，特别是藏传佛教在草原地区的深入发展，使游牧民的信仰体系走向稳定，人心思定成为草原社会的整体诉求。

在这样的背景下实行起来的盟旗制度，更是从制度层面推动了草原地区相对定居化的社会结构，对传统的游牧生活则起到了较大的限制。长城之外草原社会从游牧到相对定居，是清朝时长城外的草原地

① 《清圣祖实录》卷151康熙三十年四月乙巳，北京：中华书局，1986年，第677—678页。

② 《清圣祖实录》卷151康熙三十年五月壬辰，北京：中华书局，1986年，第677页。

③ ［清］海忠纂修：《道光承德府志》卷首1《诏谕》，《中国地方志集成》，南京等：凤凰出版社等，2006年据清光绪十三年（1887）廷杰、李世寅重订本影印，第49页。

④ 胡瑗撰，倪天隐述：《周易口义》卷3《上经》，《景印文渊阁四库全书》，台北：台湾商务印书馆，1983年，第243页。

区与长城内的中原地区实现政治统一的基础。

发展农业化、接受佛教、实行盟旗制度，都是社会经济发展到这个阶段的结果。游牧经济恢复定居是游牧民族与农耕民族走上融合和认同的基础，在这样的基础上双方没有了巨大的利益冲突，长城的军事防御作用也就随之弱化。

经济类型一体化的条件下，文化也就逐渐趋同，随之而来的政治统一也就成为必然。农耕民族防御游牧民族的长城，失去了强大的防御对象，自然没有了其存在下去的必要。对这一点国外的学者也有相同的认识。

瓦西里耶夫认为，随着满族占领中国和清朝掌握政权，万里长城的作用开始减小。“长城以北的大片土地被侵占，使长城失去了它的主要作用之一即防御作用。乾隆傲慢地宣称，他已经使‘天下’太平，现在已不需要敌楼，也不需要在长城上燃点烽燧。这绝非偶然。长城的集聚作用，也降到了最低限度。团结长城内的居民以对付长城以外的居民，已不再是王朝的任务。诚然，这并不意味着他们之间没有差别了。相反，这些差别依然是很大的。垦殖长城以外的土地，首先是依靠军屯点和民政机关的力量。”[①]

六、清末新政：取消“满禁”“蒙禁”

清朝虽然一直坚持实施“禁关令”，但并没有止住北方流民越过长城。从中原前往东北一带谋生的民众仍然不绝。在康熙五十一年（1712），上谕中称，仅山东流民到长城之外的，就有10余万人[②]。

乾隆年间，清朝就不得不默许大批农民向长城之外迁徙。乾隆在奏折的批复中说：“若仍照向例拦阻，不准出口，伊等既在原籍失业离家，边口又不准放出，恐贫苦小民，愈致狼狈。著行文密谕边口官

① Л.С.Васильев：《万里长城》，刘蜀永译，《苏联考古文选》，北京：文物出版社，1980年，第173—174页。

② 乾隆帝敕撰：《圣祖仁皇帝圣训》卷8《圣治》康熙五十一年五月壬寅上谕，《近代中国史料丛刊三编》，台北：文海出版社有限公司影印，2005年，第96页。

弁等。如有贫民出口者，门上不必拦阻，即时放出。但不可将尊奉谕旨，不禁伊等出口情节，令众知之，最宜慎密。倘有声言令众得知，恐贫民成群结伙，投往口外者，愈致众多矣。”①估计乾隆四十一年（1776）时，由华北越长城迁移到东北地区者（含已经变更流民身份定居关东者）多达180万②。

“蒙禁”也在这个时候有所松动，在陕西长城外出现了很多被称为伙盘地的农耕村庄。这些由汉族农民建立的村庄，虽然和蒙古族之间的风俗习惯、生产生活方式迥然不同，但这些汉族移民进入长城外并没有发生严重的民族隔阂，更没有导致汉蒙民之间发生冲突。雍正年间以前，在长城之外的内蒙古西部，农业与牧业处于取长补短的阶段，基本上不会发生较大矛盾冲突。

陕北长城外刚出现伙盘地时，搭建房舍从事生产的农民，遇到蒙古人寻问干什么时，以搭个小草屋进行搪塞。在长城外伙盘地定居的农民，生活和生产上与蒙古族部民之间交往的时间一长，蒙汉之间自然出现了通婚现象。

19世纪时，黄河下游一带的农民由于连续多年遭受灾害，陷入破产境地，可清朝依然坚持执行“禁关令”。破产之后的农民为谋生路，再也顾不得禁令，冒险进入东北地区，这就是历史上著名的“闯关东”。清朝末期，西方列强不断进逼，沙俄政权对中国东北地区一直虎视眈眈。随着时势变迁，清廷不得不放开“满禁”“蒙禁”。

清朝光绪二十八年（1902），正式宣布废止限制汉民移居长城外的“边禁”政策，正式开放蒙荒，并改私垦为官垦。实施了250多年的“边禁”解禁之后，清在内蒙古实施放开了长城各关口的“新政”。允许长城内的汉民自由出入草原地区，从事农业生产和商贸活动。首先开放的是察哈尔、乌兰察布等西部地区，继而在昭乌达、哲里木等东部地区也允许大批汉民移居长城之外。

---

① 《清高宗实录》卷195乾隆八年六月丁丑，北京：中华书局，1986年，第508页。

② 葛剑雄等：《简明中国移民史》，福州：福建人民出版社，1993年，第454页。

清宣统二年（1910）正式废止“满禁”“蒙禁”。根据《宣统政纪》的记载，废止“满禁”“蒙禁”包括三个方面的内容：

第一，以前禁止出边开垦的旧例各条应当变通。“凡旧例内禁止出边开垦地亩，禁止民人典当蒙古地亩，及私募开垦地亩牧场治罪等条，酌量删除，以期名实相副。”①清初所设禁止条例失去了作用。

第二，禁止“民人”聘娶蒙古妇女的旧例应当变通。“变通禁止民人聘娶蒙古妇女之条，旗汉现已通婚，蒙汉自可仿照办理。拟由各边将军、都统大臣、各省督抚出示晓谕，‘凡蒙汉通婚者，均由该管官酌给花红，以示旌奖’。”②

第三，禁止蒙古行用汉字各条应当变通。“禀牍呈词等件，不得擅用汉文。蒙古人等不得用汉字命名，今则惟恐其智之不开，俗之不变，断无再禁其学习行用汉文、汉字之理。应请将以上诸例一并删除，以利推行而免窒碍。”③

清末取消了“满禁”“蒙禁”，对于整个中国的发展来说有着较大的积极意义。废止“满禁”“蒙禁”之后，长城外的东北地区和蒙古草原的经济社会都有了进一步的发展。

---

① 《宣统政纪》卷41宣统二年八月丁亥，北京：中华书局，1986年，第727页。

② 《宣统政纪》卷41宣统二年八月丁亥，北京：中华书局，1986年，第728页。

③ 《宣统政纪》卷41宣统二年八月丁亥，北京：中华书局，1986年，第728页。

第六章

长城与各民族间的碰撞与融合

长城地区是中国民族最具复杂性的地区之一，也是文化特色最具鲜明特点的地区之一。这里民族众多，农牧交错，宗教繁多。在长城这条有形的纽带上，记载着中国不同民族之间的融合轨迹。李凤山认为，“长城成为巨大民族融合纽带上的一块强力磁石，吸引着南北各地的各民族络绎不绝地一次次涌向长城民族融合纽带，溶进长城带民族融合的洪流”[①]。

生活在长城地区的各民族，在相互交往、广泛接触的过程中，不可避免地会产生各种矛盾和冲突，其民族关系循环交叉地表现为四种形态：竞争、冲突、调适、融合。长城内外各民族相互依存，谁也离不开谁。这条纽带将双方维系在一起，任何力量都无法长期阻止其正常运行，更无法彻底切断长城内外的联系。长城作为民族融合的纽带，并不是长城修筑者的主观意愿，而是历史发展的必然结果。长城发挥作用的过程，极大地体现了社会发展的需要。

钱穆在《中国文化史导论》中将中国的民族大融合由先秦至明分为三期：“第一期：从上古迄于先秦。……而纳入许多别的部族，如古史所称东夷、南蛮、西戎、北狄之类。……第二期：自秦、汉迄于南北朝。……又融汇许多新流，如匈奴、鲜卑、氐、羌等诸族。第三期：自隋、唐迄于元末。……又在中国民族里汇进许多新流，如契丹、女真、蒙古之类。”[②]在这三个民族融合时期，长城军事防御工程产生于第一期，大规模地发展于第二期，成熟完备于第三期。

---

① 李凤山：《长城带民族融合史略》，《中央民族学院学报》1993年第1期，第55页。

② 钱穆：《中国文化史导论》，北京：商务印书馆，1994年，第22页。

第一节　长城对农牧的调整反映民族关系状况

长城对农耕与游牧的调整，主要反映在民族关系上。民族关系和民族政策、统治民族和被统治民族之间的关系方面等问题，在长城上自始至终都有反映。“民族是长城最为关键的复合体，是长城学最活跃、最主要、最基本的要素。只有正确认识民族与长城的内在关系，才能正确认识历史过程中发生在长城带上的政治、军事等历史事件的本质，才能正确认识长城带的经济、文化艺术的内涵及其存在与发展的规律。”①

弗兰茨·波亚士（Franz Boas）认为：“没有一个社会是孤立的，但对其邻人必具有多少密切关系的。”②这一点在长城地区，在农牧不同的族群之间表现得很充分。相互影响是方方面面的，文化的影响是长期持续的影响。

不同历史时期长城内外的游牧民，不但文化相近很多也有血缘关系。波斯史家拉施特认为：13世纪西迁中亚的契丹语言、习俗和相貌“与蒙古族游牧民有亲属关系。他们的语言、外貌和风俗习惯彼此相似”③。后来，法国汉学家伯希和经过比较语言学研究，也认为契丹的语言是一种受到少许通古斯语音影响的原始蒙古语方言④。中国学者亦邻真也证明鲜卑语、契丹语与蒙古语之间具有亲缘关系⑤。

---

① 中国长城学会编：《长城百科全书》之《长城区域民族》，长春：吉林人民出版社，1994年，第459页。

② ［美］弗兰茨·波亚士：《人类学与现代生活》，杨成志译，北京：商务印书馆，1985年，第154页。

③ ［波斯］拉施特主编：《史集（第1卷）》第2分册，余大钧、周建奇译，北京：商务印书馆，1983年，第227页。

④ 转引自［法］勒内·格鲁赛著：《草原帝国》，蓝琪译，北京：商务印书馆，2003年，第170页。

⑤ 亦邻真：《中国北方民族与蒙古族族源》，《内蒙古大学学报》1979年第Z2期，第8页。

代表农耕民族的历代中原王朝，都曾承受过来自游牧民族不同程度的威胁。北部蒙古高原大漠的游牧经济与黄河、长江流域的农耕经济，双方不但形成了经济发展时空上的不平衡，还造成了两种文化上的差异。这两种经济文化之间既有联系又有矛盾，既有相互的需要，又有相互之间的排斥。正是文化和经济上的深层原因，导致两大区域之间出现了一个长期在冲突中融合、在冲突中发展的历史现象。农耕与游牧民族的冲突与对抗，朱元璋建立明朝时提出的口号很有代表性，“驱逐胡虏，恢复中华，立纲陈纪，救济斯民”[①]，将“胡虏”与“中华”对称，使用了民族概念，前者是指蒙古等少数民族，后者则是指魏晋以来由汉族融合其他少数民族而形成的中华民族。

长城地区民族文化的多样性与同一性，表现出了普遍与特殊、一般与个别的关系。生活在长城地区民族的多样性，决定了这个地区文化的多样性。不同民族，甚至不同地区的同一民族都有着独特的个性。不同的文化，将各民族、各地区互相区别开来。但这种区别并不是彼此分立，更不是对立的。中华民族文化的共性，是各民族在数千年的发展过程中相互影响、相互吸收的结果。长城既见证了这个发展过程，又参与了文化的融合。

历史学家认为，中国文化三条平行的生长地带，产生三种不同的子文化：一是产生于黄河流域以华夏族为代表的中原文化；二是产生于长江和长江以南地区的南方文化；三是产生于蒙古大草原及其周遭以各游牧民族为代表的草原文化。

农耕和游牧交错的长城地区，也是中原文化和草原文化的汇聚之地。两种文化在长城地区由碰撞、交流到融合，逐渐形成了各民族对中华文化的认同。游牧文化是中华文明的重要组成部分，中国古代游牧民族对中国和世界文化所做出的贡献很大，尊重和理解游牧文化的这种贡献，对认识中华文化的多元性很有意义。

---

① 《明太祖实录》卷26吴元年十月丙寅，台北：“中央研究院”历史语言研究所，1962年影印本，第402页。

一、长城与政治、军事、经济、民族的直接联系

历史上，长城与政治、军事、经济、民族有着直接的联系。长城在每个历史时期的变化，在一定程度上体现了当时的政治、军事和经济社会发展的特点及规律。中国修建万里长城是在秦汉中央集权统一时期，春秋战国时期经济的发展为秦汉政治的统一奠定了基础。政治的统一对旧的制度是一种破坏，对经济的发展却是促进。在中央集权制度下建立起来的统一是大规模修建长城的基础。古代中国和古罗马都在基本差不多的历史时期，建立了中央集权制的政治体制并修建长城。

图 17　山西山阴塌毁前的长城月亮门。长城保护工作者在做着一项孤独的事业，这种孤独是一种渗透到骨头里的孤独。长城的保护志愿者们，在替同代人和父辈接受着心灵的审判，那是一种在炼狱中接受审判的感觉

政治是社会治理的行为，是维护统治的行为，包括对社会进行调整的措施。任何社会发展都需要有一定的人为调整，无序的发展很容易出现不良的后果。长城，作为社会关系调整的产物，既调整长城内政治、军事和经济，也调整长城内外的秩序。长城能不能发挥修建者预期的作用，都与社会各方面的调整有关。

社会调整无力，就容易导致社会系统的无组织性；社会调整的力

度过大，又容易导致社会系统紊乱或缺乏活力，这一点在长城的修建上亦如此。政权的社会组织能力过强或过弱，都不利于社会的正常发展。

不同朝代长城修建位置的移动除气候因素外，还主要取决于王朝的政治状况、经济实力和军队镇守边疆的态势。隋炀帝即位之后，发众百万，在西起榆林、东到紫林的千里边地修建长城。金代控制了大兴安岭之后，长城就修建到大兴安岭地区。实力强的中原王朝，如汉朝就把长城修建到阴山以北；当中原王朝实力相对较弱时，比如明朝则将长城修建到燕山以南及阴山以南200千米左右，今山西北部。

长城的修建有一个由自发到自觉、由局部防御设施到整体防御设施的发展过程。由自发的局部构筑到自觉的整体性构筑，并逐渐形成综合性、整体性，涵盖军事、经济和边地社会保障体系的复杂的系统。随着时间的推移和中原王朝稳定边疆对长城的倚重，其社会调整体系日趋完善和复杂，影响调整效果的因素也愈多。

长城不是静止的单一建筑体，是人、墙、物有机结合的军事防御体系。长城在其产生之初是很单纯的军事防御工程，随着社会的发展，长城承担的军事、政治和经济社会的任务越来越大，影响其发挥作用的社会因素也越来越多。随着经济和社会政治的发展，社会生活日益复杂，长城对社会的作用和社会对长城的反作用愈加错综复杂，而自然的影响因素越来越小，政治和社会的影响因素越来越大。

作为军事防御体系，长城是守军战胜来犯之敌所依托的军事工事。依托长城，守军可以有效抵御或延缓敌人的进攻，还可以凭借长城防御消耗敌方的力量，逐步调整力量对比，等待战胜进犯之敌的有利时机。

认识长城的军事作用，首先要认识修建长城者当时所面对的军事态势。只有充分考虑统治者修建长城、设立长城军事防御体系的初衷，才能了解当时主政者利用长城进行防御的用心，达到稳定区域军事防御的目的，才能客观地认识长城防御体系的优势和不足。

从历代长城的设置及布局看，长城是由沟壕、烽燧、城堡、关隘等组合而成。长城所经地段或崇山峻岭，或戈壁荒漠，基本上是在双方军事对峙的缓冲地带建造。修筑长城，在军事方面力求变被动为主动。譬如烽台，登之者可居高临下，来攻者则望之莫及。譬如敌楼，守者则以逸待劳，不但可以保护自己，还可以杀伤敌人。

战争双方都希望保存自己，消灭敌人。长城防御体系承担着这样的功能。历史上，长城地区是北方边地战争的缓冲地带。从攻者的角度看，长城外的进攻者能攻则攻，不能攻则退；从守御者的角度看，长城内守军依托长城，能守必守，不能守亦可退。要了解长城防御体系如何发挥作用，其与政治、军事和经济社会关联，有必要先了解长城体系的设置和运营情况。

一般来说，中原王朝修建长城是为了保卫农耕地区的生命财产安全，从而保护经济的发展。修建长城和守卫长城都要耗费巨资，因此受到当时经济条件的制约，甚至反过来对经济的发展产生抑制作用。总之，自长城诞生时开始，便与各朝代的经济社会和政治、军事、经济有着密切联系，对经济社会起着或推动或制约的作用。

在社会有承受能力时，长城是有利于保卫和平、保障经济。当长城修建及戍守的开支超出国力和民力承受的限度时，就会对经济社会造成损害，直至激化长城之内的社会矛盾，甚至导致政权的瓦解。

二、长城内外各民族的英雄梦

在长城区域发生的战争中，攻方和守方的主力常常是两个不同的民族，多个不同的民族同时参与战斗的情况也时有发生。这种状况决定了在讲到长城时，不可避免地要涉及各民族之间的交流与碰撞。讲民族冲突及战争，首先应该承认民族矛盾，承认长城内外双方在一定时期内是对立的关系，当时分别建立起来的政权，互为利益竞争关系，存在内外之分。

侯万锋曾指出：“多民族构成的国家，具有政治上的统一性与民族及文化的多元每每构成民族国家政治体系中的基本矛盾。”①这一认识，对古代中国也适用。农牧民族冲突激化时，双方进入战争状态。农牧之间的战争并不是历史长河中的偶然事件，而是矛盾长期存在的一种表现。

中国历史上，北方民族的发展都在不同程度上与长城发生了关系。不同的民族聚居在长城内外，为自己的生存和发展，民族与民族之间会产生一些共同的利益和不同的利益。在不同时间内、不同利益体相互交织的过程中。代表农耕民族的历代中原王朝，承受过来自游牧民族不同程度的威胁。代表游牧民族的政权，在面对生存压力的同时，很多时候也还要承受强大的军事压力。北部蒙古高原大漠的游牧经济与黄河、长江流域的农耕经济，双方不但形成了经济发展时空上的不平衡，还造成了两种文化上的差异。这两种经济文化之间既有联系又有矛盾，既有相互的需要，又有相互之间的排斥。正是文化和经济上的深层原因，导致两大区域之间出现了一个长期在冲突中融合、在冲突中发展的历史现象。

长城地区各民族发展和融合有一个曲折复杂的过程，交流和融合的程度、规模在不同的时段内表现出不同的状态。长城的产生是历史发展的需要，长城在多民族共生共存的地区、农耕与游牧过渡的地区存在的理由，就是不同的民族在一定的历史时期多重的矛盾和多重的利益叠加在一起。要解决北方不同民族政权之间、不同民族文化之间和不同民族的不同阶层之间的矛盾，不是简单的事情。

在一个共同的地域从事着相同经济类型生产的人群，在日积月累中形成了共同的文化特征，结合成一种具有共同利益的社会关系。在形成农耕民族和游牧民族这两大民族体的过程中，经济关系和地域关系是重要的因素。农业生产发展到一定阶段后，在农业地区形成文化特点和心理特点一致的民族共同体。在草原地区，草场是重要的生产

① 侯万锋：《多元文化主义对多民族国家政治整合的启示——以美国和加拿大为例》，《黑龙江民族丛刊》2009年第1期，第76页。

基础，畜牧是主要的生产形式。这样，共同的地域下，共同的经济生活，往往形成共同的语言和共同的信仰。

游牧民族强大后，也会形成政治组织形态，作为权力机构来决定民族共同体的发展。有了公共利益的代表机构去管理和支配整个民族的资源，也就逐渐地形成各民族不同的文化特征和行为模式。一个民族的文化越向高层次发展，民族的整体稳定性也就越好。文化发展程度越高，民族自觉意识就越强，这是一个民族能长时间存在的基础。

在长城区域生活的不同民族的生存状态和经济行为，往往带有强烈的过渡性。农耕与游牧两种经济形式同时存在、交错存在、互相争夺资源，决定这个地区具有很强的冲突性。分布在长城地区荒漠中的绿洲，水草丰美，既可以作为定居农业的发展基地，也可以作为游牧的场所。对绿洲的控制，是农耕政权和北方游牧政权争夺的焦点。

不可否认，中国历史上民族歧视和民族压迫，不是一时一事，也不是某一朝代的问题。唐朝应该说是民族政策比较好的一个时期，唐太宗李世民十分重视唐朝境内的各个民族，他曾经说过："自古皆贵中华，贱夷、狄，朕独爱之如一。"[①]这是研究民族问题学者们经常引用的一句话。可同样是李世民，还说过："中国百姓，天下根本；四夷之人，乃同枝叶。扰其根本以厚枝附，用求久安，未之有也。初不纳魏徵之言，遂觉劳费日甚，几失久安之道。"[②]由此可见，这么一个开明的皇帝，他也同样有民族偏见。

在中原王朝实行较强的压迫性民族政策时，长城在各民族之间的交流和沟通方面，起着很大的妨碍作用。这样的政策，也常常在长城地区激化起很严重的民族矛盾和冲突。

中国古代曾经多次形成大一统的局面，一个强大的政权为了赢得战争，必须拥有良好的军队、有效的经济生产力和税收能力。有了这样的能力之后，这个政权就会与临近的其他政权展开利益争夺战。而

① 《资治通鉴》卷198《唐纪十四》，北京：中华书局，2011年，第6360页。

② 吴兢：《贞观政要集校》卷9《议安边第三十六》，北京：中华书局，2003年，第500页。

这些利益争夺战又会反过来促进国家机器的发展，促使国家的战争能力增强，最后由强大的一方完成这个地区的统一。

秦首先在中国建立起统一的中央集权制。汉朝结束了秦末的大动荡，再次统一中国，承袭秦制。东汉末年，三国鼎立，最后统一于晋。东晋时期，先是五胡十六国兴起；后又有南北朝并立，到隋朝才又统一。隋唐之后是五代十国，由北宋统一。其实，较之隋唐，宋朝的统一是不完整的，燕云十六州就始终没有被宋统一。北宋、南宋时期，北部相继有辽、西夏、金、元等政权，最终由蒙古人统一。元明清三代没有发生大的分裂，但明朝始终以长城为界，没有统一北部草原地区。

中国统一多民族国家的形成，有一个由统一到分裂，又由分裂到统一多次反复的发展过程。单就统一而言，不是一个时期突然形成的，都是先由小统一发展到大统一，由局部统一发展到全国统一，由若干民族的统一发展到几十个民族的统一。在这逐渐走向统一的过程中，中国曾长时间处于多个政权并存的局面。在这样的时期，中原或处于分裂状态或形成中原与草原相互对峙。

春秋战国时期，中原地区出现了齐、楚、燕、赵、魏、秦等国的长城；魏晋南北朝时期，中原地区出现了北齐、北魏、东魏、北周长城；辽金宋时期，在草原上出现了辽长城和金界壕。长城往往产生于多个政权并立时期，分裂割据是产生长城的重要背景。而长城产生后，随着其各方面作用的发挥，促进了中国各民族的交流与融合，奠定了全国一统的基础。

长城伴随了各民族长期的相互交往、相互影响、相互学习的历史发展进程。除汉民族外，与长城历史关系密切的游牧民族，经过2000多年的发展有的整体失去了本民族原有的特点和特征，成为其他民族的一部分；有的在发展中不断吸收其他民族的特点，形成了本民族新的特性。

三、长城区域多民族共存的主要特征

中国古代长城内外的不同民族，有不同的语言、不同的经济类型、不同的经济文化和不同的社会发展水平差异，是长城内外各民族之间发生冲突的原因之一。有了不平衡才有多民族之间的交往、竞争和冲突。中国古代长城区域不同民族共存是最基本的状态，在复杂的历史发展过程中，长城内外不同民族共存状态有下列几个主要特征：

第一，在长城区域，游牧民族生活的自然环境条件比农耕民族相对而言，较为恶劣。这一点在历朝历代都具有普遍性。在中原王朝比较强大，给游牧民族带去较大的政治、军事压力时，游牧民族只能向自然条件更恶劣的地方迁徙。这种生存自然条件、自然状况的不平等是导致民族矛盾长期存在、不断激化的因素之一。

第二，在长城区域，农耕民族和游牧民族之间存在着民族隔阂与民族歧视。中原王朝所处农耕地区的经济实力较强，比游牧民族经济更发达。经济上的优越性使中原王朝在心理上也有很强的优越感，并将这种优越感带到文化中。在这样的情况下，很容易产生民族歧视。游牧政权在强大到一定程度，有力对中原地区发起进攻时，他们往往会发动战争。游牧政权获得胜利，建立起以游牧民族为主体的政权后，对农耕民族进行管理时也会从语言、信仰、生活习俗等方面采取一些强制性措施，同样体现为一种民族歧视。

第三，游牧民族在长城内外迁居和流动，不同朝代有很大的变化。历史上，周边的游牧民族始终是中原王朝的威胁。一些中原王朝采取比较好的战略和政策来解决与周边的游牧民族的关系，与一个强大的游牧民族形成了很好的联系之后，为什么在不同的历史时期仍会面临不同的威胁呢？原因是中国古代历史上，在长城区域生活的游牧民族并不是同一个游牧民族，所以前朝所积累下来的友好联系，对新迁徙和流动过来的不同民族没有意义。前一个朝代有效地解决了长城区域的冲突问题，随着新的游牧民族的出现，问题会再次出现。

第四，长城区域不同民族建立起来的政权状况，对中原也会产生不同的影响。若长城以北的游牧民族、部族之间形成一个统一的强大政权，中原王朝在长城区域就面临更大的、长期的威胁。而长城外边的民族政权处于严重分散的状态时，中原王朝所承受的威胁和挑战就要小得多。

中原之外的其他民族政权处于分散状态时，来自游牧民族的威胁是各部落小股的对农耕地区的骚扰性的抢掠，不会造成整个区域更大的破坏，更不会威胁中原王朝的整体安全。生活在长城区域的各部族、各民族之间的联系，构成了复杂的、变化的整体。

游牧民族的问题是抢掠农耕经济带来破坏性，而不是游牧经济本身的不稳定性。论述游牧民族的问题时，一些学者会以抢掠财物和人口、破坏社会安定和破坏生产力为表现形式。这里存在着理解上极大的偏差，长城的修建是用来调整农耕与游牧的关系，但不能一味指责游牧民族的杀伤力和破坏性。农耕民族对游牧民族同样具有很强的杀伤力和破坏力，特别是农耕经济向北发展的过程中这种破坏力很大。

历史上，中原王朝的部队对游牧民族的征讨过程，也会对游牧经济造成巨大的破坏。战争造成的是双向破坏性，有游牧势力对农耕地区的抢掠，也有农耕政权为了拓展和保护已得的利益而对游牧民族实行的大规模征讨和杀戮。双向的破坏对农牧经济都是很严重的损害，所以，不能简单地说游牧民族对农耕民族的袭扰具有破坏性。

秦始皇修万里长城时，在阴山大青山地区已经没有很大的匈奴力量，当时匈奴对长城地区构不成严重的军事威胁。汉武帝北征匈奴后修长城时，在这个地区也已经没有强有力的匈奴力量与汉朝抗衡。所以，过于强调游牧民族的抢掠性和杀戮行为，也不符合历史事实。长城区域是多民族的会聚区，各民族在矛盾与冲突中交流共存，必然是在这一地域生活的常态。

第二节　游牧农耕社会的冲突

讲到长城区域的农耕与游牧，应该说包含经济类型、民族和民族政权三个层次。整体上来说，农耕与游牧的碰撞融合过程中起决定作用的因素，还是农耕经济和游牧经济。战争与和平的形势变化，取决于农耕政权与游牧政权的关系。

中国古代长城，除春秋战国时诸侯国之间相互防御外，其余朝代长城大多都修筑在农耕与游牧交错地带，成为定居农耕政权防御游牧政权的边疆军事防御设施。对农耕经济来讲，决定其发展的关键因素是对土地的占有；对游牧经济来讲，决定其发展的关键因素在于迁移游牧的自由。两种经济类型在农牧交错带的相斥性和互补性，决定了长城修建的意义。

一、农耕与游牧的分离

大约一万年前，欧亚大陆进入新石器时代，逐渐形成了定居农业生活方式。到青铜时代，人类分化出游牧与农耕两种不同的经济文化类型①，彼此所具备的特点越来越明显，两者的区别性也越来越大。从铁器时代开始，游牧与农耕之间的冲突越来越激烈。2000多年来这两种不同经济文化类型的族群之间，展开了长期的对抗与交流活动。

认识农牧分离及对抗和交流，对于长城研究很重要，而认识这些首先要从认识农业的产生开始。人类从采集发展到种植，除在工具上出现了碾磨器和磨制石斧并得到广泛使用外，还需要一种可以打破采集—渔猎社会生态平衡的推动力，才能使人类走向农作物种植的生产经济模式。

① 易华:《游牧与农耕民族关系研究》，中国社会科学院博士学位论文，2000年，第121页。

图18　山西雁门关。历史上的刀风枪雨，经过时间的打磨已经越来越逊色，而长城美的价值与魅力却在历史的天幕上越来越明亮

在距今5000多年前，长城地区的原始农业占有主导地位，采集、渔猎等经济类型只充当辅助生产手段。在距今3500—3000年前，畜牧业才逐渐从原始农业中分离出来。随着马具的广泛应用，游牧民族逐渐形成并不断地扩大自身的生存空间，形成了以畜牧业占主导地位的游牧经济类型。

韩茂莉认为："畜牧业是从原始农业中分离出来的，因此畜牧区的形成与扩展过程，也就是农耕区的退缩过程；从距今3500—3000年前畜牧业向东、向南甚至向西开始其扩展过程，农耕区在相应方向的退缩始终与之相伴，这样的退缩过程一直持续到汉代。"①

游牧是游牧民族的主要生产、生活方式。他们生活在大草原，放牧和狩猎是他们主要的生产项目和日常活动，牲畜是他们重要的生产、生活资料。罗杰·克里布（Roger Cribb）在《考古学上的游牧民》中认为：游牧经济没有一个明确的起源，不同地域、不同时代的游牧经济，有不同的起源。游牧是一种不稳定的、波动的经济类型。游牧兴起的必要条件包括畜群、草地（合适的自然环境）、游牧技术和相

① 韩茂莉：《中国北方农牧交错带的形成与气候变迁》，《考古》2005年第10期，第58页。

应的社会关系。[①]

一般情况下，游牧经济是更适合草原和农牧交错地区的经济类型。既充分利用自然草场资源，又可以有效地保护生态平衡，形成低投入高产出的经济模式。有人甚至认为游牧文明是人类与自然和谐共处、生态保护和持续发展方面的成功模式。

古代牧民根据四个季节，把牧场划分成春、夏、秋、冬四个营盘。四季轮牧的制度包含着游牧、轮牧、休牧和禁牧等习惯和规范，在春营盘牧放畜群时，夏、秋、冬营盘牧场处于休牧状态。循环生产满足了牲畜对草场的需要，同时也对草场起到了有效保护的作用。

游牧经济也并非单一到只有牧养的牲畜，而没有其他经济形态。考古证明匈奴的木制业、毛织业等手工业也还比较发达，汉代时匈奴的冶铁业已经具有相当的规模和水平。其冶铁业主要是生产兵器、重要的工具和马具等。“1944—1951年，在苏联布利亚特加盟自治共和国首都乌兰乌德附近，发掘出属于公元前1世纪的匈奴人所使用的铁器和铸造铁器的模型以及炼铁炉等，还有铁镰、铁铧数件。”[②]

人类的生产生活方式因各地区的地理环境不同而彼此有所差异。中国文明起源中心的黄土地带，由于土壤易于耕作、水资源丰富，率先进入比较先进的农业生产的阶段。灌溉技术的出现，使农业走上一个新的高度，同时也推动了社会组织的进步。社会的进步又反过来促进经济的发展，并促使较强大的社会组织开始了活动区域及势力范围的扩张。

长城大部分由中原王朝修建，少部分由其他政权修筑。中原王朝和游牧政权处于对峙状态之时，定居的农耕政权沿着传统的农牧交错地带修筑长城，防御游牧民族的南下。“在中华民族同时存在多个政

---

① 转引自易华：《游牧与农耕民族关系研究》，中国社会科学院博士学位论文，2000年，第2页。

② 纳·业喜札木苏：《匈奴的起源及其社会制度》，乌兰巴托科学委员会：《科学院学术研究成就》第1期，1956年。转引自舒顺林：《匈奴在我国历史上的地位、作用及影响》，《内蒙古师大学报》1983年第3期，第98页。

权的分裂时期，各个政权的统治者都视自己控制的政权为中国的一部分，古长城也是作为彼此设防的军事工程而存在的。”[①]中国历史上也曾有过一些其他政权，修建过以防御中原王朝为目的的长城。

秦汉以来，游牧势力持续南下对长城以内的农耕社会构成巨大的威胁，其中经历了匈奴、鲜卑、柔然、突厥、契丹、蒙古等。保境安民成为历代王朝统治者的当务之急，中原王朝与草原社会的关系，也是边疆史研究重点之一。传统的历史研究以农耕社会为本体，游牧社会多处于客体的地位。拉铁摩尔认为，正像专门化的农业文明一样，游牧文明也是畜牧经济高度专门化的产物，二者并无优劣之分。

中国的边疆问题，源于农耕区域的农业文明和草原区域的游牧文明的交汇、碰撞与冲突。二者的互动，既有农耕民族的向北扩展，也有游牧民族的南下。农耕文明自产生之后，就向外有选择地扩张，先是顺黄河进入中下游平原，而后向南发展到淮河流域。只有农耕经济向北扩张遇到了与农耕地区迥异的地理环境——这是一种只能发展异质文化的“硬”边界。[②]

游牧作为一种与干旱、半干旱草原环境相适应的生活方式，也有很大的缺陷。第一，不能有效地抵御自然环境诸如气候的异常变化，受自然灾害影响很大；第二，游牧社会内部不能有效地管控武力冲突，以致战火不断；第三，牲畜较大规模增长过程中，若不能有效地解决牲畜与草地的矛盾，也会给草原带来灾难。

英国剑桥大学麦克唐纳（MaC Donald）研究所于2000年1月在剑桥举办了题为“欧亚草原史前晚期的开发”的国际会议。这次会议后出版了题为《欧亚草原东西方的古代交往》的文集，从物质文化和经济类型两方面入手，探讨了欧亚草原文化的交往；从物质文化方面探讨了文化之间的联系；通过畜牧或游牧的起源，了解文化之间的交

① 姚有志：《从古长城看中原王朝的防务特征》，《军事历史》1995年第1期，第34页。

② ［美］欧文·拉铁摩尔：《中国的亚洲内陆边疆》，唐晓峰译，南京：江苏人民出版社，2010年，第206—207页。

往、草原文化的作用以及对农业文明地区的影响。对欧亚草原经济类型发展的研究，“为中国北方长城地带经济类型的演变提供了一个有价值的参考体系”①。

长城所防御的游牧民族，并不是历史文献所记载的春秋之前的“蛮、夷、戎、狄”。华夏和蛮夷的区别，是先秦时期称建立精耕灌溉农业地区的族群为华夏，非华夏族群则被泛称为西戎、北狄、南蛮、东夷，将这些民族直接视为游牧民族是不妥当的。

林沄认为，依据北方长城地带田野发掘资料，结合环境学和体质人类学的研究，可以得知：“先秦文献中的戎、狄，和战国才活跃在北方长城地带的东胡、匈奴并非同一族群。北方长城地带在新石器时代晚期基本上是农业地带，它之变为游牧人往来驰骋的地带，是文化、生态环境、族群等变动的因素交互作用下形成的一个复杂过程。在这种新认识下对先秦的原始文献（包括地下出土的文献）作重新分析，也可以得到进一步的印证。”②

长城防御的层次性，表现了长城地区社会空间格局的状况。为了实现长城防御的有效性，农耕政权与游牧政权始终在长城地区反复的拉锯中寻找双方在势力空间上的均衡点。长城防线的向北推进与向南退守，正是双方势力强弱变化在空间上的反映。这样一次又一次的反复进行变化，极大地促进了农牧文化的交流。

世界文明古国普遍面临游牧民族对农耕地区的侵扰问题。因各国的具体情况不同，游牧民族侵扰造成的影响在各国也不一样。两河流域、古埃及和印度的农耕文明创造者既无天险可守，也没有修筑中国长城这样的防御工事，所以在游牧民族的反复冲击和征服面前，遭受

① 杨建华：《欧亚草原经济类型的发展阶段及其与中国长城地带的比较——读〈欧亚草原东西方的古代交往〉》，《考古》2004年第11期，第84页。文中对这次“欧亚草原史前晚期的开发”主题国际会议及《欧亚草原东西方的古代交往》一书的情况进行了介绍。

② 林沄：《中国北方长城地带游牧文化带的形成过程》，《燕京学报》新第14期，北京：北京大学出版社，2003年，第96页。

到严重摧残。

约公元前6500年，在幼发拉底和底格里斯河流域创造农耕文明的苏美尔人于下游地区建造了城市，过着定居农耕生活。已经开始通过凿渠灌溉提高农业收成，并创造了楔形文字的古老农耕文明，后来被来自上游西北部操闪米特语的游牧民族——亚摩利人和亚述人所摧毁。他们的语言也被闪米特语所取代，其种族也因与征服者混合而消失了。[①]

斯塔夫里阿诺斯在《全球通史：从史前史到21世纪》中说："拜占庭和波斯帝国势力强大，足以击退侵略者；而西方却长期屡遭日耳曼人、匈奴人、穆斯林、马札尔人和维京人的侵略，因此，其旧秩序遭到破坏的程度，比欧亚大陆其他地区远为严重。"[②]

二、游牧势力对农耕社会的冲击

长城地区是游牧民族对农耕民族造成强烈冲击的地区，一旦游牧民族向农耕地区发动进攻，往往具有很强的冲击力，会造成长城地区农耕百姓的极大伤亡。历史地看，来自游牧民族的巨大冲击，是中华民族文化不断得到新活力的重要因素。

游牧民族对农耕民族的冲击，农牧的矛盾和利益冲突过程中的暴力手段，不能简单地理解为杀戮。没有秦国虎狼之师的征伐，也就没有统一的秦朝。同样，不能简单地用打仗或不打仗、战争的残酷或不残酷来衡量一件事的价值和意义。站在人道主义的观点、站在渴望和平的立场来看，战争就是罪恶。在严酷的现实当中，在弱肉强食的社会环境下，战争是一种求生存或是获得更好生存的手段。没有能力战斗就没有能力对抗威胁，没有能力战斗也就没有能力保护自己的生命和生活的空间，特别是在草原地区。

---

① ［英］赫·乔·韦尔斯：《世界史纲（上卷）》，吴文藻、谢冰心、费孝通等译，桂林：广西师范大学出版社，2001年，第174页。

② ［美］斯塔夫里阿诺斯：《全球通史：从史前史到21世纪》，董书慧等译，北京：北京大学出版社，2005年，第141页。

中原王朝军事力量强大、政治局势稳固的时候，对游牧民族的侵扰可以用经济、军事和政治的手段加以遏制，强迫对方和解。但中原政治不稳定、军事力量弱的时候，就无法实现和解。单从军事上来说，游牧民族有几点要强于农耕民族。

第一，从客观条件来说，在荒漠和草原地区作战，游牧民族具备地利。他们一直生活在荒漠和草原地区，已经适应了这样的地理环境。严酷的自然环境使游牧民族从小就在饥寒和困苦的状态下生活，他们从小练就了强壮的体魄。而农耕民族军队中大部分人是在平原地区长大，很难适应荒漠和草原地区的艰苦环境。

第二，牧民从小就是在马上生活，他们生活和作战都需要骑马，其机动灵活大大超过农耕地区的步兵。尽管骑在马上射箭和士兵短兵相接都具有很大杀伤力，但相对来说，缺乏机动灵活性的步兵更容易遭受很大的损失。

第三，游牧民族的部落组织形式更有利于军事行动。较为原始的部落组织，单线条的部落指挥方式强化了游牧骑兵的军事力量。游牧政权的军事组织和行政组织是同一组织体系，平时为了生存而训练的求生技能与军事训练具有很大的相似性，成年男子都是战士，兵牧合一，甚至连妇女、儿童都可以直接参加战斗。

第四，游牧民族军事行动的经济投入相对较少，对政权的影响相对较小。农耕地区的中原王朝采取大规模的军事行动，既需要进行大规模的军事动员，又需要筹集巨额军事经费。这样的军事行动给农耕社会带来了沉重的负担。游牧民族没有这个问题，其向南扰掠可以获得巨大的收入，部分的成功也可以获得部分的经济收入，而不需要投入巨大的社会成本。

游牧民族对中原王朝、农耕地区发动的战争有时虽然很频繁，规模也不小，但发动战争的目的不是为了抢掠，而是为了求和。这种求和求互市而发生的战争，虽然在游牧民族和中原农耕王朝的军事冲突中并不占主导地位，但也不是个别现象。游牧与农耕民族之间互市贸易受阻可能是战争的结果，也可以是新一轮战争发动的原因。余英时通过对汉匈关系的研究发现，贸易与战争有一种密不可分的关系："中国商人在边境沿线的探索活动经常引起汉帝国的政治、军事扩张"，"驻防的军队也促进了边境贸易的发展"[①]。

当然，这种进攻有时也不仅仅是为了经济。建立金朝的女真人是既有农耕又有渔猎的民族，金修长城是为了防御游牧的蒙古。蒙古强大起来之后，其对金进攻有很大的侵扰主动。仔细分析引起金朝和蒙古族之间大冲突的原因时，就不会单纯地认为，金朝作为已经定居了的少数民族，仅仅是为了保护农耕经济的安全而对蒙古族进行防御。

在蒙古族还并不是很强大的时候，金朝对蒙古族进行了三年一次的减丁。减丁就是强迫蒙古族的儿童、青年男女充当金朝的奴隶，通过这种手段来逐渐弱化或灭掉蒙古族。在这样的压迫下，蒙古族的灭族仇恨很强烈。当然，金朝也不会放弃对蒙古族大量物资强迫性的掠缴。所以，蒙古族面临着灭种、灭族的威胁。在这种情况下，蒙古贵族则以复仇的名义作全民族的总动员，对金朝进行战争报复，其性质已经超越了农牧经济冲突引起的战争。

游牧政权发动进攻长城的战争，也不都是为了抢掠。明朝嘉靖年间，俺答汗率领蒙古部族对长城地区进行大规模的进攻，就是以明朝开放长城沿线的马市贸易为主要目的。求贡是蒙古部族十几年战争的重要诉求，只有明朝解除了对长城外的物资封锁，来自农耕地区的蒙古族生活必需品，才能以满足需要的数量进入草原地区。草原地区肥硕的马、牛、羊，也能进行贸易交换。明朝采取错误的闭关政策，造成战争规模越打越大、越打越残酷。

游牧政权发动大规模进攻长城的战争，也有占领土地和颠覆农耕政权的需要。游牧政权对农耕社会的冲击，发展到一定的程度就会对农耕政权构成威胁甚至颠覆农耕政权。中国历史上的王朝政权，无论存在或长或短，都是经历创立—发展—兴盛—衰落的过程。旧的王朝

① 余英时：《汉代贸易与扩张——汉胡经济结构关系研究》，邹文玲等译，上海：上海古籍出版社，2005年，第84页。

走向衰败时，大多依靠新的力量实现王朝的更替。

改朝换代有两种形式：一种是来自长城之内的农民暴动或豪强武装、重臣大将的造反推翻旧的王朝夺取政权；另一种就是游牧民族建立的政权，越过长城问鼎中原。第一种形式的改朝换代较为普遍，而第二种形式的改朝换代在中国社会融合程度越来越高之后，出现得较为频繁。当中原王朝腐败混乱之时，来自北方的游牧政权以王朝更替的形式实行了社会政治的革命。北魏、辽统一北方，元、清入主中原都属于这种形式。

在漫长的历史时期中，以中原王朝为正统的史家对于中国社会发展的游牧政权代替农耕政权统治全国，往往是按照“以夷变夏”有违正统的标准加以否定。从历史唯物主义的立场来看，游牧政权强大之后，顺应历史发展潮流入主中原，推翻腐朽没落的中原王朝是推动中国历史前进的力量。

国际上研究中国历史的学者，多将中国古代的王朝社会，分为典型中国社会和征服王朝两大类。先不考虑这种对中国社会模式的划分是否合适，但基本反映了中国历史上游牧政权多次颠覆农耕政权的事实。就长城建筑而言，不论是汉民族建立的“典型王朝”还是少数民族建立的“征服王朝”“渗入王朝”，都有修建长城的经历。北魏、北齐、北周、辽、金5个朝代的鲜卑、契丹、女真等民族进入中原建立政权后，逐渐与汉民族相融合，为防御更北方的游牧民族也效法中原大修长城。所以我们常说，长城是中国各族人民共同创造的奇迹，是古代各族人民劳动和智慧的结晶。

游牧民族对于中原王朝的作战，在没有形成规模的时候，以物资抢掠或人口掠夺为目的，或是以战求和、求得中原王朝与游牧民族进行茶马互市。游牧政权南下控制部分农耕地区甚至入主中原，是其力量发展之后的政治诉求。在草原地区发展强大起来的匈奴、突厥等少数民族政权，曾先后完成了长城以北广大地区的统一，只是在中原更加强大的两汉、隋、唐的控制下，才未能深入到中原地区。

有一种观点认为，历史上农耕民族的民众与所在朝廷一起反对游牧民族的进攻。这种观点在以汉族为主体、以农耕民族为主体记载下来的各种文献和研究史料中比较常见。实际上，在不同的时期、不同的地方，各种情形并不一样。有些时候由于朝廷腐败、民不聊生，一些富豪和民众在对中原王朝的统治政权失去了信心的情况下，就会转而支持游牧民族的军队。

蒙古攻打南宋的时候，忽必烈的东路大军打到长江边时，南宋守军虽然已经提前在这一地区把民船和舟楫全都收缴。但等忽必烈大军集结在长江边的时候，这一地区的民众和富豪还是偷偷把船送给蒙古大军。因为南宋横征暴敛、欺压民众所造成的民怨已经十分严重，而蒙古军所到之处却没有给当地民众造成过多的压迫和伤害。民众权衡利弊之后，多选择了支持忽必烈及其军队。

三、农耕政权对游牧势力的防御与征战

农耕地区的中原王朝，没有强大的军事实力做后盾，想维持长城区域的和平和发展根本没有可能。所以，中原王朝保持对游牧民族的军事压力，是维持王朝安全的措施之一。

长城地区的边郡随时面临局部战争。虽然战争的规模很有限，但这些战争可以促使双方在一定程度上达成妥协。当然，双方妥协之后的局面维持具有很大的不确定性。在这样的时期，进攻长城的游牧民族和越过长城去征讨游牧民族的中原王朝部队，都不期望彻底打垮对方。可是，局部战争却可能发展成为长城地区或局部区域具有毁灭性的冲突。尽管打仗的规模不是很大、时间也不是很长，但是会对长城地区造成很大的冲击。

不确定性、不安全感会削弱中原王朝所建立的对长城地区的控制体系，中原王朝因此需要承受更大的政治成本。游牧民族带来的局部冲突，对中原王朝的边疆战略也具有重要影响。局部冲突发展到一定的规模，就有可能进入不可控的战争状态。

农耕政权对游牧民族的向南发展，有一种强烈的防御意识。即便双方在力量均衡的情况下签署了协议，建立起避免战争的妥协方

案，这种防御意识同样存在。游牧政权的利益和农耕地区中原王朝的利益具有本质的冲突，来自农耕地区中原王朝对游牧经济的遏制符合中原王朝利益。有的时候，中原王朝甚至采取闭关政策来压制游牧经济的发展。一旦这种情形出现，长城区域脆弱的和平状态很容易受到破坏。

农耕地区的中原王朝始终把游牧民族视为其政治、经济利益的最大威胁。中原王朝维护长城地区的稳定秩序，实质是要维护中原王朝对中原地区的政治控制。在长城地区，当农耕与游牧之间的利益平衡被打破之后，游牧民族往往在与中原王朝的军事对峙中获得巨大的利益，而中原王朝在中原地区的统治力往往同时受到严重的削弱。

在长城地区处于相对稳定的和平时期，中原王朝面临的来自游牧民族的威胁也始终存在。这种威胁并不因为修建了长城或是中原王朝在这个区域获得了战争的胜利而彻底地消除，退居到漠北的游牧民族随时都可能向南发起新的冲击，威胁也随时有可能殃及农耕地区的更大范围。在这种情况下，中原王朝在长城地区就要随时做好战争的准备。准备不充分，中原王朝在面对战争时往往较为被动。

中原王朝对游牧民族的征战，从确定打击目标、选择征讨的时机，到控制征讨军事行动的节奏和最后评价对游牧民族作战的行动效果，并没有形成一套完整的体系，至少至今尚未发现古代文献对这些内容进行完整的、详尽的、定量的记录。

确定打击目标是中原王朝对游牧民族征讨的重要问题。由于游牧社会属于全民皆兵的体制，加上游牧骑兵的机动性强，所以中原部队到草原地区作战很难寻找和确定打击目标。在找不到真正的打击目标之时，军事行动没有办法展开，因此，中原王朝只能以高强度的军事压力来遏制游牧民族向南发展，并通过断绝与其物质交流等方式来破坏其发展壮大的经济基础。这样的行动，既是从政治上、精神上瓦解对方，为解决双方在这个地区的冲突局面创造条件，也是在军事上强化自己、削弱敌方，为解决双方在这个地区的冲突问题争取主动。

图19　嘉峪关外。我每天都在看长城，听长城，触摸长城。在亲历长城、享用长城之时，我拥有了长城

中原王朝对于游牧政权的征讨，既不能彻底解决游牧民族的威胁，也不能长期有效控制游牧民族的传统牧场，这不是军事强弱的问题。汉朝从建国到汉武帝北击匈奴的60多年里，虽然成功地控制了河套及西域地区，却无法长期有效地控制长城外的大草原。原游牧民族、后来发展成为定居民族的鲜卑族，也长期受到柔然人的侵扰。唐朝从高祖武德七年（624）征伐突厥开始，到高宗永徽元年（650）设置管辖突厥的单于、瀚海两个都护府，经历了26年的征伐，其间还俘虏了突厥可汗，可以说是取得了全面的胜利。唐太宗死后，突厥政权经常反叛，不断骚扰唐朝边境。唐玄宗开元时期，不得不对突厥采取积极防御政策，最后还是借回纥之手才将突厥击败。

游牧民族实力强大时，对中原地区进行大规模的攻杀抢掠；实力弱小时，对农耕地区是小规模骚扰性的抢掠。农耕政权的大规模征伐对游牧政权的大兵团作战可以形成有效的打击，但对游牧民族分散零星的扰掠收效甚微。

第三节　长城区域的人口流动对民族融合的影响

长城区域的人口流动对民族融合的影响很大，这种流动既有主动移民，又有被动的逃避灾难。主动地移民也表现出双向特征，首先是农耕政权大规模向长城沿线移民。中原王朝取得对游牧民族作战的胜利之后，向长城地区移民是人口流动和迁徙促进民族融合的原因。秦汉在修筑长城的同时，都迁大量的农户前往河套等地居住屯戍，汉代更有内地人自动或被征调到西域充当田卒。汉朝大规模移民实边，是在汉武帝时期。

当时社会已具备了移民实边的各项条件。第一，大规模用兵匈奴，开拓了疆域，新增了边郡，需要移民实边。第二，这时期土地兼并盛行，无地农民增多，有民可移。第三，国家富足，有足够的财力资助移民在立足未稳时的生活。

一、人口的流动迁徙与民族融合

第一次大规模移民是在元朔二年（前127），卫青、李息收复河南地，汉武帝新置朔方、五原二郡。这一年夏，“募民徙朔方十万口”[①]。第二次大规模移民，是在元狩二年（前121），这一年，汉始筑令居以西亭障关塞，“后稍发徙民充实之”[②]。第三次大规模移民是在对匈奴第三次战役结束的元狩四年（前119）。其年冬，“有司言关东贫民徙陇西、北地、西河、上郡、会稽凡七十二万五千口”[③]。其后，元鼎六年（前111），“分武威、酒泉地置张掖、敦煌郡，徙民以实之”[④]；元封三年（前108）“武都氐人反，分徙酒泉郡”[⑤]。这些大规模

① 《汉书》卷6《武帝纪》，北京：中华书局，2008年缩印本，第170页。

② 《汉书》卷96上《西域传上》，北京：中华书局，2008年缩印本，第3873页。

③ 《汉书》卷6《武帝纪》，北京：中华书局，2008年缩印本，第178页。

④ 《资治通鉴》卷20《汉纪十二》，北京：中华书局，2011年，第684页。

⑤ 《汉书》卷6《武帝纪》，北京：中华书局，2008年缩印本，第194页。

的移民实边，对长城地区的民族融合作用很大。

另一方面北方各游牧民族不断迁入长城之内，直接促进了民族融合。西晋初年，长城以北的匈奴及其属部继续南下，归附中原政权。先是，司马昭称帝后不久，塞外匈奴大水、塞泥、黑难等南下，后是太康五年（284）、七年（286）、八年（287），匈奴胡太阿厚、胡都大博、萎沙胡、大豆得一育鞠等先后率部内附。仅自永元二年（90）至永和五年（140）期间，塞外匈奴南附的总人数便达数十万。史书记载："关中之人百余万口，率其少多，戎狄居半。"①

长城地区被动性人口迁徙发生的两个原因，一是由于相互残杀的战争因素，二是由于生态灾害发生而促成。游牧民族南下获得胜利之后，移居到新占据地区驻牧也是人口迁徙的一种形式。在发生人口迁徙的现象的同时，还造成了利益格局、社会关系、社会结构的变化。趋利避害是人的本性，除强制性的迁徙外，迁徙常常是在权衡利害得失之后做出符合自身利益的选择。匈奴南下将掳掠的人口押回长城之外，会同意汉人筑城定居，从事生产来满足匈奴的需要。匈奴在南下掳掠粮食的机会大为减少时，也会努力参与到筑城和农耕等活动中来。苏联学者吉谢列夫在研究阿巴坎和伊沃尔加这类宫殿和城池时，对这一问题进行了较为深入的阐述②。确实，地处匈奴统治最北部地区的城池如此坚固，城池内还有不少汉式农具和匈奴游牧风格的器具，完全是游牧民族定居化的情形。

魏晋南北朝的民族大迁徙使少数民族在长城区域的数量快速增多，迅速变更了该区域的民族分布局面，构成了一个不同民族大杂居、小聚居的格局，很大程度上强化了民族交流，促进了各民族间的政治、经济与文化上的进一步融合。

少数民族向内地迁移，就会不同程度地改变迁入地民族人口结

① 《晋书》卷56《江统传》，北京：中华书局，2008年缩印本，第1531页。

② ［苏联］吉谢列夫：《蒙古的古代城市》，《苏联考古学》1957年第2期，第92页。转引自马利清：《原匈奴、匈奴：历史与文化的考古学探索》，呼和浩特：内蒙古大学出版社，2005年，第384页。

构，那些有较强政治组织力和军事实力的民族迁入，还会使迁入地呈现出少数民族化的趋势，这就是历史文献上所谓的“胡化”。“胡化”自然离不开少数民族人口的大规模迁入。这些南迁而来的少数民族，对于所迁入区域的社会经济、政治和文化诸方面的影响大小，取决于其迁入人口的规模。若迁入人口数量比较少，就可能被迁入地原有的社会风俗所同化。若迁入人口数量较大，就会促使迁入地社会风俗朝着迁入民族的风俗方向发生变化。

魏晋南北朝时期大规模的民族迁徙，有力地推动了民族间的融合进程，内迁的各少数民族可以接受中原地区汉族较为先进的文化，发展农业经济。各个民族在碰撞中加深了彼此之间的了解，实现了一定程度的融合，也为隋唐时期的统一和社会发展奠定了基础。

中国古代长城地区屡屡发生战乱，致使这一地区的农民由北方向南方迁移，寻找新的安身立命之处。中国历史上出现过三次大规模的南北人口大迁徙，基本上都是农耕政权和游牧政权冲突造成的。这三个时期都是中国历史上的混战时期，而且也都是长城防御懈怠、调整作用不大，甚至不发挥防御作用的时期。

西晋末年，晋朝统一中国后很快就爆发了“八王之乱”，并引发了中国历史上第一次南北大迁徙。居于长城地区匈奴、鲜卑、羌、羯、氐等民族政权，乘机对晋王朝发起攻击。战乱加上西晋末年北方旱灾、蝗灾、疾疫连年不断。长城地区的人口大量迁徙向长江流域，引起连锁反应导致长江流域的人口，向更南的地方迁徙。

“安史之乱”是唐朝由盛转衰的转折点，引发了中国历史上第二次南北大迁徙。发生“安史之乱”的7年多时间里，主要战场都在北方，南方没有受到多少冲击，所以有大批北方人向南方迁移。这些逃避战乱的移民，多是有一定经济实力者，给南方的经济发展带去了新的生机。

中国历史上第三次南北大迁徙，发生在北宋的“靖康之难”时期。北宋末年，金军攻破东京（今河南开封），京城被洗劫一空。山东、河南等地区，也纷纷被金所据。在灾难与动荡中很多北方汉人，跟随着宋廷迁移到了南方。

二、中华民族多元一体格局形成

中华文明的研究者普遍认为，中华文明的形成和发展，经历了三个较大的历史发展阶段：

第一阶段是从炎黄到夏商周，再到秦统一中国。这个时期，华夏族在黄河流域形成了文明中心。秦统一中国，建立了大一统的王朝国家，长城在这个时期产生并发展起来。

第二阶段是中原王朝与北方以蒙古草原为中心的强大的游牧政权及农耕社会与游牧社会在2000多年的时间里的冲突与融合，最终农耕社会与游牧社会形成了费孝通所说的“中华民族多元一体格局”。在这个历史阶段，长城几乎伴随了历史发展的全过程。

第三阶段是从1840年前后开始，到中华人民共和国成立。在这个时期，中华文明面临西方文明的严峻挑战，这是中华民族最屈辱的历史时期，受尽了随着工业革命发展强大起来的西方列强的欺压。长城的作用在这个历史阶段发生重大转变，成为中华民族精神的象征。

今天西方文明的很多元素，已经逐渐地为中国所接纳。在未来的人类文明发展过程中，中华文明与世界文明无疑将由多元走向一体，形成世界文明的多元一体新格局。在这样的发展过程中，长城所揭示的如何在多元的背景，构建一体和谐发展秩序的意义，对人类文明的发展有很大的借鉴价值。

长城内外各民族及其政权，不论和平时期还是战争时期，都处于地区性多元调整状态。各民族在长城区域的碰撞与融合，促进了中华民族实体的形成和发展。从这个意义上说，“长城是中华民族的摇篮，是最早的地区性统一中心”①。“自公元前51年南匈奴归汉后，中原农业地区的华夏汉族与北方畜牧业地区的匈奴族的汇合，便是中华民族

---

① 李凤山：《论长城带在中国民族关系发展中的地位》，《中国史研究》1998年第2期，第150页。

形成之始。”[①]

长城区域在中华民族统一与分裂的过程中，始终处于前沿地区，长城在中华民族的历史发展中起着重要作用。生活在长城地区的各民族，都是中华民族整体的一部分。中华民族统一体形成之后，各族的差异性并没有消失，在中华民族的统一中存在着多元格局。由于中华民族的多元关系，各民族之间又存在着反复分合的动态发展过程。

中华民族初步形成之后，无论分裂还是统一时期，无论是汉族政权统治，还是少数民族统治，生活在长城内外的少数民族在保持独立性的情况下，又都极其重视和中原地区的一体性。少数民族追溯民族起源时，号称为炎黄子孙、华夏之后，就是这种追求的一个表现形式。司马迁认为匈奴是“夏后氏之苗裔”[②]。建立了胡夏政权的赫连勃勃，也说自己是“匈奴夏后氏之苗裔”[③]。

欧美各国的东方学界和日、韩国的东洋史学界多数学者认为，中国历史上的北族王朝除鲜卑人建立的北魏，都保持了“征服王朝”的特色。中国学者与西方及日韩学者的观点形成尖锐对立。但是，对中国文明的统一和连续，学者没有异议。斯塔夫里阿诺斯认为：“中国人与他们在向东扩张至太平洋、向南扩张到越南的过程中所同化的游牧入侵者和较为原始的部落一样，一开始都是蒙古种人。因而，中国人在他们整个历史上享有同一种族和同一文化。”[④]

中国学者的主流观点认为，历史上入主汉地的少数民族王朝，都不同程度地接受中原文明这个过程是中华民族的融合过程。中外学者的观点分歧在于，西方及日韩学者强调文化冲突。中国学者则在正视和承认“冲突”的前提下强调文化融合。北方入主中原少数

---

① 李凤山：《论长城带在中国民族关系发展中的地位》，《中国史研究》1998年第2期，第150页。

② 《史记》卷110《匈奴列传》，北京：中华书局，2008年缩印本，第2879页。

③ 《晋书》卷130《赫连勃勃载记》，北京：中华书局，2008年缩印本，第3202页。

④ ［美］斯塔夫里阿诺斯：《全球通史：从史前史到21世纪》，董书慧等译，北京：北京大学出版社，2005年，第128页。

民族的不同程度汉化，虽是历史事实，却也并非所有入主中原的游牧民族或牧猎、农牧兼营民族都被汉族同化。但游牧民族或牧猎、农牧兼营民族建立的王朝，作为全国或北方政权无一例外地接受了中原文明。

考察契丹人建立的辽、女真人建立的金、蒙古人建立的元、满人建立的清就会发现，这些由游牧或狩猎民族建立的政权，除了保留部分原有的风俗习惯和社会组织结构外，执行的政策多是汉化王朝的模式。通过考察这些来自长城之外民族建立政权的汉化过程，可以清楚地了解游牧或狩猎民族及其政权接受中原文明的过程。

进入长城之内建立政权的各民族，认为控制中原地区即是“正朔”所在，统一了长城内外的北魏政权，就认为自己是中华的代表。北魏时期的大臣韩显宗，在上书给魏孝文帝时，就称南朝为伪政权，他说“南伪相承，窃有淮北，欲擅中华之称”①。韩显宗的观点，代表了北朝人视自己为正统，而称南朝为“伪”政权的普遍认识。

十六国时，匈奴屠各人刘渊建立“汉国”，并自称“汉王”“汉帝”。他还“立汉高祖以下三祖五宗神主而祭之”②。辽太祖耶律阿保机曾就奉祀在历史上有大功大德者的人选问题命大臣讨论。当大臣们说要敬佛时，阿保机否定说：“佛非中国教。”皇太子说：“孔子大圣，万世所尊，宜先。”阿保机大悦，也认为应当奉祀孔子，于是批准了修建孔庙的提议。③

费孝通对全国人民对中华民族的认知过程，做过很好的阐释。他说，中华民族作为统一的民族实体，虽然早就已经形成，长城内外不同各族还没有真正地认识到，彼此之间内在联系的一体性。清末以后，尤其是近百年前，帝国主义对中国侵略和瓜分行动的加剧，中华民族面临日益严重的民族危机时，各民族共同认识到了全民族的共同敌人。各民族人民在共同反侵略、维护国家领土完整与独立的斗争

---

① 《魏书》卷60《韩显宗传》，北京：中华书局，2008年缩印本，第1341页。

② 《晋书》卷101《刘元海载记》，北京：中华书局，2008年缩印本，第2650页。

③ 《辽史》卷72《义宗倍列传》，北京：中华书局，2008年缩印本，第1209页。

中，才逐步认识了极深刻的内在联系，并且迅速上升为中华民族的自觉意识和民族觉悟[①]。

1912年，孙中山首先提出了“五族共和说”，作为新的政治制度的基础。他提出“今日中华民国成立，汉满蒙回藏，五族合为一体”。孙中山将中华革命党正式改组为中国国民党后，主张重提民族主义，并修正了早前的“五族共和”提法，他说：“有人说，‘清室推翻以后，民族主义可以不要。’这话实在错了。”“现在说五族共和，实在是这五族的名词很不切当。我们国内何止五族呢？我的意思，应该把我们中国所有各民族融化成一个中华民族；……并且要把中华民族造成很文明的民族，然后民族主义乃为完了。”[②]由这个时期开始，中华民族这个称谓，才真正地成为中国境内各民族的统称。

图20　徒步长城。1984年5月4日从天下第一关出发，1985年9月24日到达嘉峪关。感受长城，有时候是感受惊天动地的故事，这些故事透着历史的沧桑，满足着现实生活无法寻到的满足

我们今天如何看待长城与中华民族的关系？如何理解长城文化与中华文化的关系？我认为长城及其文化的根与中华民族历史发展的整体文脉是结合在一起的，毫不夸张地说长城就是民族文化的根基。

① 费孝通等主编：《中华民族多元一体格局》，北京：中央民族大学出版社，1999年，第3—4页。

② 中国社会科学院近代史研究所中华民国史研究室、中山大学历史系孙中山研究室、广东省社会科学院历史研究室合编：《孙中山全集》第5卷《在上海中国国民党本部会议的演说（1920年11月4日）》，北京：中华书局，1985年，第394页。

长城与我们国家，我们民族，我们文化发展的历史有着千丝万缕的联系。从这个意义上说，长城是一条将中华民族血脉联系在一起的纽带。上升到这样一个理念认识长城，就能够做好长城保护工作，就能盘活长城造福社会，就能让长城这个伟大的世界遗产，发挥更重要的社会作用。

参考书目

[1] 华夏子:《明长城考实》, 档案出版社1988年版。

[2] 葛剑雄:《中国历代疆域的变迁》, 中共中央党校出版社1991年版。

[3] 葛剑雄、曹树基、吴松弟:《中国移民史》, 福建人民出版社1997年版。

[4] 曹永年:《蒙古族通史》, 内蒙古大学出版社2002年版。

[5] 李凤山:《长城与民族》, 中央民族大学出版社2006年版。

[6] 彭勇:《明代北边防御体制研究》, 中央民族大学出版社2009年版。

[7] 赵现海:《明代九边长城军镇史》, 社会科学文献出版社2012年版。

[8] 郑绍宗:《河北古长城》, 河北教育出版社2016年版。

[9] 董耀会:《中国长城志 · 总述》, 江苏凤凰科学技术出版社2016年版。

[10] 艾冲:《明代陕西四镇长城》, 江苏凤凰科学技术出版社2017年版。

[11] 彭曦:《战国秦长城考察与研究》, 江苏凤凰科学技术出版社2017年版。

[12] 董耀会:《长城: 追问与共鸣》, 燕山大学出版社2020年版。

后　记

长城保护，永远在路上

十余年来，出版了几本长城的通俗读物，虽有些侧重和写法的不同，整体上来说还是大同小异。为什么没有多少新意，却还是答应了出版社这本书的约稿呢？我的想法是尽量扩大有关长城历史文化传播的面。

鲁迅说过，伟大也要有人懂。长城所具有的社会价值、文化内涵极为深远，我们作为长城建造者的子孙，应该了解长城的这份伟大。能多影响一个人，就多影响一个人，这是我连续写这几本书的原因。

好了，后记中不再说这本书，也不再说长城的历史和文化了。我想在后记之中，重点谈几句长城的保护。长城保护是我作为一名长城保护志愿者几十年来日复一日在说、在做的事，也是令我满怀憧憬的事。

国家文物局公布的长城数据，历代长城遗存总长21196.18千米，明长城总长度为8851.8千米。北京境内最早修建的长城是北齐长城，现存遗址46.71千米，明长城现存474.06千米。按照《长城资源保存程度评价标准》，其中保存一般的1104.4千米，保存较差的1494.7千米，保存差的1185.4千米，已消失的1961.6千米。从中可以看出，长城墙体保存状况总体堪忧，较好的比例只有不足10%，这种情况需要引起我们的高度重视。

对于保存较好的不到10%，“较好”仅指长城墙体还在，但也有不同程度的损坏。明代万里长城“保存较好不到10%”，我想再强调一下，朋友们以前知道这个信息吗？大家的心会被这个数字刺痛吗？

值得欣慰的是，现在长城保护的形势越来越好，不仅各级政府越来越重视，社会各界长城保护的热情也已经越来越高，真的是可喜可贺。但是，我们的工作与长城保护的需要相比，还是有很大的差距。

为了加强长城的保护力度，规范与长城相关的各种社会行为，2006年9月20日，国务院颁布了《长城保护条例》，这一条例在当年12月1日就正式开始实施了。国务院为一个单体的文化遗产发布专门的行政法规，《长城保护条例》是第一部，到目前为止也是唯一的一部。

社会对《长城保护条例》的认识还很不够，执行方面的问题更多。长城作为大地性的文物，与其他文物有很大的区别，比如《长城保护条例》中明确规定，国家对长城实行整体保护。过去有人也曾提出，保护一些尚存比较好的长城就行了。中国的长城之所以在全世界有这么大的影响，重要的原因就是万里长城万里长，如果长城仅有几个点，其价值和意义就大打折扣了。

《长城保护条例》还第一次明确了，长城保护的主要责任是各级政府。同时也明确了要充分地调动、鼓励各种社会力量参与到长城保护当中来。对各级政府规定了明确的要求，比如说长城保护规划要纳入各级政府的社会经济发展总体规划，长城保护的经费要列入各级政府的财政预算。但到现在为止，《长城保护条例》颁布15年了，这项工作依然有很多不尽如人意的地方。为子孙后代留住长城，把这个重要的文化遗产传承下去，确保中华历史文化血脉不至于在我们的手中毁损掉，这是一个特别复杂的课题。

长城保护的难度，主要在于长城的体量太大。一是缺人，二是缺钱。各级文物部门的人手有限，有长城的县50%以上都是贫困县。体量大、缺资金，让长城保护很容易沦为一句空话。所以，要想做好这件工作，政府有关部门在加强法制建设的同时，还要更好地调动社会力量的广泛参与。

长城历史文化的宣传，对长城保护也很重要。大家更懂得了长城的这份伟大，就会更加热爱长城，就会更自觉地保护长城。长城保护永远是一件正在进行时的事情，所以长城保护工作永远在路上，需要一代又一代的志愿者，为此做无私的奉献。

董耀会